KB124108

5분 테라피

5분 테라피

저자 사라 크로스비

역자 오주원 김린아 이태림 장동현 김희정 조윤숙 신미화 윤영주

초판 1쇄 인쇄 2023년 06월 30일
초판 1쇄 발행 2023년 07월 13일

등록번호 제2010-000048호
등록일자 2010-08-23

발행처 삶과지식
발행인 김미화
편집 박시우(Siwoo Park)
디자인 다인디자인(E.S. Park)

주소 서울시 강서구 강서로47길 108
전화 02-2667-7447
이메일 dove0723@naver.com

ISBN 979-11-85324-69-2   03180

5분 테라피

FIVE MINUTE THERAPY

Sarah Crosby

• • •

오주원 김린아 이태림 장동현
김희정 조윤숙 신미화 윤영주

루이즈, 게르, 클레어에게

그리고 다른 사람들에게 안전하다고 느끼는 것이 무엇인지 보여 주는

모든 사람에게

역자 서문

이 책은 사라 크로스비Sarah Crosby의 『5분 테라피Five-Minute Therapy』 (2020)를 번역한 책으로 나는 누구인가', '진정한 나는 어떤 사람인가', '진 짜 내가 되기 위해 어떤 노력을 기울여야 하는가'에 관한 책이다.

심리치료사들이 함께 모여 공부하면서, 치료실에 오는 내담자들이 좀 더 빠 르게 건강한 자기감을 발달시키는 데 어떤 도움을 줄 수 있을 것인가에 대 해 늘 갈증을 느끼고 있던 가운데, 이 책이 내담자뿐만 아니라 진정한 자기 를 찾는 데 관심이 있거나 자기 관리에 관심 있는 일반인과 치료사들에게도 큰 도움이 될 것이라 동의하며 번역하기로 마음을 모았다.

우리는 모두 불완전한 부모로부터 양육된 불완전한 인간이기에 온전한 자 기감을 갖기는 쉽지 않다. 많은 사람이 자기 자신에 대해서 혼란스럽고 때 로는 흔들리는 삶을 살아가며 우울, 불안, 스트레스, 긴장으로 인한 고통을 호소하기도 한다. 그러나 고통의 원인은 우리의 머리와 가슴과 몸에 꼭꼭 숨어 있어서 그 원인을 찾고 알아차리기란 쉽지 않고 때론 좌절감을 느끼게 되기도 한다.

이 책은 이러한 고통에 대해 이론적인 설명이나 심리학적인 지식을 전달하 려는 게 아니라, 상처로부터 회피로만 일관했던 저자의 생생한 경험과 임상 에서 내담자를 만나고 탐구하면서 얻은 지혜에 근거하여 기술하고 있어 더 가슴에 생생하게 와 닿는다. 또한, 날마다 반복되는 생활에서 어떻게 우리 가 자신을 자기답게 관리하고 정서를 조절하며 타인과의 관계를 잘 유지할 수 있을지 구체적인 실천 방안을 제시한다. 무엇보다 그런 내용들을 일반인이 이해하기 쉽게 기술한다는 측면에서 그 가치가 크다.

삶의 고통에 대해 우리는 그 해답을 이미 알고 막연하게나마 실천하려고 애쓰고 있었을지도 모른다. 그런데도 많은 사람이 삶에서 위기를 반복하는 것은 우리의 머리로 그리고 상식으로는 이해되지 않는 무의식의 작용이 우리 내부에서 일어나고 있기 때문이다.

이 책은 자신이 인지한 마음 아래 더 깊은 곳까지 내려가서 무의식을 포착하는 방법에 대해 잘 안내하고 있다. 저자는 치유를 위해서는 우리의 머리로, 가슴으로 그리고 몸으로의 자각을 강조한다. 그리고 하루 종일 우리가 어떻게 느끼는지, 무엇을 필요로 하는지를 알기 위해 시간을 내어 자신을 잘 관찰할 것을 추상적인 수준이 아니라 우리가 이해할 수 있는 구체적인 수준으로 예를 들어가면서 친절하게 설명한다.

또한 저자는 스스로의 자각과 더불어 몸으로 새로운 좋은 경험을 체화해야 할 필요성을 언급한다. 삶에 진정한 변화를 가져오기 위해서는 책을 읽는 것만으로는 불가능하며, 직접 행동하고, 위험을 무릅쓰고, 취약성을 드러내고, 인내심이 필요하다고 주장하면서 일상에서 실천할 수 있는 다양한 구체적인 방안들을 제시한다. 변화의 중요성은 알지만 실제로 어떤 노력을 해야 하는지 모르는 사람들에게 이 책이 실제적인 도움을 줄 수 있을 것이다.

2023년 6월
역자 일동

마음이 아픈 사람들을 돌보는 심리치료사들뿐만 아니라 내담자들, 심리학을 공부하는 대학생 및 대학원생, 부부 및 예비부부 그리고 자녀를 키우는 부모도 꼭 읽어 보기를 권합니다. 이 책을 한 장 한 장 읽다 보면 반드시 자신을 투명하게 살피며 내면 깊은 곳에서 희망과 용기를 발견할 수 있습니다.

- 오주원

일상에서 마음수련을 실천할 방법을 널리 알릴 수 있게 되어 기쁩니다. 하루 5분의 시간을 내는 것만으로도 자기돌봄이 가능하다는 이 틈새의 발견이 우리 모두에게 따뜻함으로 전해지기를 바랍니다. 이 책에 제시된 '5분테라피'와 '멘탈 노트'를 따라가다보면 어느새 자신과 대화하며 친해져 있는 스스로를 발견하게 될 것입니다. 수많은 나와 연결되는 새로운 질문들 속에서 진정 나다운 모습을 찾게 되는 소중한 시간이기를 바랍니다.

- 김린아

『5분 테라피』는 저에게 매일 매 순간이 감사함을 배우는 소중한 기회였습니다. 이 책을 하루 5분씩 필사하면서 읽어보시면, 자신을 좀 더 돌봄하게 되고 아끼고 사랑하게 될 것입니다. 그래서 자신이 먼저 행복해지고, 그 행복 에너지를 나누며 사는 삶이 되시기를 기원합니다.

- 이태림

저자는 어려운 감정을 다룰 수 있는 능력을 개발하는 데 있어 우리는 아직 너무 늦지 않았고, 자기 조절을 키울 수 있는 실습들은 수 없이 많다고 제안합니다. 저는 이 제안을 2022년 로힝야 난민캠프Rohingya Refugee Camps 프로그램에 적용하게 되었고, 이 간단한 방법들이 비법이 되는 순간을 그곳에서 목도했습니다.

- 장동현

『5분 테라피』는 자신보다 타인의 기분과 욕구를 더 신경 쓰는 분들이나, 관계를 잃고 혼자가 될까 봐 두려워서 자신만의 허용 한계와 경계를 설정하지 못하고 자기 돌봄을 할 시간도 여력도 없는 분들에게 훌륭한 가이드가 될 것입니다. 마찬가지로 그분들 옆에서 에너지와 정서적 소모를 함께 겪고 계시는 분들에게도 실질적인 도움을 줍니다. 저자는 경계 설정이 소중한 사람들과의 관계 단절이 아니라 지속적인 연결과 친밀감을 만들어 준다고 이야기합니다.

이 책을 읽기 시작한 당신은 세상과 관계 속에서 안전감sense of safety을 느끼고 진정한 자신Self으로 존재하기 위해서는 경계 설정과 유지가 필수임을 곧 인식하게 될 것입니다. 『5분 테라피』와 함께 '아, 좋다!'라는 경험들이 생기길 기원합니다.

- 김희정

『5분 테라피』와 함께 나 자신의 다양한 면들을 정성스럽게 만나는 시간이었습니다. 자신을 만나가는 삶의 여정은 참으로 아름답다고 할 수 있습니다. 이 책은 구체적으로 자신을 어떻게 대하고 양육해야 하는지를 알려 줍니다. 『5분 테라피』와 함께 당신도 자신을 더 깊게 만나는 시간을 갖게 되시길 바랍니다.

- 조윤숙

이 책을 번역하면서 깊게 나 자신이 어떤 사람인지를 생각하며 스스로 질문도 하게 되었습니다. 자신에게 어려운 일이 있을 때 공간 확보의 법을 익혀 스스로 성장하는 방법을 알아 가게 하는 좋은 책입니다. 이 책이 한국어판으로 나오는 데는 여러 사람의 도움이 있어 가능했습니다. 좋은 책이 될 수 있도록 도움 주신 분들께 깊은 감사를 드립니다.

- 신미화

이 책을 만나 한국어로 옮기는 과정은 나 자신을 더 많이 생각하는 시간이었습니다. 『5분 테라피』는 우리 안에 있는 다양한 '내면의 목소리'를 알려주는 친절한 안내서입니다. 내 마음의 이야기를 듣고 이해한 후 긍정적으로 활용할 수 있다면 우리는 좀 더 생명력 넘치는 당당한 자신을 만날 수 있습니다.

번역의 과정에서 여러 번 글을 썼다 지웠습니다. 최대한 원문 그대로 번역하려 했으나 경우에 따라 독자의 이해를 도울 수 있도록 의미를 해지지 않는 범위에서 다른 말로 바꾸어 표현했으며 원문을 함께 표기했습니다.

책이 번역되는 과정에서 도움을 주신 많은 분들이 있습니다. 트랜스픽의 김새별 대표와 삶과지식의 김미화 대표께 특히 감사합니다. 한 권의 책이 나오기까지 이렇게 많은 정성과 손길이 더해짐을 배운 시간이었습니다. 쉽고 유용한 책을 세상에 내놓기 위해 함께 애써주신 모든 분께 감사드립니다.

마지막으로 이 책을 읽는 당신에게 온전하고 진정한 자신을 만나는 행복한 여정이 되길 기원합니다.

- 윤영주

추천사

'시'를 좋아하는 이유는 무척 다양할 듯싶습니다. 그중에 하나가 '시'는 짧지만 긴 여운을 주기 때문입니다. 『5분 테라피』는 바쁜 현대인들의 삶에서 5분의 시간을 내어 자기 돌봄을 할 수 있는 구체적인 방법들을 제시해 주었습니다. 잔잔한 수면에 돌을 던질 때 동그라미를 그리듯 5분 테라피로 잔잔한 내 삶에 변화를 원하시는 분들에게 추천해 드립니다.

- 신차선
사람들에게 평화를 심리사회지원 교육원 디렉터

인간으로서 우리 자신에게 근본적인 안전감의 기반이자 든든한 자원resource이 되는 그대로의 자기 자신being으로 온전히 수용되는 경험은 비단 상담 현장뿐만 아니라 양육, 교육, 사회 전반에 걸쳐 모든 면에서 소중하고 중요한 가치입니다. 『5분 테라피』는 매일 조금씩 자기 자신을 알아가는 관계 맺음을 통해 어느새 나도 모르게 나 자신의 가장 큰 지지자가 되어 나다움을 만끽하게 해 줄 것입니다.

- 서주희
한방신경정신과 전문의, 한의학 박사, 하코미 테라피스트, BSP 컨설턴트

이 책은 인지치료, 트라우마, 내면 아이 성장에 대한 알찬 내용을 담고 있습니다. 다양한 정신치료의 효과적인 정수들이 잘 통합되어 있습니다. 독자들의 자기치유와 성장에 유용할 것입니다.

사람들을 돕고자 하는 저자의 친절함이 묻어남을 느낍니다. 불안, 우울 등의 감정을 다루는 실용적인 내용들과 관계 트라우마의 치유에도 유익할 것입니다. 임상 현장에서 내담자들의 회복을 위해서 권하고 싶은 책입니다.

\- 이승민

이승민정신건강의학과의원 원장, SEP, RSMT

정말로 5분 안에 해결되는 심리치료가 있으면 얼마나 좋을까요? 애착, 경계, 자기돌봄, 연민과 같은 회복의 경험들을 혼자서 만들어 내기란 쉽지 않습니다. 심리치료의 과정 중에도 내담자들은 길을 잃은 듯한 어려움과 바뀌지 않을 것 같은 좌절감을 만나게 됩니다. 내담자뿐만 아니라, 트라우마를 경험했던 누구에게나 그런 혼란의 순간은 있습니다. 이 책은 그런 어려움에 처한 순간, 자기를 회복하고 자원으로 돌아갈 수 있도록 돕는 친절하고 따뜻한 안내서가 될 것 같습니다.

\- 이정명

한국신체심리치료교육원, 한국 타말파연구소 대표, SP 한국조직자

자기 발견의 여정으로 향하는 심리치료사들에게 『5분 테라피』는 벗이되고 지도가 되어 줄 것입니다. 다양한 정신치료를 바탕으로 제안된 『5분 테라피』가 심리치료 현장에서 우리의 자기 회복을 위한 실용서가 되어 줄 것을 기대합니다.

\- 김나영

서울여자대학교 교양대학 예술심리치료 전공 교수, SEI 한국조직자

축하의 글

한국의 독자 여러분,

여기 와 주셔서 정말 감사합니다.

저는 어떤 책들은 우리가 가장 필요로 할 때, 우리 손에 들어온다고 믿습니다. 누가 알겠어요, 아마도 이 책이 여러분을 위한 그런 책이 될는지요. 이 책의 페이지들에서 위안과 통찰력을 찾으시기를 바랍니다. 최소한 흔들리는 테이블을 고정하는 데는 탁월하다고 생각합니다.

자신을 부드럽게 돌보시기를 바랍니다.

사랑으로,
사라 크로스비

목차

도입

"오, 너였구나, 바로 네가 여기에 있었어! 난 네가 참 반갑단다!"

우선 『5분 테라피Five-Minute Therapy』의 문을 열어 준 당신, 두 팔 벌려 환영한다. 우리는 살아가면서 '나'라는 인간이 과연 어떤 사람인지에 끊임없이 궁금해하고, 자기를 어떻게 하면 더 잘 알 수 있을지 나 자신을 향해 질문을 던진다. 이와 같은 맥락으로 볼 때 자기 탐구self exploration는 우리가 삶에서 행복을 찾고, 자신감을 얻으며, 평온함을 유지하는 데 필요한 행위이다. 만약 당신이 지금, 이러한 자기 탐구에 관해 깊이 있게 알고 싶은 마음으로 이책을 선택한 것이라면 탁월한 선택이라고 말하고 싶다. 가만히 눈을 감고 생각해 보면 가슴 벅차게 흥미로운 일이 아닐 수 없다. 과연 나는 누구인가? "그냥 너답게 행동해Just be yourself"라는 말은 어떤 의미가 있는 걸까? 그리고 '진짜authentic[1]'라는 단어는 과연 무엇을 말하는 것일까?

『5분 테라피』에 관해 설명하기에 앞서, 내 이야기를 하고 시작해 볼까 한다. 내가 7살이 되던 해의 일이다. 다른 사람의 시각에서 바라본 내가 누군지에 관해 들었던 가장 오래된 기억들인데 아마 당신도 한 번쯤은 이와 비슷한 경험이 있을 것이다.

학년이 끝나갈 무렵, 각 가정의 부모는 아이들이 두 달이라는 길고 긴 방학

---

1) 진실됨, 솔직함이라는 의미

을 「10대 마녀 사브리나Sabrina The Teenage Witch[2]」라는 시트콤을 보면서 보낼 것을 걱정하여, '공예 캠프Craft Camp'라는 명목으로 우리를 다시 학교로 보냈다. 그때 이 캠프에는 다른 지역 학교 학생들도 함께했다.

이러한 이유로 비가 내리는 아일랜드의 여름 한가운데에서 우리는 모나한Monaghan 선생님의 교실에 모이게 되었고, 그곳에서 나는 내 친구 클레어Claire와 함께 앉아 어서 빨리 우리의 즐거운 추억이 시작되기를 기다리고 있었다.

'자, 여기 모인 사람들 앞에서 자신을 소개해 보세요!' 조금은 엉뚱하게 생긴 캠프 진행자가 앞에 서서 모인 아이들에게 소리쳤다.
처음에는 아무 말도 하지 않던 아이들이 이내 이곳저곳에서 웅성거리는 소리가 들리기 시작했다.

'난 패디야!'
'나는 여섯 살이야!'
'내 전화번호는......'

그곳은 마치 전쟁터처럼 소란스러워 정신이 하나도 없었다.

'나는 사라야!'
소음이 조금 사그라질 때 즈음 나는 큰 소리로 외쳤다. 하지만 이내 내가 드

---

[2] 말하는 고양이와 마법의 소녀 사브리나가 등장하는 청춘시트콤으로 미국 지상파 방송사인 ABC에서 높은 시청률을 기록한 시트콤. 국내에는 1997년과 1998년에 KBS 2TV에서 「사브리나」라는 이름으로 시즌 1~2를 방영한 바 있으며, 이후 2001년에 KBS 2TV에서 시즌 3이 방영되었고 2003년에 시즌 4가 「마법소녀 사브리나」라는 이름으로 방영된 바 있다. 이 문맥에서는 방학 기간인 두달 동안 아이들이 집에 있으면서 시트콤을 반복해서 보면서 부모들과 갈등을 빚을 것을 우려하여 캠프라는 명목으로 부모들이 아이들을 집에서 나가서 집단 생활을 하도록 하게 하는 빌미가 됨.

러날까 두려운 마음에 곧바로 몸을 움츠렸다.

'좋아, 그렇다면 우리, 각자의 이름을 가지고 편을 나눠보기로 하자!'
캠프 진행자가 우리를 향해 큰 목소리로 외치며 모나한 선생님의 서랍에서 긴 두루마리 이름표를 꺼냈다.
그리고 우리가 서 있는 사이를 오가며 한 명 한 명에게 이름을 물었고, 그 이름을 준비해 온 스티커 위에 그만의 방식으로 적은 다음 각자의 티셔츠에 붙여 주었다.

'사라야, 이 이름표가 바로 너란다.'
나는 이름표를 내려다보았는데, 거기에는 머릿속으로 생각하고 있던 나의 이름이 아닌 온통 요란한 고리와 소용돌이가 제멋대로 그려져 있을 뿐이었다. 그런데 이상하게 이 요상한 이름표를 하루 동안 하는 것도 나쁘지 않을 것 같았다.

'자 여러분, 이제 같은 이름을 가진 그룹끼리 서로 모여 보도록 하세요!'
진행자가 이 말을 하는 순간 여기저기에서 당황하는 아이들의 모습이 보였다. '아니, 저 사람 지금 제정신인가?' 여기 모인 아이들은 같은 동네에서 사는 몇몇을 제외하면 저마다 다른 지역에서 왔는데 어찌 같은 이름을 가진 아이들끼리 모이라는 것인지. 나는 그들을 거의 외계인이라고 생각했다.

진행자와 모나한 선생님은 얼마 동안 계속 우리를 뒤섞었고, 우리는 원래의 짝과 멀리 떨어져 있게 되었다. 어느새 나는 그냥 뚱해 보이는 다른 세 명의 사라들Sarahs과 함께 서 있었다. 그중 한 명은 'h'가 없는 사라였지만 철자를 따질 마음조차 들지 않았다.

나는 주위를 둘러보았다. 그런데 무슨 영문인지 대부분 아오이페스Aoifes

21

와 아이슬링스Aislings 그룹에 모여 있었다(둘 다 그 당시 아일랜드 소녀들에게 무척이나 인기 있는 이름이었다). 조금 전까지 내 옆에서 재잘대던 내 친구는 이제 다른 그룹의 일원이 되었다. 나도 모르게 생소한 이름rogue names[3]을 가진 아이들에게 안타까운 눈빛을 보냈는데, 결국 그들은 '기타 Miscellaneous'라는 이름의 그룹으로 분류되었다.

그러는 사이 알 수 없는 공포가 내 안을 채우기 시작했다. 바로 내 의지와는 상관없이 선택된 이름이라는 꼬리표 때문에 전혀 알지도 못하는 세 명의 여자아이와 남은 한 주를 보내야 한다는 사실 때문이었다.

나는 지금 내가 직면한 이 현실이 마음에 들지 않았다. 전에 없던 용기를 내서 내가 속했던 사라 그룹에게 작별을 고하며 이름표를 벗어 버렸다. 그러고는 살금살금 클레어라는 이름을 가진 그룹으로 다가갔다. 다행히 클레어 그룹은 나를 반겨 주었고 남은 시간 동안 그들과 함께 보냈다.

나는 어렸을 때, 권위에 어떤 막연한 두려움을 가지고 있었다. 그래서인지 무작위로 이름 붙여진 사람들과 내가 원치 않는 팀을 이루어 나의 일주일을 즐겁게 보낼 수는 없다고 느꼈다.

비록 이 경우, 내 의지와 상관없이 분류 당하는 것에 나름 주도적으로 '저항 rebelled'했지만(사실 마음 안에는 불안이 가득했다), 인생에서 자의든 타의든 상관없이 훨씬 더 도움이 되지 않는 제안을 받아들인 적도 많다. 위의 사례는 사실 겉으로는 비교적 해롭지 않은 것이지만, 이 대목에서 내가 말하고자 하는 것은 우리가 누구인지에 관해 지금까지 우리가 들어왔던 것들을 그 자체로 받아들이고 흡수하는 경향이 있는데, 이와 같은 경험이 어린 시

---

3)델리아(Delilah), 아나스타샤(Anastasia) 및 토빈(Tobin) 등과 같이 흔하지 않은 이름, 맥락 상 어느 그룹에도 속하기 힘든 이름을 의미 함.

절부터 자기감sense of self[4]을 규정할 수 있다는 것이다.

내가 성인이 되어 겪은 개인적 경험과 또 심리치료사로서의 경험 모두를 통해, 나 스스로 누구인지를 발견하는 큰 부분은 그 과정에서 붙어있던 꼬리표를 벗겨내고 라벨의 한계를 넘어서 무엇이 있는지를 탐구하는 것부터 시작함을 알게 되었다.

사실 솔직하게 말하면, 『5분 테라피』는 특별한 치료법이 아니다. 본론으로 들어가기 전에 내가 좀 더 명확하게 하고 싶은 것은 『5분 테라피』는 5분 안에 모든 문제를 마법처럼 해결할 수 있는 새로운 치료법을 의미하지 않는다. 더불어 어떠한 문제에 대한 치료나 정신 건강 지원을 대신하는 것 역시 아니며, 일일이 숟가락으로 떠 먹여 주거나 빠른 치료법을 팔기 위한 도구는 더더욱 아니다. 또한 당신을 더 행복하고, 더 편안하고, 더 자신감을 가질 수 있도록 도와주려고 하는 것도 실제 당신에게 도움이 되지 않는다. 이런 사실을 밝히게 되어 매우 유감스럽지만, 솔직함과 정직함으로 시작하는 것이 최선이라고 생각했다!

『5분 테라피』에서 찾을 수 있는 것이 우리가 흔히 생각할 수 있는 것보다 더 의미 있기를 바란다. 자기 발견으로 향하는 긴 여정, 그리고 위에서 언급한 라벨을 벗어던지는 것, 자기다움에 대한 탐구exploration into selfhood. 소리 없는 감옥이 되어버린 소셜 미디어의 모든 소음에서 벗어나 자신의 삶에 대한 치료적 통찰력을 얻을 수 있는 기회가 되길 바란다.

이 책은 접근하기 쉬운 한 입 크기의 정보로 가득하기 때문에 필요한 부분만 찾아 읽거나 제시된 순서대로 읽어 나갈 수도 있다. 그리고 운이 좋으면

---

4)자기 자신을 어떻게 보는가

펼쳐진 부분에서 통찰력, 안심, 위안 그리고 지지의 자원이 될 수 있는 생각과 아이디어를 찾을 수 있다.

이 책 전체에 있는 『5분 테라피』 기능은 간단하면서도 틈틈이 시도하거나 만들 수 있는 효과적인 실천 연습을 제공한다. 특히 각 장의 마지막 부분에 있는 '멘탈 노트Mental Note'는 매일 마지막에 5분씩 시간을 내어 해당 장에서 논의한 주제를 곰곰이 생각해 볼 수 있도록 도와준다.

내가 심리치료사로서의 나의 전문 지식을 이 책에 오롯이 옮기는 동안, 당신은 당신이 누구인지 그리고 당신이 살고 있는 세상은 어떤 곳인지 고심해 보라. 그렇기 때문에 이 책은 '내가 말하는 대로 나 자신이 되는 방법'에 대한 짜여진 가이드가 아닌 자기 자기다움selfhood[5]으로의 여정을 시작할 수 있는 열린 초대장이라고 할 수 있다.

만약 당신이 다음과 같다면 이 책은 큰 도움이 될 것이다.

*자신에 관해 호기심을 느끼고 조금 더 자신을 알고 싶어 한다.
*약간(또는 많이) 상실감을 느끼고 명확한 그 무엇을 찾고 싶다.
*현재 기분이 약간 좋지 않기 때문에 지금보다 기분이 좋아졌으면 한다.
*당신이 원하는 것이 무엇인지 확신하지 못하고 있는데, 다른 사람들은 마치 확신을 가지고 앞서가는 것처럼 보인다.
*지금보다 더 행복하고, 자신감 있고, 차분한 느낌을 원한다.
*당신 자신으로부터 멀어지는 방법과 진정한 내면으로 돌아갈 방법을 탐색하는 데 열려 있다.

---

[5]자아, 개성, 자기다움

이 책을 읽는 것은 어쩌면 우리가 누구이고 어떻게 존재하는지에 대한 수많은 다른 부분들의 탐구이다. 필자는 이 책을 통해 당신이 온전히 받아들일 필요가 있는 부분과 더 이상 당신에게 맞지 않는 다른 부분들을 인식할 수 있게 되기를 바란다.

아울러 이 책을 통해서 애착attachment, 경계boundaries, 자기 돌봄self-care, 연민compassion 등과 같은 단어들을 많이 보게 될 것이므로 이런 용어에 어떤 식으로든 부정적인 감정을 느낀다면 좀 여유를 가지고 편안한 마음으로 이 내용을 소화하기를 제안한다.

우리는 이미 많은 정신 건강과 관련된 용어들로 일종의 온라인 포화 상태를 겪고 있다. 심지어 '경계'와 같이 너무 많이 사용되는 단어에 얼굴을 찌푸리고 있는 자신을 발견하기도 한다(참고로 6장 전체는 '경계'에 관한 것이다). 이처럼 특정 단어에 과도하게 노출된다는 이유만으로 특정 주요 메시지를 외면해 버릴 위험이 있어 이러한 혐오감을 스스로 극복해야 한다. 따지고 보면 우리가 이러한 용어를 점점 더 많이 사용하는 데에는 그만한 이유가 있다. 그러한 용어들이 중요하면서도 필요하기 때문이다. 그러므로 이러한 '전문 용어jargon[6]'가 자주 등장하는 것에 너무 걱정하지 말기를 바란다.

이어지는 내용의 성찰, 실용적인 지침, 탐색적 질문, 멘탈 노트 및 완벽하게 당신을 탐색하기 위해 사용할 수 있는 다양한 도구를 이용하여 내면으로 소화하기 쉽지 않은 주제에 관한 통찰력을 찾을 수 있기를 바란다.

지금, 이 순간 당신이 누구인지에 대해 좋은 감각이 있든, 혹은 삶에서 조금 상실감을 느끼고 있든, 당신은 이 책을 당신이 경험한 특정 부분에 대해 성

---

6)특정 상황, 업무, 직군에서 사용하는 용어

찰하고 깊게 이해하기 위해 활용할 수 있으며, 좀 더 나아가 오래된 생각과 감정에 대한 패턴을 인식하고 깨우침으로써 새로운 삶의 방식을 창조하기를 바란다.

자기감을 확립하거나 회복하는 것은 매 순간 우리 각자가 만든 누적된 선택들의 여정이다. 아무도 우리의 자기감을 우리에게 제공해 줄 수는 없다. 이 책 역시 통찰력을 제공하겠지만, 내 경험상 당신의 삶에 큰 변화를 가져올 수 있는 성찰과 제안들은 그러한 것들에 대해 단지 읽는 것만으로 지속적인 변화를 가져올 수 있는 경우는 거의 없다. 통찰력은 자각awareness을 높이지만, 진정한 변화를 위해서는 작업work, 행동action, 위험risk, 연민compassion, 취약성vulnerability 및 이러한 과정에 대한 인내심patience이 필요하다.

그래서 당신이 이 책을 읽으면서 성찰, 연습, 그리고 마음에 새기는 작업을 할 수 있는 한 최선을 다하는 것이 큰 도움이 될 것이다. 각 장을 읽으면서 일기를 쓰는 것도 좋다. 그리고 만약 당신이 어떤 것도 느끼지 못한다면, 그것 역시 문제삼지 말고 그 자체로 놔둬야 한다는 것을 알아 두라.

각 장에서는 다음과 같이 나 자신과의 관계에 대해 서로 다른 측면을 고려한다.

1. 자기 발견Self-Discovery - 나 자신이 되는 방법
2. 애착의 탐색Exploring Attachment - 의미 있는 관계를 만드는 방법
3. 셀프 톡Self talk - 자신에게 더 친절해지는 방법
4. 트리거 인식Recognising Triggers - 자신의 반응을 이해하는 방법
5. 자기 조절Self-Regulation - 자신을 진정시키는 방법
6. 경계 설정Setting Boundaries - 진정한 자기 돌봄을 실천하는 방법

7. 재양육Reparenting - 자신을 치유하는 방법
8. 자신을 넘어서기Going Beyond the Self - 좋은 친구가 되는 방법

우선 각 장을 살펴보기 전에 자신의 내면의 여정에서, 지금 자신에게 물을 수 있는 두 가지 중요한 질문은 다음과 같다.

*나는 자신에 대해 어떻게 느끼는가?
*나는 자신에 대해 어떻게 느끼고 싶은가?

서두르지 마라. 그러면 앞으로 이 책을 통해 당신이 가장 얻고 싶은 것이 무엇인지 비로소 알게 될 것이다.

자기 발견을 위한 이 여정의 필요성

이 책이 제공하는 자기 발견의 여정을 떠나는 것이 가치 있는 이유는 다음과 같다.

*우리는 거의 모두 우리 자신과 좀 더 차분하고 의식적인 관계로 발전시킬 수 있다.
*우리 자신을 사랑하기는 분명 쉬운 일은 아니다. 그렇다고 이 책을 읽는 것만으로 당신 자신과의 지속적인 사랑 이야기를 시작할 수 있다고 생각하는 것은 순진한 것일 수 있다. 여느 관계와 마찬가지로, 당신 자신과의 관계는 끊임없이 유동적이다. 우리는 살아가면서 모든 사람과의 관계에서 처럼, 예를 들면, 누군가 어떤 이유로 사기꾼처럼 느껴질 때, 소셜 미디어를 스크롤하다가 자신이 수치스럽게 느껴질 때, 또는 단순히 세상을 마주하고 싶지 않을 때, 어느 순간 관계를 쉬는 날을 가질 것이다. 이와 비교해

서 자기 발견은 중립의 개념을 도입한다. 우리는 자기를 철저하게 조사하지도 않고, 초월성을 위해 끊임없이 노력하지도 않는다. 중립에는 받아들임이 있다. 그리고 이것이 처음에는 열망할 만한 것이 아닌 것처럼 보일지 모르지만, 다음 페이지에 나오는 내용을 충분히 연습한 후에, 나는 당신이 지나치게 비판적이고 억압적인 내면의 괴롭힘(이에 대한 자세한 내용은 3장에서 설명)으로부터 벗어나기 시작하고, 완전한 자기애가 아닌 것에 목표를 설정하는 미련을 버리기를 바란다.

*만약 당신이 의도적으로 자기와의 관계를 언급하는 것을 피한다면, 당신은 무의식적으로 배우거나 물려받은 패턴을 반복할 수 있다. 당신의 삶의 한 단계에서, 이러한 패턴들은 필요하거나 도움이 될 수도 있지만, 시간이 지남에 따라 반복적으로 사용하게 되면 이러한 패턴들은 당신을 돕기보다는 오히려 발목을 잡을 수 있다.

*때로는 당신 자신과의 관계를 맺는 모습에서 당신이 대인 관계에서 행동하는 모습을 그대로 찾아볼 수 있다. 그렇기 때문에 당신이 누구인지에 대해 긍정적으로 느끼는 것은 당신의 삶에서 다른 모든 관계의 단점들을 보완해 줄 수 있을 것이다. 이러한 의미에서 자각self-awareness[7]을 함양한다는 것은 넓은 의미에서 볼 때 상당히 이타적인 행위이다.

*당신이 가지고 있는 신념에 호기심을 가질 때, 무의식적으로 신념을 따라감으로써 삶이 그냥 흘러가는 것에 대해 좀 더 깨어있을 수 있게 된다.

*자신과의 관계에 관심을 둔다고 해서 감정이 생기는 것이 멈춰지는 것은 아니다. 자신과의 관계에 의식적 관심을 두는 것은 불안이나 분노의 장소에서 무릎을 꿇는 듯한 반응을 보이는 것이 아니라, 이러한 감정에 어떻게 반응하고 싶은지 의도를 불러올 수 있게 해 준다.

*자신과의 의식적인 관계를 쌓는 것은 다른 관계가 당신의 삶에 가져다줄 수 있는 풍요로움과 성취감을 경험할 수 있게 해 준다. 당신의 가치관이

---

[7]자기 자신을 의식하는 상태

형성되기 시작하고, 이에 따라 당신은 더 안정감을 느끼기 시작할 것이다. 우리의 가치를 알게 되면, 우리는 우리가 올바른 사랑을 받을 가치가 있다는 것을 알게 된다.

이 책은 가끔 생각날 때 읽거나, 이따금 개인적 통찰력을 얻기 위해 매일 메모를 하며 읽기를 바란다. 이러한 훈련을 통해 당신이 점점 더 많은 연결감, 안정감, 궁극적으로는 자신을 통찰할 수 있는 힘을 갖기를 바란다. 내적으로 그리고 앞으로도 끊임없이......

1.
자기 발견
Self-Discovery

나 자신이 되는 방법

'자신을 아는 것은 모든 지혜의 시작이다.' - *아리스토텔레스Aristotle*

'그냥 너 답게 행동해Just be yourself'라는 말은 면접이나 이성과의 첫 데이트를 앞두었을 때처럼 중요한 순간을 앞두고 종종 듣게 되는 말이다. 하지만 생각해 보면 만약 자신이 누구인지 모른다면 나다운 모습이라는 것 자체가 말이 되지 않는다. 그래서 이 문구는 나에게 까다로운 문구였다.

'나다운 모습?' 그런데 혹시 다른 사람들이 내 진짜 모습을 알고 싶어하면 어떡하지? 만약 나 같은 사람을 받아들여 주지 않으면? 좋아하지 않으면 어쩌지? 나는 종종 이런 걱정들로 인해 '상대가 원하는 모습으로 맞춰 주는 것이 더 낫지 않을까'라는 생각한 적도 있다.

그러나 나는 "그냥 나답게 행동해"라는 말이 다른 사람에게 내 성격을 맞춰 주는 것이 아니라는 것을 잘 알게 되었고 이런 사실을 깨닫기까지는 꽤 오랜 시간이 걸렸다. 우리가 엑셀Excel이나 어도비Adobe와 같은 컴퓨터 프로그램에 대해서는 세세한 부분까지 알고 있다고 주장하는 것이 얼마든지 가능한 일이다. 하지만 만약 내가 속해 있는 회사의 내규 상황에 따라 자신의 핵심적 신념이나 가치 혹은 행동 자체를 바꾸려고 한다면 그것은 깊은 자아의식이 손상을 입을 수도 있다는 점을 명심해야 한다.

나다워지는 것은 '갑자기 가능'해지는 것이 아니다. 우리는 하루아침에 '음...... 오늘부터는 진짜 나답게 살아갈 거야'라고 결정할 수 없다. 나다워진 다는 것은 내가 매일 하게 되는 수많은 선택을 바탕으로 이루어지는 과정이다. 지금 내 모습이 아직 완벽하게 나다워졌다고 느끼지 못하더라도 걱정하지 않아도 괜찮다. 이것은 오랜 시간에 걸쳐 이루어지는 일이기 때문이다.

심리치료사로서 나는 거의 매일 '나다움'에 대해 고민하는 사람들을 만난다. 이것은 결코 당신 혼자만의 고민이 아니다. 다른 사람들은 다 '나답게' 잘살고 있는데 나만 그렇지 않은 사람이 아님을 기억하자.

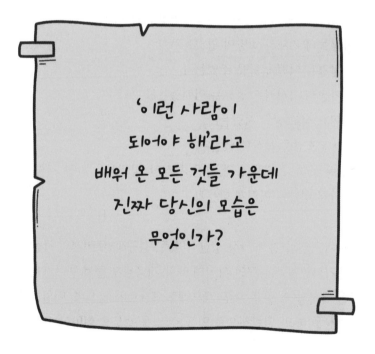

'이런 사람이
되어야 해'라고
배워 온 모든 것들 가운데
진짜 당신의 모습은
무엇인가?

자기란 무엇인가?

자기 발견self discovery에 대해 더 깊이 논의하기 전에, '자기self'가 실제로 무엇인지에 대해 우리가 기존에 가지고 있는 정의를 잠시 생각해 보자. 우리가 가진 자기 감각의 토대는 인생 전반에 있어서 초기에 형성되고, 이후 많은 경험으로 인해 다듬어지고 영향을 받는다.

이 중 일부는 다음과 같다.

*주 양육자와의 초기 교류는 어떠했는가
*이 관계가 얼마나 사랑스럽고 안심이 되는 관계였는가
*유년 시절, 주 양육자들의 자각정도는 어떠했는가
*주변 사람들의 기대와 소망이 있었는가
*자라온 환경은 어떤 영향을 주었는가
*자라온 가정의 정서적 안정도는 어떠했는가
*교육은 어느 정도 받고 자랐는가
*타인과의 상호작용을 잘 하였는가
*기업가, 운동선수, 모델 등과 같은 특정한 정체성을 가진 사람들에 대한
 사회적 가치 평가는 어떻게 하는가

우리는 자기 계발을 통해 가장 생산적인(즉, 성공적인) 버전의 자신에게 계속 관심이 증가하면서 이상적인 자기에 대한 개념을 만들어 낸다. 예를 들어 모든 불안을 극복할 수 있고, 어떤 자극에도 흔들리지 않으며, 매일 아침 5시에 일어나 명상을 하고, 일반적으로 믿을 수 없을 정도로 현명한 사람이라는 개념이다.

하지만 '완벽하고' 고정된 자기라는 개념은 신화에만 있는 개념이다. '환상

적인 자기'는 고정되고, 예측할 수 있으며, 일관성이 있다는 환상이 만들어 낸 자기self이다.

나는 이 글을 읽는 당신에 대해 잘 모르지만, 이 개념은 약간 지루하고 기계적으로 들릴 수 있다. 확실히 비현실적이다. 그런데도 우리 중 많은 사람은 신화 속에만 있는 자기 자신과 싸운다. 마치 그것이 우리가 모두 추구해야 할 목표인 것처럼 생각하면서 말이다.

만약 우리가 신화 속 자기와 진짜 내 안의 자기를 구분한다면 어떨까. 우리가 이것을 좀 더 세분화해서 생각할 수 있다면 '어떤 부분이 진정한 자기가 될 수 있는지 또는 진정한 자기가 될 수 없는지' 알게 될 것이다. 그리고 내 안의 어떤 부분이 신화 속 자기처럼 만들어지는지'를 분리하여 생각할 수 있을 것이다.

자기는 단지 하나로 만들어진 것이 아니다. 자기는 움직이고 변화하는 많은 부분의 합으로 만들어진다. 이는 어색한 십 대의 자신이 성숙하고 성장한 만큼이나 자신이라는 것을 의미한다.

우리는 결코 우리 자신에 대해 모든 것을 알고 이해할 수는 없다. 그러나 우리는 종종 이 사실을 간과한 채 자신을 완벽하게 알기 위해서 공을 들이며, 그렇게 되기 위한 무언의 압박을 받기도 한다.

따라서, 스스로 자신에 대해 어떤 '자기 발견적 기대'를 하고 있는지 잠시 생각해 보는 시간을 가질 필요가 있다. 현실적인 조언을 해 보겠다. 지금부터 당신이 자기 발전을 위해 나름 완벽하다고 생각하는 작은 상자 하나를 상상하고 그 상자에 자신을 끼워 맞추기 위해 애써 노력하는 자신을 떠올려 보자. 아마 어떻게든 노력해서 그 작은 상자 안에 자신을 억지로 밀어 넣을 수는 있겠지만, 결국 잘되지 않을 것이다.

처음에는 자신의 어떤 부분이 풀리지 않는 숙제로 남아 있게 될 것이라는 생각이 들면 저항할지도 모른다. 그래서 당신은 자신의 모든 면을 스스로 알지 못한다는 생각을 받아들일 시간이 필요할지 모른다.

이런 점에서 우리는 모두가 유한한 에너지를 가지고 있다는 것을 기억해야 한다. 때때로 우리는 뭔가 확실한 방법이 있다고 판단되었을 때, 이 에너지를 많이 소비하게 된다. 그런데 사실 이 에너지는 자신에게 쏟는 에너지라기보다 자신이 아닌 외부의 세계를 탐험하는 데 더 많이 사용된다.

그러므로 우리가 누구인지 발견하기 위해서는 내가 만들어 놓은 모든 면에서 긍정적이고 완벽한 자기에 대한 생각부터 버리는 것이 중요하다.

우리는 모두 빛과 그림자로 가득 찬 인간일 뿐이다. 또한 우리는 인간이기 때문에 당연히 실수할 것이다. 아니 어쩌면 우리는 실수할 *필요*가 있다.
자기 발견이란 우리가 누구인지를 향해 끊임없이 질문하고 대답하는 일련의 과정이다.

다음과 같은 경우에 '나답게 행동하는 것'이 어려울 수 있다.
*삶에서 버림받은 경험이 있을 때
*사회가 원하는 틀에 맞지 않을 때
*어렸을 때, 개성을 드러내는 것과 자기표현을 격려받지 못했을 때
*성장하는 과정에서 혹은 성인이 되고 난 후에, 관계에서 괴롭힘을 당했을 때
*우리가 모두 가지고 있는 신비롭거나 아니면 멋진 면에 대해 비판받았을 때

우리 자신이 되도록 계속 선택하기

우리 자신이 되는 법을 배우는 것은 우리가 해야 하는 가장 어렵고 도전적인 일이 될 수 있다. 그것은 끊임없이 사람들을 만나고, 자신이 가진 새로운 모습을 창조하기 위해 많은 생각을 하는 것이다. 그렇기 때문에 이 지속적인 자기 발견의 과정을 저주가 아닌 축복, 고통이 아닌 행복으로 받아들이는 것이 좋다.

우리는 날마다 진정한 자기를 향해 나아갈 다양한 기회를 접하거나, 아니면 한 발 뒤로 물러나 저항이 가장 적은 길을 선택할 수 있다.

이때 '선택'이라고 하는 것은 때로는 어떤 음악을 들을지, 넷플릭스Netflix에서 어떤 영화를 볼지, 무슨 책을 읽을지, 또는 무엇을 먹을지 결정하는 것과 같이 꽤 간단한 일들도 포함된다. 보통 이런 선택들은 우리의 자기감에 거의 위험을 주지 않는 결정들이다.
그러나, 또 다른 선택의 중요한 기회들은 내가 진짜 누구인지에 대해 알기 위한 더 큰 도전을 제시받는다. 그것은 단순한 결정들보다 위협적으로 느끼게 된다. 예를 들어 어떤 상황에서 파트너와 생각이 다를 때 '그냥 따라갈지' 아니면 '내 생각을 얘기해야 할지'를 두고 고민할 수 있다. 또한 부모의 행동에 동의하지 않을 때도 내가 무엇인가를 말할 처지는 아니라고 느낄 수도 있다. 이것은 내가 갖는 나의 관점과 타인이 나에게 거는 기대가 충돌할 수 있다는 것을 의미하고 이때 우리는 적당히 타협해야 한다는 압박을 느끼게 되는 것이다.

이러한 자기감에 대한 여러 관점은 노력이 꽤 필요했지만 그만큼 해방감을 느끼게 해 준다. 자기 자신을 정해진 목적지 혹은 중요한 이정표의 목록으로만 여기다 보면, '지루하다', '인생에서 뒤쳐지다' 등 어떤 식으로든 자신을 낙인찍는 함정에 빠지기 쉽다. 반면에 자기를 끊임없이 움직이는 존재, 즉 매일 '되어가는 존재'로 생각하면 장난기, 호기심, 연민을 불러일으킬 중요한 가능성이 생긴다.

우리는 때때로 우리 자신이 되는 것보다 자기가 아닌 다른 누군가가 되려고 애쓰며 더 많은 위험을 감수하기도 한다. 표면적으로는 작은 결정 하나하나가 사소해 보일 수 있지만, 그 누적된 효과는 결국 자기 상실을 초래하게 되는 결말을 맞이하게 한다.

자기 상실이란?

자기 상실[8]self-loss은 우리가 누구인지 모른다는 느낌, 또는 우리 자신과의 단절감이다. 이것은 우리가 일생 동안 경험하는 오랜 단절일 수도 있고, 아니면 갑작스러운 것일 수도 있다.

자기 상실의 징후
*자신의 판단을 불신함
*자신과 타인에 대해 더 비판적이 됨
*현재 자신의 삶에 만족하지 못하는 느낌
*충동적으로 행동하고 즉각적인 만족을 추구함
*주변 사람들과 더 깊은 관계를 맺는 것이 어려워짐
*예전 같으면 신경 쓰지 않았을 일에 대해 결정을 내리려고 애쓰다가 마침 내 내린 결정을 가지고 다시 고민함

---

8)자기 자신에 대한 의식이나 관념을 잃어버린 상태

*공동의존적인co-dependent[9] 관계에 끌림

위와 같은 자기 상실은 발생하는 즉시 해결하는 것이 중요하다. 왜냐하면 무서운 결과를 초래할 수도 있기 때문이다.

자기 상실을 경험할 때 우리는 다음과 같은 생각을 하게 된다.

'난 내가 누군지 모르겠어. 내가 무엇을 좋아하는지 모르겠어. 내가 무엇을 하고 싶은지 모르겠어. 나는 모르겠어. 내가 무엇이 되고 싶은지. 내 인생이 무엇인지, 내가 원하는 것이 무엇인지 모르겠어. 나는 패닉 상태이고, 의욕도 없고, 걱정도 되고, 두렵고, 우유부단하고, 무감각해지고. 실패하고 있는 것 같아. 모든 사람이 나만 빼고 다들 제 몫을 다 하는 것 같아. 나는 한참 뒤처진 것 같아'

이러한 생각은 두려운 결과를 초래할 수 있기 때문에 자기 상실의 감정이 느껴지면 즉시 해결하는 것이 중요하다.

자기 상실을 가져오는 트리거 요인

자기 상실은 여러 가지 요인에 의해 발생할 수 있으며, 가장 일반적인 요인은 다음과 같다.

*관계
*가족 단위

---

9)서로의 파트너로부터 자신의 욕구가 충족 되어지는 관계, 한 파트너가 다른 파트너에게 종속된 관계, 차례로 필요한 관계

*슬픔
*트라우마
*역할 변경

관계

때때로 우리는 다른 사람과의 관계에 너무 깊이 빠져들어서, 어느새 관계가 시작되기 전의 나를 잊어버릴 때가 있다. 그 사람과의 관계가 시작되기 전에 내가 누구였는지에 대한 감각을 모두 잃게 된다. 이런 경우 우리는 자신의 필요보다 상대방의 필요를 우선시하는 경향이 있다. 어떤 관계는 통제와 학대가 될 수도 있으며 이것은 우리의 우정과 활동으로부터 멀어지게 만들기도 한다.

또한 사회적 기준으로 볼 때 어떤 연인 관계는 충분히 특별한 관계로 여겨지지 않을 수도 있다. 예를 들어, 페이스북에 공개된Facebook official[10] 공식적인 연인이 아니거나, 한 시즌 미만으로 짧게 만난 경우가 해당한다. 하지만 그런 연애 관계가 끝났을 때도 우리는 허탈함을 느낄 수 있고 혼란스러울 수 있다. 반대로 어떤 관계는 몇 년 동안 지속되었어도 관계가 끝난 후에는 예상한 만큼의 슬픔이나 나쁜 감정을 느끼지 않을 수도 있다.

관계의 깊고 얕음은 그 관계에 소비된 시간으로 수량화할 수는 없다. 그것은 얼마나 시간을 쏟았느냐에 따른 양이 아니라 그 외의 질적인 것들이 어떻게 더 많은 영향을 미쳤는지에 따라 다를 수 있다. 이러한 것은 특히 이별 후의 상실감을 이해할 수 없을 때 더 명확해진다. 관계가 짧았거나 이별이 본인에 의해 시작된 경우 더욱 그렇다.

---

10)'페이스북 공식(Facebook official)'이란 페이스북 사용자가 자신에 대한 특정 정보를 설명하기 위해 페이지 또는 프로필을 변경하여 페이스북 사용자에게 '공식'으로 표시하는 것을 의미한다.

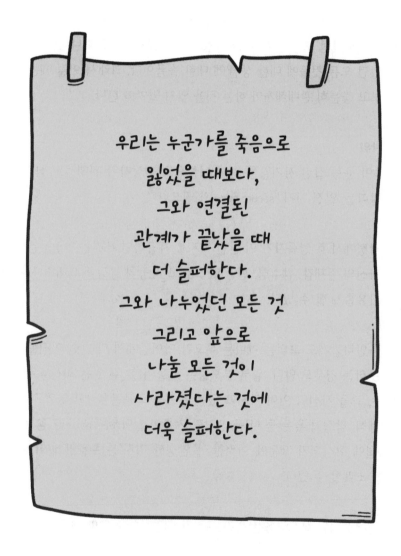

우리는 누군가를 죽음으로
잃었을 때보다,
그와 연결된
관계가 끝났을 때
더 슬퍼한다.
그와 나누었던 모든 것
그리고 앞으로
나눌 모든 것이
사라졌다는 것에
더욱 슬퍼한다.

관계는 넓은 의미에서 상대와의 안전, 생존, 가능한 미래의 대략적인 청사진을 나타낸다. 그래서 우리는 관계를 시작할 때 '이 사람을 완전히 받아들이면 어떨까' 하는 생각을 하게 된다. 그러나 관계가 끝났을 때는 한 사람을 세상에서 잃은 것 그 이상으로 슬퍼할 수도 있다. 그것은 '과거에 그 관계가 우리에게 주었던 모든 것에 대한 상실'이고 '미래에 새롭게 나타날 수 있다고 믿었던 모든 것들에 대한 상실'에 대한 슬픔이다. 그래서 이럴 때는 자신을 돌보고 충분히 관대해져야 하는 것을 잊지 말아야 한다.

가족 단위

아이들이 균형 잡힌 자기감을 가진 어른으로 성장하기 위해서는 심리치료에서 말하는 '안전 기지[11]secure base'가 필요하다.

성장 과정에서 주 양육자가 이 안전 기지를 제공하면 우리는 안정감뿐만 아니라 자신의 존재감, 감수성, 편안함, 그리고 사랑의 감정을 느끼며 자기 탐험을 자유롭게 할 수 있다.

하지만 안타깝게도 고의든 아니든 부모가 아이들에게 이 안전 기지를 제공하지 못하는 경우도 많다. 일부 부모들은 그들이 할 수 있는 최선을 다하고 있지만, 그들 자신이 이미 가지고 있는 문제로 고군분투하고 있어 다른 것들(육체적, 감정적 혹은 둘 다)을 생각할 겨를이 없다. 우리의 자기감[12]은 어린 시절에 형성되기 때문에 이러한 '불안정한 기지'는 우리에게 자기감의 상실을 초래할 수 있다.

초기의 부정적인 상호작용은 종종 우리가 내면화하는 데에 교훈이 된다. 예

---

11)세상을 살면서 언제나 든든한 내 편이 되어 주는 존재
12)스스로 자신을 느끼는 것

를 들어, 아이의 울음소리에 언어적 또는 신체적 공격이 가해진다면 아이는 도움을 요청하는 것을 고통과 연관시키기 시작할 수 있다. 그 결과 상대방의 공격성을 유발하는 자신의 감정적인 부분을 부정할 수 있다. 어린 시절에 이런 식으로 자신의 일부를 거부하면 성인이 되었을 때 단절과 자기 상실로 향하기 쉽다. 따라서 어린 시절에 만들어진 패턴은 성인이 되어서도 그대로 이어진다. 종종 어린 시절의 트라우마는 기억에 남지 않더라도 성인이 된 후에도 지속될 수 있다.

슬픔

사랑하는 사람의 죽음은 자기의 뿌리까지 뽑을 수 있을 정도로 강력하다. 슬픔grief은 자기 안의 깊은 곳까지 흔들어서 철저히 방황하게 만드는 경향이 있다. 이런 상실감은 당신의 마음 안에 있는 사람들의 죽음을 맞이하면서 예상되기도 하지만, 때로는 특별히 친하지 않았던 사람이나, 만난 적도 없는 사람의 부재에 대한 충격으로도 다가올 수 있다. 예를 들어, 사회가 관습적으로 부정하는 반려동물의 죽음은 우리가 지금까지 경험한 가장 깊은 상실감 중의 하나일 수 있다. 우리는 죽음에 대한 주제와 죽음의 필연성을 개인뿐만 아니라 사회 전반에서 회피하는 데 많은 시간을 소비한다. 그러나 어느 날 갑자기 내 지인 중 한 명이 사망하게 된다면, 평소에 죽음을 회피했던 것을 갑자기 멈추게 될 것이고 존재의 모든 것이 흔들릴 수도 있다.

우리는 죽음에 대한 상실을 경험한 후에 삶의 선택과 우선순위에 대해 의문을 품기 시작할 수 있다. 한때 그렇게 중요해 보였던 일들이 갑자기 하찮게 느껴질 수도 있으며, 자기감과의 단절이 불가피하게 일어날 수도 있다. 또한 주변 사람들의 사소한 말 한마디에 좌절감을 느낄 수도 있고 괴로울 수도 있다. 하지만 엉겅퀴 같은 복잡한 것들은 시간이 지남에 따라 줄어든다

는 것을 기억해야 한다.[13]

지금 당장은 그렇게 느껴지지 않겠지만, 어느 정도 시간이 흘렀을 때 나 자신이 만들어 놓은 우선순위를 새롭게 바라보고, 스스로 허락한다면 자신을 재설정할 기회를 가질 수 있다. 이것은 미치 앨봄Mitch Albom이 쓴 『모리와 함께한 화요일[14]』에서 "죽음은 생명을 끝내지만 관계까지 끝내는 건 아니다"라고 말한 것에 비유할 수 있다. 이 문구는 사랑했던 사람과의 관계도 그렇지만 자신과 맺는 관계에도 해당된다. 관계의 대상이 죽었다고 해서 자기 자신까지 사라지거나 진정으로 길을 잃은 것은 아니다. 단지 슬픔 속에 숨어서 최선을 다해 고통을 돌보고 있을 뿐이다.

트라우마

트라우마trauma는 우리가 처리하고 대처할 수 있는 능력을 압도하는 사건이나 경험에 대한 반응이다. 트라우마는 우리가 생각하고, 느끼고, 지각하고, 처리하는 방식에 영향을 미치며 신체적, 정서적, 심리적, 사회적, 그리고 종종 영적으로도 영향을 미쳐 일종의 자기 상실을 경험하게 된다.

한 사람에게 매우 고통스럽고 충격적인 경험이라고 해도 다른 사람에게까지 같은 반응을 일으키지 않을 수도 있다. 예를 들어 반려동물을 잃거나 형제자매가 이사하게 되면 사람마다 다른 반응을 일으킬 수 있다. 그렇기 때문에 어떤 사건이 누군가에게 미치는 영향을 이해하는 것이 사건 자체의 세부 사항을 아는 것보다 트라우마를 결정하는 데 훨씬 더 중요하다.

---

13) 엉겅퀴의 가시가 시간이 지남에 따라 시드는 것처럼 마음의 가시도 시간이 지나면 줄어들 것이라는 은유적 표현.

14) 미치 앨봄(Mitch Albom)의 『모리와 함께한 화요일』은 루게릭 병을 앓으며 죽음을 앞둔 모리 교수와 제자인 미치가 세상을 떠나기 전 서너 달 동안 매주 화요일에 만나서 인생을 주제로 나눈 이야기를 책으로 엮은 것

트라우마 경험에 대한 확인은 우리 자신과 다시 연결할 수 있는 능력에 필수적이지만 이것은 때때로 우리에게 매우 어려울 수 있다. 종종 우리는 '내가 더 잘해야 한다', '나는 이미 이것을 극복했어야 했다', '남들은 더 나쁜 일을 겪었다' 또는 '그들도 같은 것을 겪었지만 그들은 괜찮아'와 같은 쓸데없는 생각을 한다. 이러한 자기 무시적self-dismissive 사고에는 누군가와의 비교 요소가 작용하고 있음을 주목해야 한다.

여기서 기억해야 할 중요한 것은 우리는 모두 다르게 트라우마를 경험하고, 모두 다르게 치유되며, 그러한 각자의 반응이 강점과 약점을 의미하지는 않는다.

트라우마를 처리하는 방법은 생물학적 구성, 사건의 성격, 지원 접근성 등 다양한 요인에 따라 달라진다. 트라우마에 대한 우리의 반응은 뇌와 몸이 우리를 안전하게 지키기 위해 그들이 해야 할 일을 하는 것이다. 그래서 트라우마의 결과로 자신으로부터 단절감을 느낀다면, 당신이 경험하고 있는 것이 합리적인 반응이라는 것을 알아야 한다. 트라우마를 겪고 있는 당신의 과정은 당신만의 것이며 다른 사람의 그것과 비교할 수 없다는 것을 스스로 상기시켜야 한다. 눈에 보이지 않는 상처도 치료가 필요하다.

역할 변경

어릴 때부터 우리는 의식적이든 무의식적이든 '멋진' 것과 그렇지 않은 것, '좋은' 것과 아닌 것에 대한 온갖 종류의 메시지를 받아왔다. 이 책 후반부에서 가족 내 역할에 대해 좀 더 알아보겠지만, 지금은 사회적 정보가 넘쳐났던 학창 시절을 되돌아보자.

네가 시험공부를 할 수 있지만, 사람들이 네가 공부를 열심히 했다는 걸 아는 것은 좋지 않아.

나비 클립(액세서리)이 유행하니까 너도 빨리 사러 가.
그녀를 좋아하는 건 옳지 않아!
너다워져! 근데...... 그렇게는 말고!

여기서 허용되는 것은 무엇인가? 소속감에는 안전성이 내포되어 있기 때문에 우리는 어릴 때부터 어떤 관심과 성향들이 소속감에 장벽이 될 수 있는지를 배운다. 그리고 이 모든 방해되는 정보들을 걸러 내면서 자신에게 유리한 역할이 무엇인지 배우게 된다. 이러한 역할들은 우리의 '실제' 자기와 크게 다르지 않으며 그것은 단지 약간 다르거나 혹은 눈에 띄는 행동을 보이지 않게 만드는 연기 버전일 뿐이다.

때때로 우리는 맡은 역할 중 하나를 잃는 것만으로도 자신이 누구인지에 대한 단절감을 느낄 수 있다. 예를 들어, 나는 염증성 장 질환 크론병Crohn's disease 진단을 받았을 때 아무것도 할 수 없었고 자율성이 상실되었다. 또한 집에서 주로 해왔던 '드라마 키드' 역할도 잃은 듯한 느낌이었다. 나는 그때 '크론병에 걸린 아이', '아픈 아이'였다. 이와 같은 맥락처럼 우리는 우리가 해 오던 오래된 관계를 끝내고 나면, 그 역할 밖으로 밀려나 내가 누구인지 스스로 확신하지 못하는 감정에 사로잡히기도 한다. 만약 우리가 대학 졸업이나 어떤 특정한 일을 끝내고 나면, 학년이나 사무실 환경이 없어진 것만으로도 길을 잃은 것만 같은 자신을 발견할 수 있을 것이다. 일부 부모들은 신생아가 태어나면서 부모가 되기 이전의 내 모습을 잃어버린 것에 대해 죄책감을 느끼기도 한다. 그리고 어떤 부모들은 아이들이 집을 떠날 때 불안정함을 느끼기도 한다. 이 모든 상실은 아주 예민하게 느껴질 수 있는 것들이다.

5분 테라피: 나와 나 자신, 그리고 나에게

다음과 같은 질문을 통해 지금까지의 '자기 상실에 대한 경험'을 스스로 탐색해 보자.

*내가 성장하기 위해서 어떤 '나' 자신이 되어야 했을까?

*친구들에게 받아들여지기 위해서 나는 어떤 사람이 되어야 했을까?

*인간관계에서 나는 사랑받기 위해 어떤 사람이 되어야 했을까?

위의 '했을까'를 '할까'로 바꾸어서 현재의 맥락으로 문장을 만들어 보자. 그리고 나만의 답을 찾아보자.

자기 상실 문제를 회피하는 방법
*다른 사람 흉내 내기
*다른 사람의 기대에 부응하기
*인간관계에서 건강하지 못한 애착을 갖기
*자신의 의견을 말하지 않고 표현하지 않기
*'아니오'임에도 불구하고 '예'라고 말하기
*과로, 약물 사용, 운동 등을 통해 무감각해지기
*함께 있는 사람에 따라 나 자신을 크게 변화시키기
*다른 사람의 의견을 '옳은' 의견으로 자동적으로 받아들이기

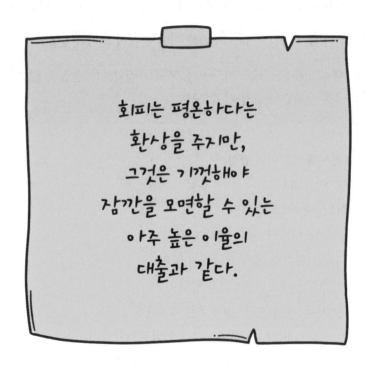

회피는 평온하다는
환상을 주지만,
그것은 기껏해야
잠깐을 모면할 수 있는
아주 높은 이율의
대출과 같다.

자기 상실을 회피하기

나는 수년 동안 내 안의 상실감을 마주하지 않으려고 부단히도 노력했다. 그때는 의식하지 못했지만 상실감을 피하는 것에 급급했다. 그때는 '피하는 것'이 단지 미루는 것뿐이라는 사실을 알 수 없었다. 삶에는 피할 수 없는 몇 가지 필요한 고통이 있기 마련이지만, 당시의 나는 애를 썼다. 왜냐하면 고통과 대면하는 것은 힘든 일이고 내가 진짜 누구인지 받아들여야 한다는 뜻이기 때문이다. 안타깝게도 나는 내 모습을 혐오했기 때문에 정말로 받아들이고 싶지 않았다.

더 이상 피할 수 없을 때까지 나는 피하고, 피하고, 또 피했다. 나는 더는 피할 수 없을 때까지 피했고, 또 외면했고, 또 달아났다. 그렇게 나는 남들이 말하는 것이 나에게 일어날 것이라고는 생각도 못 할 정도로 가장 낮은 곳까지 도달했다. 그러자 나의 내면에 숨어 있던 엄청난 슬픔과 불안이 나를 압도해서 도저히 잠을 잘 수 없을 지경이었고 이내 불안 발작이 시작되었다. 평소 잠잠했던 크론병까지 기승을 부리기 시작했다. 이처럼 우리가 내면의 소리를 듣는 것을 멈춘다면, 결국은 몸이 비명을 지르게 된다.

두려움에 집중하는 것은 위험해 보일 수 있다. 두려움에 주의를 기울이면 두려움이 더 증폭되고 더 악화될 수도 있다. 우리는 사람이기 때문에 이러한 두려움과 불쾌한 감정으로부터 거리를 두고 싶어 하는 것이 당연한 일이다. 그런데도 이런 우리가 왜 결국엔 의도적으로 불편함을 받아들이기로 선택하게 되는 걸까? 칼 융[15]은 이렇게 말했다. '당신이 저항하는 것은 끊임없이 지속될 뿐만 아니라 그 크기도 커질 것이다' 바로 이 말이 내가 스물셋의 나이에 심리치료를 받게 된 근본적인 이유이자 결국 감정을 피하지 않고 직

---

15)스위스의 정신과 의사, 정신분석의 유효성을 인식하고 연상 실험을 창시함.

면해야 했던 이유이다.

이러한 나의 경험은 우리 모두와 관련이 있을 수 있고, 아닐 수도 있다. 나는 당신이 자기 상실의 느낌을 해결하기 위해 나처럼 내면의 가장 낮은 곳까지 내려갈 필요는 없다고 믿지만, 이러한 불편한 자각이 꼭 부정적일 필요도 없다. 때때로 그것은 성장하기 위한 고통의 한 형태로서 '변화의 신호'이기도 하기 때문이다.

회피에 대해 기억해야 할 사항

*회피는 평온하다는 환상을 주지만, 그것은 기껏해야 일시적인 달콤함이다. (그 달콤함의 대가는 터무니없이 클 수 있다.)

*두려움과 불편함을 의식하지 않으려는 노력은 결국 스스로를 지치게 한다.

*우리 내면에 간직하고 있는 것을 외면하면 결국 '놓아줄 수 없다'.

*회피에 에너지를 쓰는 것은 우리의 활력을 떨어뜨린다.

*저항은 일반적으로 저항하고 있다는 생각보다 더 큰 불안을 만든다.

발견하기와 다시 연결하기

우리 자신을 발견하고 다시 연결하는 과정은 우리가 스위치를 켜고 끄는 것처럼 쉬운 것이 아니며, 수레바퀴를 이용해 돌며 건너는 결승점도 아니다. 자기 발견에 지름길은 없다. 자기 발견을 위한 여행 그 자체에 황금이 놓여 있다. 단서는 자기 발견하기라는 용어 그 자체에 있다. 자기 발견은 찾는 것이고, 호기심이고, 호기심을 풀고 또 풀어내는 것이다.

그래도 좋은 소식은 당신이 이것을 읽고 있다면 이미 그 여정을 시작했다는 것이다. 그러니, 앞으로 당신이 이미 가지고 있는 정직함과 존재감으로 연습에 참여하자.

발견은 목적을 위한 수단이 아니다. 그러니 가능한 한 마음을 부드럽게 하고, 그저 존재하고, 그 과정을 즐길 수 있도록 스스로 허락하라.

> ## 5분 테라피: 나의 선택에 대해 알아가기
>
> 우리가 매일 자기 발견의 과정을 고려하는 것은 유용하므로 자신에게 물어보자.
>
> *어떤 선택과 행동이 나를 나 자신과 더 가깝게 하는가?
> *그리고 어떤 선택과 행동은 반대로 나 자신과 더 멀어지게 하는가?
> *나는 진정한 자아를 향해 나아가고 있는가, 아니면 표류하고 있는가?

알아차리고 이름 붙여 주기

우리의 감정을 알아차리고 이름을 붙이는 과정은 당신이 생각하고 있는 것과 느끼는 것의 틈을 메울 수 있다. 감정에 이름을 붙여 줄 때, 느낀 것을 말하려고 노력해 보자. 그러니까 '난 화났어' 대신에 '나는 화가 느껴져'. '나는 불안해' 대신 '나는 불안이 느껴져'. '나는 스트레스 받았어' 대신 '나는 스트레스가 느껴져' 등등. '나는 이러해'에서 '나는 이것이 느껴져'로 바뀌는 단계를 통해 그 감정 그대로가 아닌 그 감정을 객관적으로 관찰할 수 있는 공간이 생긴다. 이것은 우리가 느끼고 있는 감정이 일시적이라는 것을 상기시켜주는 역할을 하고, 또한 느끼고 있는 감정으로 인해 힘들 때 큰 위안이 되어 준다.

우리가 몸과 마음에 대해 알아차리고 이름을 붙여주는 과정은 어쩌면 조금

진부할 수도 있고, 다소 불편한 과정이기도 하다. 그래서 때로는 회피하고 싶어지기도 한다.

작은 스티커를 준비하자. 방 어딘가에 그 스티커를 붙여 놓거나 휴대폰 뒷면에 붙여라. 그리고 내가 그 작은 스티커를 발견했을 때, 몸에서 느껴지는 것을 천천히 의식해 보자. 이 질문으로부터 시작하자. 내가 지금 느끼고 있는 감정이 뭐지? 나의 상태는 어떤가? 감각들은 어떻게 느껴지지? 시간이 흐를수록 스티커에 익숙해지고 그 스티커의 존재가 다소 줄어들긴 하겠지만, 그런데도 이 작업은 '알아차리는 과정'에 있어서 여전히 의미가 있을 것이다.

5분 테라피: 스스로 점검하기

우리가 마음대로 사용할 수 있는 도구 중 가장 접근하기 쉽고 활용도가 낮은 도구는 스스로를 점검하고 관찰하는 능력이다.

*내 기분은 어떤가? 피곤함이 느껴지거나 배고프거나 불안한가?
*내가 자각할 수 있는 이 느낌은 어떤 감각들과 연관되어 있는가?

일기장에 답을 적어보자.

계속 놀기

아이들은 놀 자격이 주어진다. 물에 들어가기 전에 물 온도를 체크하고, 의상을 입고 연극을 하듯이 '이렇게 행동하는 건 진짜 나 인가? 아닌가?' 이것저것 시도를 하면서, 우리는 우리가 누구인지를 알아간다. 그리고 여섯 명의 조카가 있는 이모로서 말을 하자면, 한창 놀고 있는 아이들에게 그만하라고 하는 것은 지옥의 최악보다도 무서운 일이라고 단언할 수 있다.

그러나 20대 초반이 되면 사회는 우리에게 이 장난기를 누그러뜨리기를 기대하는 것 같다.

'이제 그만 놀아! 이제 '어른'이 되었으니 네가 누구인지 알아야지, 지금 이게 진짜 너의 모습일지라도 어떤 시도나 도전, 장난 같은 것을 계속하면 앞으로 인생의 중년에서는 위기를 마주하게 될지도 몰라. 그러니 놀면 안돼.' 장난을 치는 것은 인생의 중년기 또는 중년의 위기로 간주될 수 있다.

이렇게 어느새 놀이는 '미숙함'의 신호가 되었고, '실패자'를 나타내는 말이 되었다. 그래서 우리는 놀거나 탐험할 수 있는 능력을 잃어버리게 된다. 그리고 이러한 일련의 과정은 변화나 성장을 위한 여지를 거의 남기지 않는다. 하지만 잘 알다시피 우리는 영원히 같은 상태를 유지할 수 있도록 태어나지 않았다. 우리 몸이 변하듯이, 우리 자신도 변한다. 어떤 부분은 우리가 평생을 가지고 가고, 또 어떤 부분은 나이가 들면서 발견하게 되는 새로운 것들도 있다.

5분 테라피: 삶을 가지고 놀기

잠시 시간을 할애하여 자신에게 아래와 같은 질문을 던져 보자.

항상 해 보고 싶었지만 아직 해보지 못한 것이 있는가?
(이것은 춤, 연기, 초급 핀란드어 코스일 수 있다!)

이걸 탐험할 방법이 있을까? 조금이라도? 당신 자신을 실험해 보라. 실수를 받아들여라. 그리고 다시 삶을 가지고 놀기 시작하자.

기회들을 인식하기

매일 우리는 우리 자신으로부터 더 가까워지거나 멀어지기 위해 선택을 한다. 자기 발견 과정의 일부는 우리가 하는 이러한 일상적인 선택에 대해(판단없이!) 우리 자신이 더 호기심을 갖도록 하는 것이다.

나는 '잡담small talk[16]'이 특히 고통스럽다. 뻔한 대화 주제 때문이 아니라 대화 이후 나에 대한 느낌 때문이다. 잡담을 나누는 것에서는 내 진심이 전혀 드러나지 않았다. 내가 평소에 생각했던 내용이 아니더라도 '사람들이 흔히 하는 말'이라고 생각했던 것들을 말했었다. 나는 보통 침묵을 좋아했기 때문에 잡담을 할 때 빠지곤 했다. 그 순간에 참여했던 방식에 대해 나 자신을 자책하고 떠나곤 했다. 그런데 생각해 보면 사실 나는 거절에 대한 두려움과 불안이 심하게 밀려오면 더욱 이런 잡담에서 빠지려고 노력했던 것 같다. '만약 그들이 나를 좋아하지 않는다면? 내가 이상하다고 생각하면 어떡하지?'와 같은 생각이나, 상대방이 무엇을 원하거나 감탄할지 예상하느라 정신이 없어서 대화에서 나의 모습을 드러낼 틈이 없었다. 그러는 동안, 나는 나 자신으로부터 점점 더 멀어졌다.

이 습관을 알게 된 것만으로도 그러한 상황에 참여하는 방식이 바뀌었다. 새로 발견된 인식은 내가 무언가를 더 섬세하게 관찰할 수 있도록 도와주었다. 이처럼 우리는 고통의 감정과 행동을 인식해야만 그 원인에 의문을 가지고 잘 다룰 수 있게 된다.

잡담에 대한 '내면 독백의 대본'에는 다음과 같은 구절이 있다.
'오 제발! 멈춰 줘! 사람들은 내가 얼마나 멍청한지, 그리고 얼마나 이상한지

---

16)(특히 사교적인 자리에서) 예의상 나누게 되는 대화

알게 될 거야. 내가 방금 한 말은 전혀 말이 안 돼. 내가 지금 정말 그렇게 말하고 동의한 거야? 내가 동의하고 말장난 한 거야? 너 왜 이래? 진심인데, 사라야 그냥 집에 가. 확실해. 모두가 날 싫어해'.

내가 왜 자주 공황 상태로 사회적인 상황을 떠났는지 알 수 있을 것이다. 나는 진정한 차원에서 다른 사람들과 소통할 기회를 놓쳤던 것이다. 내가 상호작용을 잘못할 것에 대한 염려가 너무 커서 연결할 기회를 보지 못한 것이다. 만약 우리가 이러한 잡담의 시나리오, 가족과의 식사, 또는 진정한 내자아로부터 멀어지게 되는 상황에 대해서 연결할 가능성을 가지려 노력한다면 그것은 관계에 있어서 진정한 변화의 촉매제가 될 수 있다.

도움이 될 만한 대본 만들기

다른 사람을 기쁘게 하거나 달래기 위해 익숙한 패턴에 빠져들고 싶은 강렬한 충동을 느낄 때가 있다. 이 통찰력이 우리에게 제공하는 공간을 사용하여 우리에게 무슨 일이 일어나고 있는지 좀 더 탐구할 수 있게 해 준다.

분명히 잡담에 대한 나의 부정적인 내면의 독백은 사회적으로 아무런 도움이 되지 않았지만, 자기 발견의 측면에서는 나에게 실제로 무슨 일이 일어나고 있는지 인식하면서 변화를 일으키기 충분했다. 나는 내가 자기비판을 하고 있음을 인지할 수 있게 되고 내가 나를 기쁘게 하고 싶은 열망을 인지했을 때 그것들을 열심히 종이에 적어나가기 시작했다. 종이에 이러한 생각 과정을 담아두니 평소처럼 말로 자신을 깎아내리는 방식이 아니라 더 부드러움과 친절함으로 그것이 무엇인지 인식하면서 대응할 수 있게 되었다.

그래서 나는 이제 잡담에 대한 대본을 훨씬 더 긍정적이고 자립적인 것으로 바꿨다. '좋아. 해 보자, 나는 내가 너무 많이 동의하거나 의도하지 않은 말을 많이 한다고 느껴. 괜찮아. 물론 어느 정도 고민도 있지만, 누구에게나 내 가치를 입증할 필요는 없어. 이 만남 이후에 내가 습관적으로 다시 동의하는 것을 알게 되더라도 괜찮을 거야. 난 지금 한 번에 한 단계씩 배우는 중이니까. 그들은 나에게 무언가를 물어봤고, 나는 그들의 의견에 동의해야만 한다고 느꼈던 거야. 하지만 나는 실제로 어떻게 생각하지? 천천히 하자. 넌 충분히 잘하고 있어.'

자신을 위해 어려운 상황에서 이런 지지적인 대본을 만드는 것은 물론 빠른 해결책은 아니지만, 지속적인 해결책일 수는 있다. 이런 시나리오는 냉소주의를 중단시키고 불안한 순간에 긍정적으로 대응할 수 있도록 해 준다. 결과적으로 이것은 나를 사교적인 사람으로 바꿈과 동시에 진정한 나 자신으로 거듭날 수 있도록 도와줄 것이다.

5분 테라피: 대본 편집하기

펜과 종이를 가져오거나 휴대폰의 빈 메모장을 열자.

*위에 예시를 참고하여 '원본 대본'을 작성하라. 꼭 잡담에 관련된 것이 아니어도 된다. 어떤 주제든 상관없다.
예를 들어 당신은 자신의 신체, 능력, 일, 부모, 친구에 대해 어떻게 말하고 있는가? 자신에게 맞는 주제를 선택하라.

*이것은 거울을 보는 순간, 밖에 앉아 있는 순간 또는 노트북으로 작업을 검토하는 순간이 포함될 수 있다. 그리고 친구, 가족, 지인 심지어 당신이 출퇴근하는 길에 만나는 사람들과의 순간을 포함할 수 있다.

> *내가 하는 여러 생각들 이면에 어떤 걱정과 두려움이 자리 잡고 있는지 파악할 수 있는가? 만약 이것에 주의를 기울였다면, 원래의 두려움에 기반한 대본에 대응하여 배려와 지지를 담은 대본을 써보자. 그리고 이를 사용하여 도전적인 내가 버틸 수 있도록 사용하라.

혼자만의 시간 만들기

자신을 더 잘 알기 위한 여정에서 해야 할 또 다른 정말 중요한 일은 온전히 혼자만의 시간을 보내는 것이다. 나는 당신에게 위더스푼Witherspoon[17]의 「먹고, 기도하고, 사랑하거나」[18]의 영화에서처럼 퍼시픽 크레스트 트레일Pacific Crest Trail[19]을 오랜 시간 동안 혼자 걷는 것을 제안하는 것이 아니다.(솔직히 말해서 이런 생각을 해보지 않은 사람이 어디 있겠는가?)

혼자만의 시간을 보내는 것은 가장 하고 싶지 않은 일처럼 들릴 수 있다. 그리고 혼자만의 시간이 두렵게 느껴질 수도 있다. 고독을 고립과 연관시킬 수도 있지만, 고독solitude과 외로움loneliness은 같은 것이 아니다.

우리는 혼자만의 고요한 시간에 마주할 것을 걱정하는 경향이 있다. 개인주의의 대두와 자기 자신의 제국을 만드는 것에 대한 강조가 증가함에 따라, 고요함은 정기적으로 침체와 결합된다. 만약 우리가 고요히 있게 된다면 '더 위대한', '더 나은', '더 수익성 있는' 것들을 생산하기 위해 노력하지 않

---

17)미국의 배우이자 영화 제작자

18)진짜 자신을 되찾고 싶어진 주인공이 용기를 내어 일, 가족, 사랑 모든 것을 뒤로 한 채 무작정 일년 간의 긴 여행을 떠난다는 줄거리의 영화

19)Pacific Crest Trail은 미국 3대 트레일 중 하나로 멕시코 국경(campo)에서 캐나다 국경(manning park)까지 미국 서부를 종단하는 총 거리 4,286km(2,666마일)의 장거리 트레일이다.

는 것이라 여겨질 수도 있다. 그러나 그것은 사회로부터 받는 암묵적인 메시지일 뿐, 진정한 것은 아니다.

규칙적으로 나 자신을 위해 고요함 속에서 일정한 시간을 갖는 것은 스스로에게 깊이 영양을 공급해 주는 연습이고, 인생의 산만함에서 벗어나 내가 누구인지에 대한 강한 의식을 기르는 훌륭한 방법이다. 수많은 미디어 노출과 외부 자극이 소음을 만들어 내는 이 세상에서 우리는 혼자만의 시간이 꼭 필요하고 그런 고독이야말로 우리가 연습해야 할 진정한 삶의 모습이다.

우리는 모두 자신과 함께할 수 있는 능력이 있는데 그것은 무능력, 게으름, 시간이 없다는 것과는 다른 차원의 이야기다. 우리는 대부분 자신의 감정과 함께 있음으로써 불편한 감정이 표면으로 올라와 통제할 수 없게 될까 봐 두려워한다.

때로는 모두 소화되지 않은 감정, 불안과 슬픔을 달래지 못한 채 일상을 살아가기도 한다. 이것은 꼭 '큰일'에서 비롯된 것이 아니라, 오해나 단절의 순간과 같이 우리가 매일 접하는 사소한 것일 수도 있다. 따라서 하루 동안 쌓인 감정을 챙기는 고요한 공간을 허용하면 회피가 동반되는 장기적인 감정의 폭풍을 완화할 수 있다.

그중에 명상은 훌륭한 수행 방법이지만 혼자만의 시간에 꼭 명상을 하지 않아도 된다. 그 시간을 이용해 진정으로 하고 싶은 일을 하면 된다.

혼자만의 시간을 보내는 방법
*그림을 그리거나 글을 쓰면서 창조성을 단련하기
*본 장에 제공된 멘탈 노트를 통해 자기 성찰에 참여하기
*걷기 (가급적이면 헤드폰 또는 이어폰 없이)

*자연을 느끼기. 신발과 양말을 벗고, 발을 잔디나 흙으로 덮기
*아침 루틴 만들기: 일어나기, 스트레칭, 차 만들기, 일기 쓰기, 오늘 하루의
 목표를 정하기, 목록(128쪽)에서 긍정의 확언 선택하기
*하루 중, 기기를 사용하지 않는 시간을 따로 만들어 기기를 사용하지 않기
 아침에 5분을 혼자만의 시간으로 할애하기 그리고 가능하면 이 시간을 연
 장하기

다른 사람들과 연결하기

고독 혹은 혼자만의 시간을 연습하는 것도 중요하지만, 외로움의 감정을 예
방하는 것도 중요하다. 이 둘 사이에는 큰 차이가 있다.

그 어느 때보다 바쁜 현대 사회에서 많은 사람이 외로움을 경험하고 있다.
도시 한복판에서 사람들로 둘러싸여 살아도 혼자 있을 때보다 더 외롭고 고
립감을 느낄 수 있다. 최근에는 외로움이 신체적, 정신적 건강에 미치는 영
향에 대한 연구가 계속 발표되고 있으며, 특히 젊은 성인의 경우 다른 어떤
연령대보다 외로움을 더 많이 느낀다고 보고하고 있다. 연결되었던 사회적
공간들이 해체되고 있으며, 특히 도시 출퇴근 상황에서 낯선 사람과 얼굴을
맞대고 대화를 시작하는 것은 종종 의심과 경계심을 불러일으키기도 한다.

사회가 자가격리를 '자기 관리'라는 외피로 감싸기 시작하면 이는 더 큰 문
제가 된다. '안에서 머물러. 취소해. 끊어내' 물론, 이러한 단절의 조치들이
우리의 복지를 위해 절대적으로 필요한 때도 있지만, 다른 순간에는 꼭 필
요한 연결일 수도 있다.

결국, 우리는 사람들과 함께 연결될 때, 스스로가 누구인지에 관해 많은 것

을 발견할 수 있다. 위에 제공된 원래 대본과 지지적인 대본으로 돌아가 보면 단순히 타인의 앞에 있는 것만으로도 우리의 패턴, 반응, 그리고 호기심이 얼마나 많이 나타나는지 알 수 있다.

자기발견이 반드시 혼자만의 노력이 될 필요가 없다. 때로는 우리 자신뿐만 아니라 다른 사람들과의 연결을 통해 다시 우리 자신을 밖으로 나가게 할 필요도 있기 때문이다.

5분 테라피: 잠시 자기 자신과 시간을 갖기

내 기분은 어떤가?

나는 외로움을 느끼고 있는가?

지금 나에게 가장 좋은 것은 무엇인가?

내가 마지막으로 다른 사람과 커피를 마신 게 언제였는가?

나는 최근에 얼마나 바빴는가?

당신의 직관에 귀 기울여 보자. 이불 속에서 하루를 보내고 싶을 수도 있지만, 당신의 직감은 무엇을 말하고 있는가?

멘탈 컨닝 페이퍼
(일종의 정리 방법)

자아 성찰의 일기 쓰기
자신과 연결하는 시간 갖기
움직임 관찰하기
조용히 명상하기
읽고 싶은 책 읽기
사람들과 대화하기
알아차림 연습하기
좋아하는 음악 듣기
심리상담 받기

멘탈 노트

한 달 동안 매일 하루를 마무리하며 5분씩 다음 사항을 성찰해 보자.

*오늘 어디에서 나 자신과 연결할 기회가 있었는가?
*나 자신과의 관계는 어떤 느낌이면 좋겠는가?
*내일 이 목표를 향해 나아가는 데 무엇이 도움이 되겠는가?
*오늘 내가 감사한 일 세 가지는 무엇인가?

이렇게 한 달이 지나면, 당신이 진정 누구인지에 대한 실행 가능한 단계를 포함하여 자신에 대한 정보가 담긴 보물상자를 만들 수 있을 것이다.

앞으로 나아가기

이번 장이 당신에게 통찰의 순간을 제공했기를 바란다. 물론 모든 내용을 다 기억할 필요는 없다. 그것들은 저 어딘가에 저장되어서 스며들고, 진행되고, 쉬고 재정립되고 있을 것이다. 미국의 수필가 랄프 에머슨Ralph Emerson이 그의 저서 『자기 신뢰Self-Reliance』에서, '모든 천재의 작품에서 우리는 우리 자신의 거부된 생각을 인식한다'라고 말한 것처럼 에머슨의 철학을 유명한 천재가 말한 그 이상으로 생각을 확장해 보자. 온라인에서 무언가를 읽고 친구에게 그것을 보낸 적이 몇 번이나 있는가? 아니면 책에서 좋은 문장 한 줄을 우연히 발견하고 서둘러 그것을 적어 내려간 경험이 얼마나 있는가? 혹은 당신의 마음을 아프게 한 노래 가사를 들어본 적이 있는가? 우리는 매일 읽는 단어와 듣는 단어에서 우리 자신을 발견한다. 이것을 가슴속에 간직하고 앞으로 나아가기 바란다.

도전적인 순간을 위한 온화한 알림

*불확실하게 느껴져도 괜찮다. 당신은 불편함을 견딜 수 있는 능력을 키우고 있다.
*당신은 상황에 최선을 다하고 있다.
*그것은 요일과 시간에 따라 우리 모두에게 다르게 보인다.
*당신은 전에 힘든 시간을 보낸 적이 있다. 이걸 읽고 있다면, 당신은 이미 의식 수준을 높이고 있다.
*숨을 크게 쉬어 보자. 당신은 자기 발견의 과정을 시작했다. 인정해 보자.
*(소셜 미디어에서 어떻게 보이든지 상관없이) 원하는 것을 다 가지거나 뜻대로 다 되는 사람들은 없다.
*모두가 매일매일 자신이 누구인지 파악하고 있다. 당신은 당신 자신을 잃지 않았다. 당신은 이미 온전하고 당신의 일부분은 치유할 시간이 필요하다.

2.
애착의 탐색

Exploring Attachment

의미 있는 관계를 만드는 방법

'궁극적으로, 삶의 질은 관계의 질이 어떠한가에 의해 결정된다.'

– 에스더 페렐Esther Perel

당신은 자신이 특정 사람에게 끌리는 것을 궁금해한 적이 있는가? 파트너가 당신의 문자에 답장하지 않을 때 왜 그렇게 화가 나고 같은 말다툼이 반복되는지 궁금한 적은 없는가?

어쩌면 당신은 진짜really 연애relationship를 하고 싶은 욕구가 있었을 것이다. 누군가와 하나one가 되어 진실한 관계를 맺을 때까지 말이다. 당신의 친구는 좋아하는 사람과 데이트한지 두 번만에 함께 살 준비를 하는데, 당신은 왜 '사랑해'라고 말하는데 2년이나 걸리는 걸까? 이렇게 우리는 모두 다른 모습으로 다양한 유형의 관계를 맺으며 살아간다.

애착 유형 탐색하기

당신이 치료를 받아 본 경험이 있다면 애착의 개념이 어떤 형태로든 생겨났을 가능성이 있다. 그것은 그럴만한 이유가 있다. 본질적으로 애착은 우리가 다른 사람과 관계를 맺는 방식이고, '애착 유형'은 삶 속에서 만나는 사람들이 안전한지 그리고 얼마나 도움이 되는지를 확인해 주는 역할을 한다. 애착 유형은 관계의 청사진으로, 우리가 타인과의 관계에서 자주 느끼는 정서적 유대감이나 연결감을 보여 준다.

애착 유형을 이해하면 다음과 같이 도움이 된다.

*우리가 맺고 있는 모든 관계의 느낌, 생각, 행동 방식에 영향을 미친다.
*친밀감의 관계, 연인, 친구, 가족 관계를 둘러싼 우리의 이야기를 알려 준다.
*갈등하고 해결하는 방식에 영향을 미친다.
*어린 시절 어떻게 느꼈는지에 대한 통찰을 제공한다.
*정서적 유대 관계로부터 우리 자신을 어떻게 방어할 수 있는지 보여 준다.
*주의를 기울여야 하는 관계적 상처를 조명한다.

애착 유형은 아기와 양육자와의 관계의 결과로 어린 시절에 형성된다. 애착은 관계와 정서 발달에 필수적이다. 우리는 태어날 때부터 음식, 따뜻함, 안전 등 생존에 필수적인 모든 것을 제공하는 양육자와 정서적인 유대감을 형성하려는 욕구를 가지고 타고난다.

애착 유형은 양육과 놀이 그리고 가장 중요한 것은 아기의 욕구needs에 부모가 어떻게 반응하는지를 통해 형성된다. 예를 들어, 아이가 울 때 부모는 어떻게 반응하는가? 부드럽게 달래 주는가, 아니면 짜증을 내며 목소리를 높이는가? 부모는 아이의 눈을 바라보는가? 아니면 시선을 피하거나 다른 것에 집중하는가?

이러한 상호작용의 누적 효과에 따라 아이의 안정감이 얼마나 확고하게 유지되는지가 결정된다. 영아는 양육자가 일관되고, 사랑스럽고, 신속하게 반응하는 것을 보고 느낄 수 있을 때, 자신의 보살핌과 생존을 책임지는 사람을 신뢰할 수 있다는 것을 배운다. 이것은 마침내 안정애착의 기초를 다진다.

애착 유형은 네 가지로 분류된다.

1. 불안애착Anxious
2. 회피애착Avoidant
3. 혼란애착Disorganised
4. 안정애착Secure

하지만 이러한 애착 유형은 우리의 자기감과 마찬가지로 고정되어 있지 않다. 어린 시절에 형성되지만, 다양한 요인들이 일생 동안 영향을 미칠 수 있다.

이러한 요인에는 다음과 같은 모든 종류의 긍정적이고 부정적인 삶의 경험이 포함되지만 이것에 국한되지는 않는다. 어린 시절의 우정, 왕따 괴롭힘, 이사, 질병, 재정적 안정이나 불안, 사랑하는 사람의 죽음 또는 이별, 친밀한 관계에서의 치유 경험, 개인적인 성취, 중독, 학대, 방임, 자기 일에 대한 헌신, 치료사와의 관계(있는 경우) 등이다.
부정적인 경험은 우리를 덜 안정되게 하지만, 긍정적인 경험은 우리를 치유하고 더 안정감 있게 만든다.

애착 유형 중 '나쁜' 유형은 없다. 그렇다고 모든 종류의 부정적이거나 학대하는 행동이 정당한 것이라고 주장하는 것은 아니다. 또한 '그건 나 때문이 아니라, 내 애착 유형 때문이야'라고 탓한다면 당신의 자아는 성장하지 못할 것이다.

잘못된 애착 유형은 없지만, 대부분 사람은 안정적인 유대감을 형성하여 만족스러운 삶을 사는 데 방해가 될 수 있는 감정적, 관계적 고통을 줄이기를 희망한다.

하지만 어린 시절에 발달한 애착 유형은 우리가 선택하는 것이 아니라 우리를 안전하게 지키기 위해 형성된 것이다. 따라서 이것을 고려하여 연민과 호기심을 가지고 다음의 정보에 접근하는 것이 중요하다. 우리 자신이 어떤 애착 유형인지 탐색하면서 치유를 위해 노력하는 것이 바람직하다.

5분 테라피: 자신을 점검하기

다양한 애착 유형들을 더 깊이 탐색하기 전에, 당신이 지금 무슨 생각을 하고 있는지 찬찬히 살펴보자. 어쩌면 많은 것을 알고 싶어 앞서 나가고 있을지도 모른다. 아니면, 이미 어떤 애착 유형을 갖고 싶은지 선택했을지도 모른다.

*나는 어떤 가정을 하고 있는가?

*이 책을 읽어 나가는 동안 나는 열린 마음을 유지할 수 있는가?

*나는 놀라거나 실수하는 것에 열려 있는가?

*나는 원하는 나와 실재 존재하는 나를 구분할 수 있는가?

이 과정은 마음을 열고 호기심을 유지하는 것이 중요하다.

1. 불안애착ANXIOUS ATTACHMENT

'불안애착'의 특징은 친밀함에 대한 갈망이다. 이런 애착 유형을 가진 사람들이 이야기할 때 '집착clingy'과 '결핍needy'이라는 단어가 자주 사용되지만, 현실은 좀 더 미묘한 차이를 보인다.

불안애착은 약간의 외로움에서 시작하여 응답이 없는 친구에게 문자 메시지를 쉬지 않고 보내는 것까지 왔다 갔다 하며, 어떤 관계에 있든 '맞추기 위해' 자신의 파트part[20]를 만들어 낸다.

'난 회사에서 허둥지둥해' 혹은 '나를 안심시키는 행동을 마구 하고 있어. 그러면 관계에서 좀 안정이 되는 것 같아'라는 말들은 불안애착을 가진 사람들이 자기 경험을 말할 때 자주 사용하는 말이다.

이 애착 유형의 사람들은 직관력이 뛰어난 경향이 있으며, 이것은 훌륭한 기술이다. 이런 능력으로 방 안의 분위기를 잘 읽고, 타인의 감정도 잘 알아차리며, 가까이 있는 사람이 약간 우울해져 도움의 손길이나 공감을 해야 할 때 본능적으로 알 수 있게 된다.

이처럼 불안애착 유형은 감지하고 관찰하는 능력이 탁월하다. 게다가 주변 환경에서 감지되는 미묘한 것들을 잘 알아차리고 활용해 다른 사람이 그들에 대해 어떻게 느끼는지를 잘 이해하기도 하고 또 두려워하기도 한다.

불안애착을 촉발하는 트리거trigger[21]는 다른 누군가가 실제로 뒤로 물러나거나 거부할 때이다. 또는 불안애착을 가진 사람이 그렇게 인지하는 것이다. 예를 들어 누군가가 조용히 있을 때, 불안애착을 가진 사람은 자신을 좋아하지 않는 신호로 해석할지도 모른다. 조용한 그 사람이 자신에게 싫증이 났거나, 뒤로 물러날 만한 어떤 '잘못'을 자신이 했다고 생각할 수도 있다.

---

20)부분 혹은 소인격체로 번역함. 독특한 사고, 감정, 행동이 한 묶음으로 일관성을 가지며 변화를 경험하는 마음 상태를 뜻한다.

21)감정적 버튼으로, 현재의 순간을 고통이나 충격적인 과거의 기억, 상황과 연결시킨다. 그 연결은 의식적, 무의식적으로 일어나며, 감정적, 신체적으로 느낄 수 있다. 트리거에 대해서는 4장에서 자세하게 다룬다.

불안애착을 가진 사람들은......

타인의 미묘한 변화에 민감하다.
[실제 + 인식된]
거절 징후에 민감하다.

거의 지속적인 친밀함
+ 접촉의 욕구가 있을 수 있다.

파트너가 거리를 두면
'가짜 거절'을 한다.

파트너의 행동에
의심을 느낄 수 있다 +
질투가 심하다.

71

모든 애착 유형은 절대적인 것이 아니라 하나의 스펙트럼이다. 그래서 한 사람이 느끼는 불안의 정도는 같은 애착 유형의 사람들과 매우 다를 수 있다.

또한 우리가 친구 관계에서 느끼는 불안의 수준은 연인 관계에서 느끼는 것과 매우 다를 수 있다. 애착 반응들은 크게 싸웠을 때처럼 강하게 느껴질 수도 있고, 종일 배경에 깔린 웅웅거리는 미묘한 불안으로 느껴질 수도 있다.

불안애착이 활성화되면, 다음과 같이 들릴 수 있다.

'당신이 나를 사랑하는 것보다 내가 더 당신을 사랑해'
'내 '모든' 시간을 당신과 함께 보내고 싶어'
'혼자 있으면 불안해'
'당신은 날 떠날 거야'
'당신은 날 속일거야'
'내가 뭘 잘못했어?'
'나한테 화났어? 괜찮아?'
'왜 답장 안 해?'
'당신은 나를 신경 쓰지 않아'

이런 말들이 당신에게 어떤 공명을 일으키는가? 만약 그렇다면 당신의 대답을 위의 목록에 추가할 수 있는가?

불안애착이 형성되는 방식
애착 유형에 영향을 주는 요소들은 어린 시절이 지난 후에도 많이 생긴다. 그렇다고 하더라도 불안애착 유형의 초기 청사진은 다음의 양육자와 함께 지낸 어린 시절과 많은 관련이 있다.

*양육자가 자신에게 유용한지를 예측할 수 없다.

*양육자가 하는 칭찬과 처벌이 일관성이 없다.

*양육자가 개별적인 필요를 들어주지 않는다.

*양육자가 무력감을 조장한다.

*양육자가 자율성을 방해한다.

어린 시절 안심할 수 없는 상황에 놓이면, 우리는 불안에 떨 수밖에 없었다. 성인이 된 후에는 욕구가 위협을 받아 애착 시스템이 활성화되면, 때때로 '항의 행동protest behaviours[22]'이라는 안전 추구 행동을 하기도 한다.

안전 추구 행동safety seeking은 안전감을 회복하기 위한 의도로 수행되는 행동이다. 우리가 안전하다고 믿는 것이 항상 옳은 것은 아니며, 때때로 이러한 '안전'은 일시적인 착각이거나 안전을 단순히 익숙한 것으로 착각할 수 있다는 점에 주의할 필요가 있다.

불안애착을 가진 사람들의 경우, 안전은 친밀함과 의존성에 좌우된다. 안전 추구 행동은 모든 관계의 일부지만, 불안애착을 가진 사람들은 이러한 행동의 빈도와 강도가 지나치게 높으며 특히 자신의 행동이 다른 사람들로부터 부정적인 반응을 초래할 경우 더욱 그렇다.

불안애착의 안전 추구

불안애착이 있는 사람들의 안전 추구 행동은 다른 사람과의 친밀감을 회복하고 다른 사람의 반응을 이끌어 내는 모든 시도이다.

몇몇 행동들(뒷장 참조)은 친밀감을 얻는 데 역효과를 내는 것처럼 보일 수

---

[22]대립의 성격이 가장 강한 정치 참여 방법의 하나, 심리학에서는 주로 강한 저항을 의미함.

있지만, 부정적인 반응을 얻는 것은 상대방이 여전히 곁에 있다는 것을 나타내는 것이므로 여전히 반응이라는 점을 기억하자. 그들은 적어도 완전히 떠나지는 않았다. 불안하게 집착하는 사람들의 희망은 종종 공격을 퍼붓거나 철수함으로써 상대방이 그 간극을 넘어와 안전감을 회복하는 것이다.

이렇듯, 불안애착을 가진 사람들은 무슨 일이 일어나든 주저하거나 '무표정하게' 보일 수 있지만, 속으로는 감정의 소용돌이를 경험하고 있을 것이다.

불안애착 유형의 안전 추구 행동은 다음과 같이 나타날 수 있다.

*다른 사람들에게 전화와 문자 폭격을 퍼붓고, 그들이 통신으로 연락할 수 있는 상태인지 자주 확인한다.
*주위 사람들을 무시하거나 (관계에서) 물러나거나, 책이나 소셜 미디어와 같은 것에 몰두하는 척한다.
*자신을 필요로 하는 사람들이 많은지 확인하기 위해서 다른 사람들과 계획을 수립한다.
*넌지시 질투심을 유발한다. 예를 들어 오늘 누군가가 자신에게 추파를 던졌다는 것을 언급하거나 전 연인에 대해 이야기한다. (강렬한 사랑이나 연애사, 성 경험에 대해 이야기하는 것은 건강한 관계의 일부이지만, 다른 사람을 질투하게 하려는 의도로 이야기하면 그것은 관계의 전반적인 안전에 해가 될 수 있다.)
*상황이 나아지지 않으면 떠나겠다고 협박한다.

불안애착: 치유의 시작점은 어디인가?

불안애착을 가진 사람들이 건강한 관계를 형성할 수 있는 비결은 내면의 안전을 찾고 독립성을 키우는 것이다.

연인의 관계에서, 불안애착의 치유는 안정애착을 가진 사람이 주위에 있으면 더 수월하다. 그 이유는 안정애착의 일관성 덕분에 상대방이 신뢰할 만한 사람임을 믿을 수 있기 때문이다. 반면에 불안애착 유형이 회피애착 유형과 함께 있을 경우, 회피 유형들이 불안 유형들의 부정적인 믿음을 확인시켜주기 때문에 그 관계는 더 힘들어진다. 회피 유형들이 뒤로 물러났을 때 불안애착은 '내가 너무 심했어' '난 너무 집착하고 있어'와 같은 오랜 관념이 강화되면서 활성화된다. 만약 당신이 불안애착을 가진 누군가와 관계를 맺고 있더라도, 낙담하지 마라. 그 관계가 파멸된 것은 아니다. 그것은 단지 당신이 건강한 방식으로 자신의 요구를 전달하고 안전을 조성하기 위해 좀 더 열심히 노력해야 한다는 것을 의미할 뿐이다.

그러나 안전감을 기르는 것은 연인 관계에 있는 사람들만이 할 수 있는 일이 아니다. 어떤 유형의 관계든 치유가 일어날 가능성은 있다. 연애를 하든 그렇지 않든 혹은 오랜 우정이든 새로운 우정이든 또 그룹 활동이든 그 밖의 다른 활동이든 상관없이 다양한 종류의 인간관계를 개발하는 일에 시간과 에너지를 투자함으로써 이익을 도모할 수 있다. 당신은 당신의 성장을 방해하는 사람들이 아니라 지지해 주는 사람들과 함께 할 자격이 충분히 있다. 자기 신뢰감을 키우는 것도 큰 도움이 될 것이다. 우리는 그것에 대해 '7장 재양육'에서 더 자세히 살펴볼 예정이다.

당신의 애착 유형이 삶에서 어떻게 나타나는지 인정하는 것은 꽤 어려운 일일 수 있다. 하지만 좋은 소식은 당신이 어린 시절 형성된 애착 유형에 갇혀 있지는 않다는 것이다. 그러니 선택의 여지가 없었던 어린 자신을 탓하거나 부끄러워할 필요는 없다. 대신 이해하려고 노력해 보자. 아직 잘 이해가 되지 않는다면 호기심을 가지고 연습해 보자. 지금부터 앞으로 나아갈 방향과 스스로를 더 교육하기 위한 노력에 집중해 보자.

성인으로서 우리의 모든 행동은 우리 자신의 책임이다. 따라서 다른 사람을 질투하거나 관계를 끊겠다고 협박하는 등 문제가 되는 행동을 하려면, 먼저 자신의 행동을 인식하고 걱정이나 우려를 해결하고 자기 조절 기술을 배우고 연습하기 시작해야 한다. 이것은 뒷부분에서 논의할 것이다(5장 참조).

2. 회피애착

'회피애착'을 가진 사람들은 처음에는 신비스럽고, 경계심이 많거나 마음을 닫아버린 사람으로 보일 수 있다. 다른 사람들에게는 감정이 메마른 사람, 무감각한 사람, '헌신 공포증'처럼 보일 수도 있으며, 애착 스펙트럼의 어디에 위치하는가에 따라 그 모습들은 모두 사실처럼 보일 수 있다.

회피애착 유형들은 자립과 독립을 우선시한다. 그리고 주체성과 확신은 건강한 측면이지만, 회피애착 유형은 자신의 욕구가 얼마나 많이 포함되었는 지에 따라서 자신과 타인 모두에게 고통을 줄 수 있다.

회피애착 유형의 행동은 다음을 포함할 수 있다.

*신뢰 부족으로 인해 의식적 또는 무의식적으로 다른 사람과 거리를 둔다.
*적절하지 않을 때 다른 사람과의 관계를 소홀히 하고, 취소하고, 단절한다.
*과거의 아픔을 현재의 관계로 이어온다.
*관계에서 자신의 필요를 충족시키고, 다른 사람에게 의존하지 않는 것은 그들이 채워주지 못하는 고통의 위험을 감수할 수 있기 때문이다.

회피는 '방어' 기제이다. 그러나 진정한 연결의 가능성으로부터 자신을 차단하는 것은 회피형 사람들에게 감정적 친밀감으로 가는 여정이 험난하다는 것을 의미한다.

결론적으로 욕구를 느끼지 않는 사람은 세상에 없기 때문에 진정한 관계를 맺고자 하는 욕구가 느껴지면 회피애착을 가진 사람들은 일반적으로 자신의 취약한 부분과 단절해야 한다. 그 욕구를 완전히 끊어낼 수 없을 때, 연결의 욕구를 느낀 자신을 비난하고 괴롭히는 경향이 있다. 애초에 연결에 대한 욕구가 있었다는 이유로 스스로를 꾸짖고 괴롭히는 경향이 있다. 그런 다음 자신의 내면에 있는 욕구를 솔직하고 편안하게 표현하는 파트너를 비난할지도 모른다. 이런 식으로 계속 악순환이 되는 것이다!

회피애착이 활성화되면 다음과 같은 마음의 소리가 들릴 수 있다.

*'난 아무도 필요 없어'
*'도와달라는 건 싫어'

*'난 이 관계에서 아무것도 필요 없어'
*'나만의 공간이 필요해'
*'갇힌 기분이야.'
*'아무도 나를 제대로 아는 사람이 없는 것 같아'
*'당신은 왜 그렇게 궁핍해?'

이 말에 공명resonate하는가? 그렇다면 위의 목록에 더 추가하고 싶은 말이 있는가?

회피애착이 형성되는 방식

우리가 일생 동안 겪는 경험은 관계에서 느끼는 안정감이나 불안감에 영향을 미칠 수 있다.

예를 들어, 괴롭힘이나 정서적 학대와 같은 해로운 경험은 어린 시절에 형성된 안정 기반을 약화시킬 수 있다.

그러나 회피애착은 일반적으로 편안함이나 애정에 대한 욕구 등 신체적 욕구로부터 단절하거나 이러한 욕구가 생길 때 이를 최소화해야 했던 아동기와 관련이 있다. 회피애착은 어린 시절에 양육자와의 관계에서 비롯되는 경향이 있다.

*양육자가 예측할 수 없거나 무서웠다.
*양육자는 감정을 공유하는 것에 반응하지 않거나 못하게 하거나 폄하했다.
*양육자가 애정을 주지 않았다.
*양육자는 무시와 거부를 느끼게 했다.

이러한 패턴은 성인 관계에서 그대로 이어져 반복된다.

회피애착 유형의 사람들은 ......

자율성을 특히 중요시하고
그것을 잃는 것을 두려워한다.

타인의 감정적 욕구에
휩쓸릴 가능성이 있다.

감정을 전달하는 것에
어려움이 있다.

다른 사람의 결함을
위험 신호로 착각할 수 있다.

친밀함+밀접함에 대해
불안을 자주 느낀다.

회피애착의 안전 추구

우리의 애착 유형은 무의식적인 배경으로 작동하지만, 특히 회피애착 유형을 활성화할 수 있는 특정 상황이 있다. 예를 들어, 가까운 사람이 표현하는 분노, 실제 또는 인지된 통제 행동, 과도한 접촉 또는 다른 사람이 보여 주는 '결핍'이다.

불안애착 유형과 마찬가지로 회피애착이 트리거되면 내면의 안정을 회복하기 위해 특정 안전 추구 행동을 한다. 불안애착 유형이 친밀감과 의존성에서 안전을 찾는 것과 달리, 회피애착 유형은 상대방과 거리를 둠으로써 안전을 찾는다.

회피 유형의 안전 추구 행동은 '비활성화 전략deactivating strategies'이라고도 하며, 상대방과 거리를 두기 위해 사용하는 모든 행동이나 생각이다. 본질적으로 이 전략의 목적은 잠재적인 감정적 고통으로부터 자신을 보호하고 방어하는 것이다. 어느 정도는 항상 외로움을 느끼는 회피 유형에게 지속적인 접촉은 자율성 상실과 조종당하는 것에 대한 두려움으로 작용한다.

회피애착 유형의 안전 추구는 다음을 포함할 수 있다.

*누군가에게 반복적으로 '반응하지 않음'.
*사랑하는 사람과의 좋은 시간보다 일과 취미를 우선시한다.
*계획에 대해 의도적으로 애매한 태도를 취한다.
*갈등이 발생했을 때 해결보다는 그 안에 머물며 아무것도 하지 못한다.
*'싱글 라이프single life'의 이점이나 헤어진 전 연인에 대해 공상한다.
*우리가 가질 수 없는 관계를 이상화한다. 잔디는 항상 다른 곳이 더 푸르다.
*시간이 지날수록 다른 사람의 잘못에 집중한다.
*적당한 파트너를 찾는 일은 곧 우리를 '힘들게' 할 것이다.

위의 모든 것은 어떤 관계에서도 일어날 수 있다. 안전한 관계가 일관되고 변함없는 수준의 친밀감을 유지한다고 생각하면 오산이다. 관계는 시간이 지남에 따라 자연스럽게 변화한다. 때로는 멀어지고, 때로는 같은 사람과 네 가지 다른 관계를 맺기도 한다. 하지만 회피 유형은 점점 커지는 불안을 관리하고 잠재적인 상실감으로부터 자신을 보호하기 위해 방어벽을 쌓고 다양한 방어 장치를 마련한다.

요약하자면, 회피 유형은 자신도 모르게 자기 충족적인 예언self-fulfilling prophecy을 만들어 낸다. 왜냐하면 다른 사람들이 그들의 행동에 좌절하고 거부할 때, 그 반응을 다른 사람들을 신뢰할 수 없는 증거로 해석하기 때문이다!

회피 유형들이 그토록 애써 회피했던 고통을 극복하는 일에 안전 추구 행동의 영향을 이해하는 것은 관계의 상처로 생긴 정신적 상흔조직을 치유하는 핵심이 될 것이다.

회피애착: 치유의 시작점은 어디인가?
애착의 상처를 치유하는 작업은 우리의 행동 뒤에 숨겨진 의도에 대해 정말로 호기심을 갖고 정직해지는 것을 의미하는데, 이것은 매우 어려운 일이다.

회피 유형들은 과거 관계에 얽힌 유령들을 바라보기를 꺼릴 수 있다. 그렇지만 어떤 특정한 관계에 얽힌 이야기에 의문을 제기하고 풀어내는 것은 매우 중요한 일이다. 그러므로 깊이 파고들기가 꺼려지는 패턴에 주의를 기울여 보라. 작은 것부터 시작해서 차근차근 쌓아가 보자.

예를 들어 만약 파트너가 특정한 방식으로 반응한다면 당신은 그것에 어떤 이야기를 덧붙이고 있는가? '이 사람은 내게 너무 많은 것을 기대하고 있어. 나는 그냥 나가겠어. 또는 '이 사람은 이제 흥미를 잃은 것 같아. 그러니 떠나야 할 것 같아'라거나 '이 관계는 오래가지 못할 거야'라고 덧붙일 수도 있다. 자신의 이야기를 인식하게 되면 당신은 과거의 경험들이 현재 삶에 어떤 영향을 미치는지 이해하는 데 도움이 될 것이다. 당신의 이야기들을 살펴보고 질문을 하면서 어떤 패턴이 나타나는지 알아보자.

5분 테라피: 당신의 안전 추구 행동을 탐구하기

잠시 시간을 내어 안전 추구 행동을 되돌아보는 시간을 가져 보자.

*연애나 가족, 친구 관계에서 나의 주요한 안전 추구 행동은 무엇인가?
*당신은 회피애착인 것 같은가? 아니면 다른 애착 유형에 속하는 것 같은가?

회피 유형들은 많은 것을 비밀로 간직하는 경향이 있다. 그것을 극복하려면 자신이 느끼는 감정이나 개인적인 것들을 신뢰하는 사람들과 조금씩 나누는 연습이 도움이 된다.

때때로 연결에는 믿음의 도약이 필요하다. 자신을 드러내는 것은 회피 유형들에게 매우 불편하게 느껴질 수 있으므로 나눔의 '성공' 여부를 판단하는 기준은 상대방의 반응이 아니라 당신이 감수한 위험이 얼마나 큰 것인지를 인식해야 한다. 당신이 원하는 반응을 얻지 못할 수도 있지만, 오랜 패턴을 변화시키기 위한 큰 발걸음, 즉 취약함을 연습한 것이다.

혼란애착을 가진 사람들의 특징은......

불안감과 회피 성향이
혼재된 모습을 보인다.

종종 불안정하고
낮은 자기감을 느낀다.

감정 조절을 힘들어한다.

사랑을 받고 싶은 느낌과
떨어져 있고 싶은 느낌이
번갈아 일어난다.

친밀감을 원하지만
남에게 의지하지는 못한다.

격렬하고 변덕스러운 관계 속에서
자신을 발견하는 경향이 있다.

활성화된 회피 유형들이 완전히 참여engage하기 전에 어느 정도 시간이 필요한 경우가 많다. 따라서 자신이 회피 유형이라는 사실을 인지했다면, 이런 상황이 발생했을 때 무엇이 필요한지 이야기해야 한다. 예를 들어, 갈등 상황에서 '지금 상황이 고조되는 것 같아요. 15분 정도 쉬었다가 다시 이야기해도 될까요?'라고 말할 수 있다. 갈등에서 벗어나서 자신이 왜 이런 기분이 드는지 점점 더 좌절하고 혼란스러워질 수도 있다. 이럴 때 친구, 가족, 파트너 등 누구에게든 호기심을 갖고 대화를 시도해야 한다. 우리는 모두 자신에게 필요한 것이 무엇인지 파악하는 데 도움을 요청해도 괜찮다.

3. 혼란애착DISORGANISED ATTACHMENT

'공포-회피애착fearful-avoidant attachment'이라고도 불리는 '혼란애착'은 가장 드문 애착 유형으로 인구의 약 7%에 영향을 미친다.

때때로 이 애착 유형은 불안애착과 회피애착이 합해진 유형으로 간주하기 때문에 '이리와-저리가 애착come here-go away attachment'으로도 불린다.

이 애착 유형의 사람들은 친밀함과 연결을 원하지만 동시에 두려워한다. 그래서 혼란애착 유형들은 관계가 깊어질수록 얼어붙거나 해리되거나 도망간다. 또는 이 세 가지를 한꺼번에 경험할 가능성이 높다.

혼란애착 유형들은 자존감이 낮고, 매우 변덕스러우며, 강렬한 감정 폭풍에 휩싸이기 쉽고, 불안정한rocky 자기감을 갖는 경향이 있다.

이 설명을 듣고 우리 중 누군가는 자신에게도 비슷한 측면이 있다고 생각할지도 모른다. 그렇지만 그 사람이 혼란애착을 가지고 있음을 의미하지는 않는다. 사람들이 자신을 혼란애착이라고 믿는 경향이 있기 때문에 이 부분을 자주 언급하는 일은 중요한 일인 것 같다.

우리는 기본 애착 유형을 가지고 있지만, 처한 상황과 속한 모임에 따라 다른 애착 유형들의 특징을 보여 줄 때도 있다. 그래서 우리는 불안애착과 회피애착의 특징들을 모두 보일 수 있다. 나중에 알게 되겠지만, 혼란애착 유형은 초기 트라우마, 즉 주 양육자의 일관성 없고 변덕스러운 양육뿐만 아니라 심각한 자기감 부족과도 관련이 있다.

혼란애착의 형성되는 방식
혼란애착은 다음과 같은 양육자 밑에서 자란 어린 시절과 관련이 있다.

*양육자는 반응이 없고 돌처럼 굳은 표정을 지었다.
*양육자는 아이들의 욕구를 충족시켜주지 못했다.
*양육자는 겁에 질려 있었다. (또는/그리고) 무서워했다.
*양육자가 분노나 방임, 학대를 하는 경향이 있었을 수 있다.
*양육자가 해결되지 않은 트라우마와 정신 건강 문제로 심각하게 시달렸을 지도 모른다.

이런 부모의 돌봄을 받는 아이들은 부모를 두려워하면서도 자신의 편안함과 웰빙을 위해 부모에게 필사적으로 의존했을 것이다. 그리고 그런 환경에서 자란 아이들은 결핍과 과잉 경계심이 결합되어 친밀감의 욕구와 극도의 불신과 두려움이 동시에 나타나는 성인이 되었을 것이다.

혼란애착의 순환
87쪽에 혼란애착이 어떻게 순환되는지 나와 있다. 당신은 그 순환에 들어가 본 적이 있는가? 당신이 시작하는 사람이든 받는 사람이든 혼란애착이 관계에서 어떻게 나타나 모두에게 혼란과 상처를 줄 수 있는지를 강조한다.

혼란애착은 다음을 포함할 수 있다.

*어떤 날에는 옆에 있는 사람이 최고라고 느꼈다가, 다음 날은 압도당하고 폐쇄공포증을 느낀다.
*다른 사람들처럼 친밀감에 대한 위험을 감수하고 싶지만, 결코 회복할 수 없을 것 같은 상처에 대한 두려움을 느낀다.
*관계가 '진짜'로 느껴지기 시작할 때 벽을 쌓는다.
*신체적, 감정적 거리를 두려고 애쓰다가 그 거리가 너무 멀어지면 두려운 상처에서 벗어나지 못할 때만 공황에 빠진다.

5분 테라피: 사랑에 대한 당신의 반응을 탐색하기

당신 자신에게 물어보라.
*누군가를 사랑했을 때, 나는 어떤 상태가 되는가?
*누군가가 나를 사랑했을 때, 나는 어떻게 되는가?

당신이 친밀하고 안정적인 관계를 맺고 있다면, 다음 같이 긍정적인 답을 할 가능성이 크다. '내가 누군가를 사랑하거나 누군가가 나를 사랑할 때, 나는 의욕이 생기고 따뜻하고 만족감을 느낀다' 그러나 당신이 혼란애착으로서 전반적으로 친밀감에 부정적인 스토리가 있다면, 다음과 같이 생각할 것이다. '내가 누군가를 사랑하거나 누군가가 나를 사랑할 때 나는 나 자신을 잃거나, 그들은 나에게 너무 많은 것을 요구하거나, 나는 상처를 받는다.'

"공간이 필요해!"

오,
아니야......
갇힌 기분이야!

다행!
이제 숨을
쉴 수가 있어!

좀
긴장이
되네......

혼란애착의
순환 주기

......그들이
무엇을
하고 있는지
궁금해.

1. 재결합,
기분이 너무
좋~~~~다

내가 뭔가
실수했을지도
몰라......

2. 새로운 관계,
누구지!?

연결을 시도한다

혼란애착: 치유의 시작점은 어디인가?

혼란애착을 탐구하기는 매우 어렵다. 무엇보다 아직 치료를 받고 있지 않다면, 특히 해리(몸, 생각, 시간, 장소로부터의 단절)가 있다면 심리치료사나 트라우마 치료사의 도움을 받는 것을 고려해야 한다.

치료는 안전하고 안내된 방식으로 트라우마와 관계적 상처를 극복하는 데 필요한 치유와 안전 기반을 제공할 수 있다.

당신이 혼란애착 유형으로 치료를 받고 있다면 치료사와 함께 순환 주기가 어떻게 반대 방향으로 나타나는지 주의를 기울여야 한다. 예를 들어, 당신은 상담session을 취소하거나 '잊어버리는' 일이 있는가? 치료에 의존하다가도 어느 순간 가기가 꺼려지는가? 당신은 친구들과 비슷하게 행동하는가? 자신의 패턴을 파악하고 그것에 대해 치료사와 대화를 나누어라.

치료가 여의치 않은 경우에는 지원그룹이나 친한 친구 관계처럼 치료 외의 대화나 소통할 수 있는 방법을 찾는다.

아이가 슬프거나 상처받거나 화가 났을 때, 그런 감정을 느끼지 않는다고 설득하는 것은 우리의 역할이 아니다. 당신의 내면의 아이(어린아이)를 대하는 일도 마찬가지다. 그러니 물러서서 현재 상황을 객관적으로 바라보고, 성찰하고 위로를 건네자. 무엇이 당신 안의 불안한 아이를 행복에서 불안으로, 침착함에서 충동적으로 변하게 만들었는지 살펴보자. 통찰을 했다고 곧바로 변화가 일어나지는 않는다. 그러나 우리가 허용할수록 통찰은 변화의 가능성을 만들어낼 것이다. 87쪽에 있는 '혼란애착의 순환' 정보를 사용하여 이 추적tracking을 지원하자.

치유의 과정은 불편한 여정일 수 있고, 유감스럽지만 남의 차를 얻어 타고

끝까지 갈 수 없으므로 스스로 운전해야만 한다. 당신이 혼란애착 유형이라면 시작하기를 주저하게 하는 험난한 내면의 여정에 주목해야 한다. 이 여정은 모든 성장 과정에서 정직과 자기 연민, 인내심을 요구할 것이다. 그럴수록 다가올 불편함에 저항하지 말고, 그것을 빨리 받아들여 당신은 더 유익한 에너지를 치유에 투자해야 한다.

4. 안정애착SECURE ATTACHMENT

만약 어린 시절 보살핌과 관심을 받기 위해 애쓰지 않아도 대부분의 욕구가 충족되는 환경에서 자랐다면, 당신은 '안정애착'을 가지고 자랐을 것이다.

안정애착 유형들은 일반적으로 사람들은 선하다고 생각한다. 그들은 다른 사람들을 신뢰하고 쉽게 연결된다. 그리고 자신이 누구인지 잘 알고 있다.

하지만 당신이 다른 애착 유형들 중 하나에 해당하더라도, 안정애착 유형이 어떤 모습과 느낌을 주는지 이해하는 것은 도움이 된다. 애초에 안정애착이 어떤 것인지 모른다면 애착이 치유되고 있다는 것을 어떻게 알 수 있겠는가?

이제 잘못된 통념을 깨고 싶다. 우리가 생각하는 이상적인 관계는 어떤 모습이어야 한다고 낭만화하기는 너무 쉽다. 우리는 아마도 안정애착을 가진 커플을 보면서 그들의 성생활은 풍부하고 황홀하며, 감정적 생활은 꿈꾸는 듯하고, 그들이 목소리를 높이는 유일한 이유는 사무실에서 도전적이면서도 높은 성과를 거두는 하루를 시작하기 전에 소란스러운 샤워를 하면서 상대를 얼마나 사랑하는지 말할 때뿐이라고 생각할 수 있다. 하지만 이성적으로 생각하면 우리는 이보다 더 좋은 것을 알고 있다.

안정애착을 가진 사람들......

정서적 친밀감에 즐거움 +
편하게 느낀다.

신뢰와 공개에 관한 한
건강한 분별력을 발휘한다.

자신의 경계에 대한
의식이 강하다 +
타인의 경계를 존중한다.

실수에 대한 책임을
부끄러워하지 않고
받아들일 수 있는 능력이 있다.

타인의 감정에
적절히 대응한다.

안정애착이 '환상적인 관계'와 같지는 않다. 안정애착의 사람들도 다른 사람들과 마찬가지로 말다툼하고 혼자만의 시간이 필요하며, 상처와 분노, 실망을 경험한다. 이 책에서 다루는 다른 세 가지 애착 유형과 안정애착의 차이는 개인의 내적 안전감sense of safety에 있다. 안정감을 느끼는 정도는 자존감 수준, 상황에 대한 감정적 반응, 당면한 문제에 집중하는 능력, 자신을 진정시키는 능력으로 나타난다. 따라서 현실을 직시하는 것이 중요하다.

안정애착의 표시들

*현재에 머물기

안정애착 사람은 파트너나 다른 사람들과의 '만약의 경우'에 지나치게 매달리지 않는다. 그들은 모든 결과를 통제할 필요를 느끼지 않은 채 현재에 충실할 수 있다.

*감정적 활용성availability

안정애착 사람은 감정적으로 거리를 두거나 감정 기복이 심한 사람을 피하는 경향이 있다. 이들은 자기존중감이 높고 주변에 기여한다. 또한 인간관계를 맺고 끊는 일에 매력을 느끼지 못한다. 왜냐하면 자신이 관심과 사랑을 받기 위해 그런 것들이 필요하지 않다는 것을 알기 때문이다.

*충동을 조절하는 능력

모든 관계에는 질투나 분노, 갈등 등의 요소가 포함된다. 그러나 안정애착 사람들은 거리를 두거나 방어벽을 치지 않고서도 갈등과 불편함을 되돌아볼 수 있는 능력이 뛰어나다. 그래서 그들이 하는 논쟁은 서로 상처를 주거나 '옳다'고 주장하는 수단이 되기보다는 좌절감을 처리하고 의사소통을 방해하는 장애물을 이해하는데 초점을 맞추는 경향이 있다.

*사과할 수 있는 능력

데이트 약속을 잊어버렸거나 친구들과의 약속을 이중으로 해버린 상황에서, 안정애착 사람들은 보통 자기변명을 과하게 늘어놓거나 다른 사람에게 분노와 비난을 투사하지 않고 진정으로 사과할 수 있다. 더불어 자기 비하로 시간을 낭비하지 않고 그냥 책임을 진다.

*갈등 속의 균형

불안정애착은 갈등 속에 있을 때 가장 잘 드러난다. 이들은 말다툼을 하면 터널시야[23]tunnel vision가 되고 파트너의 장점을 잊어버리기도 한다. 반면에 안정애착의 사람들은 모순된 감정들을 동시에 수용capacity하는 능력이 뛰어나다. 예를 들어 그들은 파트너에게 분노와 사랑을 동시에 느낄 수 있다.

*일관성

우리가 어떤 사람들을 감정적으로 변덕스러운 사람이라고 판단할 때, 그때 어떤 반응이 나타날지 판단하기 어려울 수 있다. 그 사람들의 기분이나 반응, 파트너를 대하는 방식은 크게 다를 수 있고, 파트너가 관계에서 신뢰하고 즐기고 안전하게 느끼는 능력에 영향을 미친다. 심지어 안정애착 사람들의 기분도 요동칠 것이다(애착이 있다고 해서 인간 경험에 면역이 생기는 것은 아니다!). 하지만 안정애착 사람들은 내면에 가지고 있는 신뢰성을 통해 그들의 사랑을 더 일관된 방식으로 보여 준다. 이것은 마치 양육자에게 안정을 구하는 아이들처럼 우리가 안전하다는 말을 듣는 것만으로는 충분하지 않다. 안전은 우리가 직접 경험해야 하는 것이다.

---

23)어두운 터널을 자동차로 운전할 때 터널의 출구만 밝게 보이고 주변은 온통 어두워지는 시각현상. 눈 앞의 상황만 집중하느라 주변에서 일어나는 상황을 이해하고 파악하는 능력이 저하되는 현상.

5분 테라피: 당신의 애착 유형 파악하기

지금까지 다양한 애착 유형에 대해 살펴보았는데, 당신은 애착 스펙트럼의 어느 부분에 해당한다고 생각하는가? 아직 확실하지 않다면, 성찰하는 데 도움을 줄 몇 가지 질문이 있다. 질문들은 다음과 같다.

*갈등이 있을 때 나는 대체로 어떻게 대응하는가?
*나는 친밀감에 대해 어떻게 느끼는가?
*가까운 사람과 내 감정을 얼마나 편안하게 나눌 수 있는가?

자신의 애착 유형과 그것을 발전시키는 방법에 대해 더 자세한 정보를 얻고 싶다면, 자유롭게 질문을 추가해 보자.

안정애착을 개발하기

애착에 대해 알아가는 과정은 어려울 수 있다. 그 과정을 통해 많은 통찰을 할 수 있지만 어쩔 수 없이 불편한 진실에 초점을 맞출 수밖에 없기 때문이다. 하지만 결국에는 당신도 그 가치를 알게 될 것이다.

이전에도 말했듯이, 당신은 자신의 애착 유형에 고정되어 있지 않다는 것을 기억해야 한다. 불안이나 회피의 정도가 높을 때조차 그것이 당신의 최종적인 애착 유형일 필요는 없다.

애착 유형을 변화시키려면 끊임없는 자아 탐구와 깊은 성찰과 책임감이 필요하다. 그런데 그 변화는 분명 실현 가능성이 있는 일이다. 만약 지금 읽고 있는 내용을 받아들이고 있다면 이미 성공할 확률은 높다. 치유의 가능성은 우리 모두에게 존재한다. 그러니 지금 당장 손에 쥐고 있는 그 가능성을 인식하라. 그것으로 무엇을 하느냐는 온전히 당신에게 달려 있다.

애착을 치유하는 일은 혼자서 할 수 있는 일이 아니며, 본질적으로 관계에 대한 우리의 내적 표현을 살펴보고 다른 사람과 더 진정한 관계를 맺기 위해 노력하는 것을 포함한다.

애착 치유와 관련하여 자주 듣는 이야기는 안정애착의 사람들과 관계를 맺고 그들의 지지와 신뢰의 표현을 배우는 것이다. 하지만 치유는 항상 그런 식으로 일어나는 것은 아니다. 또 연인 관계에서만 일어날 필요도 없다. 치유는 모든 관계에 존재할 수 있다. 애정 어린 지원을 해 주는 치유사와의 관계, 정직성과 연결성을 통해 맺어진 친구 관계, 새로운 방식으로 소통하는 부모와의 관계 등 모든 관계는 우리가 감당할 수 없는 내면 깊은 곳에서 올라오는 통제할 수 없는 격렬한 감정을 가볍게 만들 수 있다.

치유를 위해서는 호기심, 정직 그리고 결정적으로 친절함을 가지고 우리 자신을 기꺼이 성찰할 수 있어야 한다. 이것은 정말 중요하다.

파트너가 아무리 사랑스럽고 친절하더라도 그들도 우리와 마찬가지로 인간이기 때문에 언젠가는 우리가 필요할 때 우리를 충족시키지 못할 때가 있다. 때때로 공감에 실패하는 일은 인생의 현실이며, 안정애착 유형의 특징은 관계의 파도를 신뢰하는 능력이다. 우리를 전혀 자극하지 않는 사람을 찾을 수는 없지만, 겁먹은 내면 아이를 위해 사랑하는 부모의 내적 태도를 개발하여 우리를 도울 수 있다. ('재양육'에 관해서는 7장을 참조)

다른 사람의 애착을 치유하는 일이 우리의 능력과 책임을 넘어서는 일임을 인식하는 것도 중요하다. 우리는 누군가를 치유의 정원으로 끌고 갈 수는 없다. 그러나 우리 자신의 자존감과 경계를 유지하면서 개방적이고 이해심 있는 태도로 다른 사람과 함께 걸을 수는 있다.

멘탈 노트

한 달 동안 매일 하루를 마무리하며 5분씩 다음 사항을 성찰해 보자.

*오늘 나는 어떤 애착이 트리거 되었고 어떠한 안전 추구 행동이 일어났는
 가? 있다면?
*그때 나는 어떤 감정을 느꼈는지 알아차렸는가? 또한 몸에서 무엇이 느껴
 졌는가?
*오늘 나는 관계에 대한 욕구를 언제 더 명확하게 표현할 수 있었는가? 그
 것은 어떻게 들렸는가?
*앞으로, 내가 관계에서 연결을 향해 나아가는 한 가지 방법은 무엇인가?
 그것은 어떤 모습인가?

한 달이 지나면, 당신은 관계를 더욱 개선할 수 있는 실행 가능한 단계를 포
함하여 관계 안에서 어떻게 행동하는지에 대한 자료가 가득 쌓이게 될 것이
다.

3.
셀프 톡
Self-talk

자신에게 더 친절해지는 방법

당신은 자신이 한 일을 자책한 적이 있는가? 혹시 자기 자신이라는 이유로 더 인색하게 말하지 않는가? 똑똑하지 않고, 유머가 없고, 날씬하지도 않고, 좋은 사람이 아니고, 성공하지 못했다고, 아니면 그 외에 다른 이유로 자신을 깎아내리는가? 다른 사람과 자신을 비교하는가? 아니면 다른 사람들이 당신을 좋아하지 않는다고 생각하는가? 그렇다면 걱정하지 마라. 당신은 혼자가 아니다!

앞으로 우리는 머릿속에서 어떤 이야기를 만들어 왔는지, 일상에서 어떻게 자신과 말해 왔는지, 빠지기 쉬운 생각의 함정thinking traps은 무엇인지 살펴볼 것이다. 그리고 자신을 더 좋게 느끼는 셀프 톡self-talk의 치유 방법도 포함된다. 자! 이제 시작하자.

우리 자신에 관한 이야기

우리는 모두 자신이 누구인지 머릿속으로 이야기를 만들고 지어낸다. 그 이야기는 대개 정교하고 다면적이다. 여기에는 우리의 이름, 나이, 성장 배경,

직업 등 몇 가지 기본적인 것이 포함된다. 또한, 인생에서 우리가 수행하는 다양한 역할, 맺어온 관계, 좋아하는 것, 싫어하는 것, 미래에 바라는 것 등이 포함될 수 있다.

자기 이야기, 즉 자기 묘사를 가볍고 흥미 있게 받아들이면 자신이 누구인지, 삶에서 원하는 것이 무엇인지 표현하고 설명하는 데 도움이 될 수 있다.

반면 우리가 자기 이야기에 사로잡힐수록 이야기와 결합하여 마치 자신이 그 이야기인 듯 느끼게 된다. 그리고 생각과 본질적인 자신을 혼동하여 많은 문제를 순식간에 일으킬 수 있다.

다양한 이야기

우리는 비판적이고 자기비하적인 머릿속 이야기에 집착할수록 부정적인 정보가 자신이라고 믿을 위험이 커진다. 즉, 나는 무능하고, 못생기고, 멍청하고, 실패자라는 내 이야기가 바로 나다.

이것은 우리 행동에 영향을 줄 수 있다. 예를 들어 정말 원하는 일을 할 자신감을 잃거나, 할 말이 있어도 하지 않거나, 취약해질 위험이 있는 사람이나 상황을 피할 수 있다.

너무 긍정적인 자기 이야기도 문제가 될 수 있다. "하지만 잠깐만! 나 자신에게 더 친절하게 말하는 것이 목표라고 생각하는데요?"라고 말할 수 있다. 맞는 말이다. 이 장이 끝날 때쯤이면 자기에게 긍정적으로 말하는 방법으로 삶의 이익을 얻을 수 있다. 하지만 우리가 긍정적인 자기 이야기에만 집착할수록 거기에만 몰두할 위험이 있다.

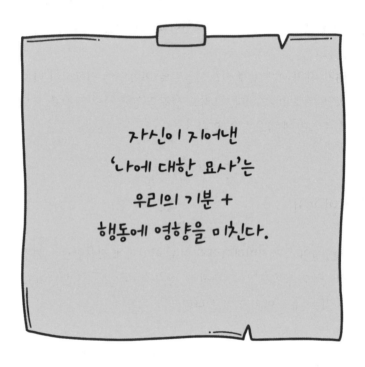

자신이 지어낸
'나에 대한 묘사'는
우리의 기분 +
행동에 영향을 미친다.

예를 들어 우리가 스스로 만족한다self-sufficient는 생각을 지나치게 고수한다고 가정해 보자. 물론 이것은 자기 신뢰 그리고 자신감, 독립성을 강화할 수 있어서 매우 유용하다. 그렇지만 우리가 도움이나 지원이 필요할 때는 어떻게 될까? 물론 이것은 말할 필요도 없이 불가피하다.

우리의 이야기가 '나는 스스로 만족한다'로 시작하고 끝난다면 우리가 필요할 때 도움을 받을 수 없다. 그래서 도움의 손길을 내미는 대신 스스로를 위축시키고 지치게 할 수 있다. 도움을 구하는 대신 모든 것을 억누르고 불행해질 수 있다. '나는 스스로 만족한다'는 긍정적인 처음의 이야기는 '나는 만족해야 한다'의 부담스러운 이야기가 된다.

마찬가지로 우리는 진행 중인 자기 이야기가 현실의 경험과 충돌할 때 문제에 직면한다. 예를 들어, 친구들에게 '치료사' 역할을 하는 사람이 있다. 이 사람이 상대방의 이야기와 융합되기 시작하면서 '치료사' 역할이 소진되고 더이상 다른 사람의 이야기를 인내심 있게 들을 에너지가 없어지면 어떻게 될까?

이런 상황이 되면 '치료사' 역할을 하는 사람들은 '나는 듣는 사람이니까 이런 식으로 느끼면 안 돼. 나는 그들을 위해 더 열심히 들어야 해'라고 생각할지도 모른다. 만약 친구들이 계속해서 자기 이야기를 끝까지 하려 한다면, 아마도 이들은 점점 더 지쳐가고 마침내 화가 날 것이다.

이런 맥락에서 볼 때 우리가 머릿속으로 하는 이야기가 자신에 대한 느낌 sense of self으로 꽉 차 있으면 그 이야기가 우리의 행동에도 많은 영향을 줄 수 있다.

하지만 머릿속에 각인된 자신에 대한 긍정과 부정의 이야기 모두에 좀 더 의식적으로 주의를 기울일 수 있다면 큰 도움이 된다. 과도하게 집착한 자기 이야기는 충만한 삶을 방해하지만, 의식적인 주의 기울이기는 이 부분을 확인하고 해결할 수 있기 때문이다.

내면의 목소리

우리가 의식하든 아니든 대부분은 내면의 목소리를 가지고 있다. 내면의 목소리는 하루 종일 계속해서 흘러나오는 내적 목소리이다. 끊임없는 형태의 '셀프 톡'이나 독백이다.

그것은 일반적으로 데이비드 애튼버러David Attenborough[24]의 목소리처럼 마음을 달래 주는soothing 톤은 아니지만 우리 대부분에게 있다.

때때로 내면의 이 목소리는 지지와 긍정으로 불안을 진정시키고 승리를 축하한다. 하지만 다른 경우에는 더 부정적이고 자기 패배적이며 심지어 괴롭힘에 가깝다.

내면의 목소리는 의식적이고 무의식적인 생각, 신념, 아이디어, 기억, 경험

---

24)영국의 동물학자, 방송인이자 환경 보호론자이다. 애튼버러는 50여 년 동안 여러 다큐멘터리 영화의 해설을 맡았다. 프라임타임 에미상 최우수 나레이터 수상을 포함하여 다수의 나레이터 상을 받았다.

으로 형성되며 진화 과정에서 위험을 감지할 수 있는 뇌의 영향을 받는다. (잠시 후에 더 자세히 설명하겠다.)

5분 테라피: 내면의 목소리 듣기

잠시 시간을 내어 오늘 하루 동안 자신에게 어떻게 말했는지 되돌아 보자.

운이 좋았다면 친절하고 상냥하게 자신에게 말했을 것이다. 하지만 우리 중 많은 사람은 자신에게 친절하지 못하고, 다른 사람들보다 훨씬 더 많이 자신을 판단하고, 비판한다.

지금 이 순간 당신은 자신에게 어떤 말을 하고 있는지, 방금 발견한 셀프 톡에 대해서도 생각해 보자.

생각의 함정 소개

사람의 뇌는 하루에 6만 가지 이상의 생각을 하는데, 그중 상당수는 의심스 럽고 실망스러운 생각이다.

하지만 하루 종일 긍정적인 생각만 하지 않아도 괜찮다. 부정적인 생각은 지극히 자연스럽고 심지어 기능적인 역할을 한다.(적어도 예전에는 그랬 다.)

구석기 시대 원주민들이나 여성들이 장밋빛 안경을 끼고 세상을 봤다면 수 많은 문제에 노출되었을 것이다. 우리 조상들이 검치호랑이sabre-toothed tiger[25]가 다가오는 것을 좋은 일로 믿었다면, 우리는 지금 이 책을 쓰거나, 읽지 못했을지도 모른다! 알다시피, 우리 뇌는 그런 위협을 경계하기 위해 약간 회의적인 태도를 갖출 준비가 되어 있고 이 회의주의는 우리 종species의 생존과 번영을 가능하게 해 왔다.

생존 메커니즘의 걸림돌은 현재 우리가 알고 있는 세상이 우리의 두뇌가 따라잡을 수 있는 속도보다 훨씬 빠르게 진화했다는 점이다. 위험한 야생 동물처럼 원초적 위협이 사라진 지금도 인간의 원초적 본능은 여전히 존재한다.

마음이 우리를 보호하려고 애쓸수록 아이러니하게도 온갖 상황에서 불필요하게 인지된 위험을 증폭시키고 우리 자신을 속일 수 있다. 심리학에서는 이러한 생각의 덫cages을 '생각의 함정thanking traps' 또는 '인지적 왜곡cognitive distortions'이라고 부른다. 간단히 말해서 그것들은 생각의 습관적인 오류이다.

누구나 때때로 인지 왜곡의 고리에 빠진다. 이로 인해 사건 해석에 부정적 편견이 생기고 현실 왜곡과 비관적 감정으로 우울증이 유발될 수 있다

하지만 좋은 소식은 인지 왜곡을 인식하면 우리는 무언가를 할 수 있다.

신경과학자들 사이에는 이런 말이 있다. '함께 발화하는 뉴런은 함께 연결된다.Neurons that fire together, wire together'[26] 이것은 뇌에서 특정 사고 패턴이 더 많이 발생할수록 그 패턴이 더 강하고 뿌리 깊게 자리 잡는 것을 의미

---

25)약 4,000만 년 전에서 1만 년 사이 아프리카, 유럽, 아메리카 등지에 살았던 거대한 고양잇과 동물이다. 약 20cm에 달할 정도로 긴 송곳니가 구부러진 칼처럼 생겼다고 해서 날이 휘어진 긴 검을 의미하는 검치, 세이버(saber)란 말을 사용, 'Saber-toothed tiger(劍齒虎)'란 이름이 주어졌다. 흔히 검치 '호랑이'라고 부르긴 하지만, 호랑이와는 별로 연관 관계가 없다.

26)캐나다 신경 심리학자인 Donald O. Hebb의 저서 『The Organization of Behavior(행동의 조직화)』(1949년)에 언급된 내용을 미국 뇌 과학자 Carla J. Shatz가 정리, 보편화한 문장으로 알려져 있다.

한다.

하지만 우리가 뇌의 '발화'와 '연결' 방식의 왜곡을 발견할 수 있다면, 부정적 셀프 톡을 더 친절하고 긍정적인 방식으로 자기에게 말함으로써 사물을 '재연결'하고 새로운 패턴을 만들 수 있다. 다시 말해 셀프 톡을 바꾸기 위해 조금만 노력하면 마침내 우리 뇌의 '발화' 방식을 바꿀 수 있다.

이러한 뇌의 변화 능력을 신경가소성neuroplasticity[27]이라 한다. 손에 긁힌 상처가 새로운 조직을 재생하는 것과 마찬가지로, 뇌의 탄력성은 뉴런의 연결을 재설계rewire하여 압박을 받아도 적응할 수 있도록 도와준다.

그러나 우리가 생각을 비트는 왜곡을 기꺼이 인식하고 해결하려고 노력할 때만 생각 자체로부터 거리를 두고 더 객관적으로 생각하여 변화를 시작할 수 있다.

이론적으로는 매우 그럴듯하게 들리지만 어떻게 실천할 수 있을까? 간단한 3단계 방법을 알아보자.

1. 알아차리기
당신의 내면에서 긴장감을 만들고 있는 생각이나 느낌을 파악하라.

2. 탐색하기
호기심을 가지고 다음의 질문을 해 보자.
이 생각과 느낌은 무엇인가? 어떤 기능을 하는가? 이 반응은 오래된 historical 것인가?

---

27)우리의 경험이 신경계의 기능적 및 구조적 변형을 일으키는 현상. 신경계와 관련한 가소성의 용어가 처음 언급된 것은 1890년 William James이고 1949년 Donald Hebb에 의해 대중화되었다.

3. 재정립하기

생각, 느낌 그리고 진실을 구별해 보자. 다음과 같이 질문해 보자. 사랑하는 사람이 이런 생각이나 감정을 가진다면 당신은 어떤 위로의 말을 할까? 당신은 자신에게도 같은 공감적 이해를 할 수 있는가?

지금 이 상황이 좀 모호하고 혼란스럽게 느껴지더라도 걱정하지 마라. 앞으로 우리가 살펴볼 여러 유형의 '생각의 함정'과 관련된 실제의 사례를 보면 이해하기 쉽다.

다양한 유형의 '생각의 함정'

아론 백Aaron Beck[28] 박사가 인정하고 대니얼 아먼Daniel Amen[29] 박사가 대중화한 '생각의 함정' 또는 인지 왜곡에는 다양한 유형이 있다. 자신의 사고 패턴에서 이런 함정을 알고 찾아내어 바꾸고/ 과거에서 벗어나/ 치유할 수 있다. 생각의 함정은 다음과 같다.

*운세
*독심술
*'해야 한다'는 생각
*비난하기
*흑백논리
*감정적 추론
*재앙

---

28)미국의 정신과 의사, 펜실베이니아 대학 명예교수로 인지행동치료(CBT)의 창시자.
29)미국 Amen Clinics의 원장으로 정신과 의사이자 뇌 질환 전문가.

*개인화

운세

우리는 모두 미래를 기대하고 기대감이 실현되거나 실현되지 않을 때의 기분을 예측한다. 하지만 '운세fortune-telling'라는 '생각의 함정'은 기대를 넘어 부정적 예측으로 이어진다. 우리가 나쁜 일이 일어난다고 생각하면 그것을 사실로 받아들인다는 뜻이다.

운세의 '생각의 함정'은 다음과 같이 들릴 수 있다.

*'난 아무것도 잘 안 될 거야'
*'나는 영원히 혼자일 거야'
*'나는 나 자신을 바보로 여길 거야.'

사례

나의 로맨틱한 연애가 끝났다.

1. 알아차리기

나는 화가 난 상태에서 무의식적으로 운세를 보면서, 앞으로 혼자 살아야 한다고 생각하고 있다. 나는 다른 사람을 만나지 못할거야. 사랑은 진짜가 아니야. 그리고 내가 의지할 수 있는 유일한 사람은 나 자신뿐이야.

2. 탐색하기

실제 일어난 일에 근거한 진실처럼 보이는가? 아니면 인지 왜곡인가? 이 생각은 어떤 감정에서 나를 보호하는가? 슬픔이나 외로움인가? 예전에도 이런 걱정을 한 적이 있었나? 이 믿음이 주는 잠재적 이점이 있을까?

3. 재정립하기

잠시 숨을 쉬자. 지금 내가 겪고 있는 일은 고통스럽다. 내가 겪는 감정이 너무 무겁고 힘들면 이 상황을 더 이상 파악하기가 어렵다. 지금 나에게 정말 필요한 것은 무엇일까? 내 주변 사람들을 떠올릴 필요가 있다. 어떤 식으로든 나 자신에게 이 말을 건넬 수 있을까?

독심술

독심술mind reading은 사람들이 어떤 생각을 하는지 말하지 않고 우리가 물어보지 않아도 그 사람이 생각하는 것이나 생각할 것을 안다는 가정이다. 독심술은 미소, 웃음, 입이 벌어지게 놀라는 것처럼 우리가 다른 사람의 얼굴 신호를 '읽는' 능력으로 사람들과 연결감을 느끼도록 돕는다. 그러나 독심술은 이렇다 할 근거도 없이 부정적이고 빈번하게 일어날 때 문제가 된다.

독심술의 '생각의 함정'은 다음과 같이 들릴 수 있다.
* '사람들은 나를 이상하게 생각해'
* '아무도 날 신경 쓰지 않아'
* '나는 사람들을 귀찮게 해'

사례

직장 동료가 말수가 줄고 무뚝뚝해졌다. 나도 모르게 동료를 속상하게 했다는 걸 알게 되었다.

1. 알아차리기

무의식적인 독심술은 내가 동료에게 한 행동 때문에 이렇게 되었다고 생각해서 마음이 불편해진다.

2. 탐색하기

이것은 일어난 일에 근거한 진실처럼 보이는가? 아니면 인지 왜곡인가? 그것을 뒷받침할 증거는 무엇인가? 혹시 이런 결론은 내가 알고 있는 사람의 행동인가? 이 상황으로 두려운 것은 무엇인가?

3. 재정립하기

내가 이 상황을 거리를 두고 볼 수 있게 해 주자. 왜 이런 일이 일어났는지, 나와 관련없는 다른 가능성은 무엇인가? 이 사건은 트리거의 정보가 되었다. 이것은 내가 풀 수 있는 문제이다. 지금 이 순간, 나 자신을 달래기 위해 어떤 말을 할 수 있는가? 누구나 쉬어야 할 날이 있고, 그것은 특별한 일이 아니다.

'해야 한다'

'해야 한다Should'라는 말은 우리가 깨닫지 못한 채, 하루에도 몇 번씩 우리 입에서 나오는 말이다. 마치 '다림질을 해야 해' 혹은 '그 일을 끝내야 해', '그 사람은 운전을 배워야 해' 등이다. 하지만 '해야 한다'는 것은 사실, 우리를 판단과 비판의 불안정한 길로 이끌 수 있는 '생각의 함정'이다. 그리고 이것은 결국 우리 자신과 다른 사람에 대한 좌절, 불행, 심지어 분노로 이어질 수 있다.

'해야 한다'의 또 다른 역설적인 한계는 실제로 사기를 떨어뜨린다는 점이다. 생각해 보라. 지금 당장 해야 한다고 느끼는 것은 무엇인가? 이 일이 당신을 자극excite하는가? 아니면 당신을 무감각하게 만드는가? 대체로 '해야 한다'는 생각은 창의력을 자극하지도, 생산적인 활력을 되살리지도 못한다.

사례

나는 받은 편지함에 있는 어떤 이메일들의 처리를 미루고 있다.

1. 알아차리기

저녁 식사 자리에 앉으면 '해야 한다'는 말들이 시작된다. 'TV 시청을 멈추고 컴퓨터로 돌아가야만 해', '더 늦기 전에 앤디에게 답장을 보내야만 해', '또 다른 이메일에 답을 해야 해'

2. 탐색하기

지금까지 이메일에 답하지 못했던 이유는 어떤 걱정이나 두려움 때문인가? 부담감 때문인가? 혹시 압도하는 느낌인가? 실패에 대한 두려움인가? 아니면 성공에 대한 근본적인 두려움인가? '해야 한다'는 단어는 내 기분을 어떻게 만드는가? 나는 이것이 익숙한가? 특별히 떠오르는 사람이나 무엇이 있는가?

3. 재정립하기

'해야 한다'는 눈앞의 일에 대한 불안을 다루는 내 마음가짐이다. '해야만 해'를 '하고 싶어' 아니면 '나도 원해'로 바꾸면, 어떻게 들리고 느껴지는가?

나는 자신을 과소평가했을 수 있으며, 그 일은 관리 가능한 단계로 세분화할 수 있다. 시작은 항상 가장 까다롭다. 일의 무게를 덜기 위해 내가 할 수 있는 작은 단계는 무엇인가?

비난하기

현실을 직시하자. 아무도 자신의 잘못을 인정하고 싶지 않다. '내 잘못이 아니야', '차가 막혀서 그랬어', '네가 그렇게 화내지 않았다면 소리 지르지 않았을 거야' 안타깝게도 책임 회피는 종종 자신의 실수를 다른 사람이나 외부 환경을 탓하게 만든다.

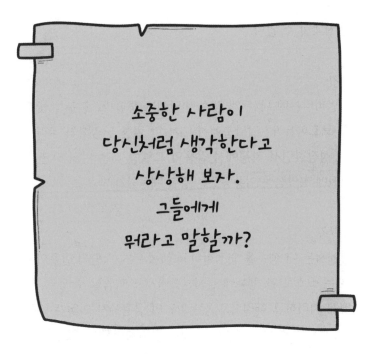

소중한 사람이
당신처럼 생각한다고
상상해 보자.
그들에게
뭐라고 말할까?

사례

친한 친구와 고성을 지르며 말다툼을 벌였는데 그 순간 친구가 상처주는 말을 했다. 친구의 평소 행동과 다르다는 것을 알면서도 마음이 상했다.

1. 알아차리기

그 후 친구가 사과했지만, 상처받은 마음은 풀리지 않았고 친구의 잘잘못에 계속 집중하게 된다. 그래서 언성을 높였고 말다툼에서 내가 한 말과 행동이 있지만 사과할 수 없다.

2. 탐색하기

친구가 미안하다는데 나는 왜 계속 비난에 집중할까? 친구를 탓하는 어떤 면이 나를 보호하는가? 말다툼에서 내가 한 일을 인정하기 두려운 이유는 무엇인가? 성장하면서 가정에서 갈등이 모델링 되는 방식과 관련있는가? 아니면 이전에 취약점을 이용당했던 경험 때문인가?

3. 재정립하기

어떤 상황에서든 내 행동을 인정한다고 해서 다른 사람의 잘못이 사라지지 않는다. 나는 스스로 한 행동에 상처받으면서도 책임질 수 있다. 앞으로 갈등을 어떻게 처리하고 해결하고 싶은가? 이 상황에서 어떻게 행동하고 싶은가? 취약해지는 것을 두려워하는 것은 합리적이지만, 이것은 나 스스로 원한 변화이다. 만약 내가 다른 사람을 덜 비난한다면 무엇이 달라지는가? 이것이 내가 원하는 것과 더 잘 맞는가? 친구가 하는 말은 내가 컨트롤 할 수는 없지만, 앞으로 어떻게 반응할지는 내가 컨트롤 할 수 있다.

흑백논리

우리가 '양극적 사고'라고도 하는 '흑백논리'의 함정에 빠질 때, 극단적이고 절대적으로 생각하게 된다. 모든 것은 환상적이거나 아니면 끔찍하다. 마치 이런 것이다. '나는 완벽함을 추구하지만, 그보다 못하면 실패자'라고 생각한다. 이런 이분법적 사고는 완벽주의의 기초이다.

하지만 절대적인 것은 없으므로 우리의 경험을 그런 엄격한 범주에 억지로 끼워 맞추면 우리는 실망, 낙담, 부끄러움 심지어 절망감을 느낄 수 있다. 우리의 시도는 결코 절대적인 기대에 미치지 못한다. 인생이란 한 가지 길로만 가는 경우는 드물기 때문이다.

사례
직장의 업무 평가가 전보다 만족스럽지 않다.

1. 알아차리기
나는 완전히 풀이 죽었고 '생각의 함정' 때문에 지금 하는 일에 어울리지 않는다고 생각한다. 나는 실력이 부족하고 지금까지 운이 좋아서 직업을 가졌을 뿐이다.

2. 탐색하기
이런 생각을 찬성하거나 반대하는 증거는 무엇인가? 이 생각에서 비롯되거나 강화한 자신의 근본적인 믿음은 무엇인가?

나는 불안전함과 어떤 연관성이 있는가? 성장할 때 가족들은 내가 성취한 것을 어떻게 대했는가?

3. 재정립하기
좀 더 큰 그림을 보고 중요한 것을 떠올려 보자. 실망스럽지만 점수가 당신의 가치를 반영하지는 않는다. 이것은 하나의 피드백일 뿐이다. 내가 왜 이런 것에 힘을 쏟고 있는가? 친구가 이런 상황이라면 나는 뭐라고 말할까?

우리는 자신을 깎아내리지 않으면서도 실망할 수 있다.

감정적 추론

우리가 감정을 진실의 증거로 삼을 때, 우리는 감정적 추론이라는 '생각의 함정'에 빠진다. 마치 '내가 무언가를 느꼈으니 내 해석(내가 이 느낌에 부여하는 생각)이 진실이어야 한다'는 것이다. 실제로 우리의 느낌은 타당하지만 그 느낌에 대한 해석은 상당히 왜곡될 가능성이 있다.

사례

나와 대화하면서 계속 휴대폰을 보고 있는 파트너에게 무시당한 기분이다.

1. 알아차리기

감정적 추론의 무의식적인 과정은 자신이 거부당했다고 느낀다. 이것은 결국 파트너가 나를 신경 쓰지 않고, 나를 이용한다는 생각을 믿게 한다.

2. 탐색하기

지금 내 생각은 나 자신이나 다른 사람에 대한 근본적인 믿음을 뒷받침하는가? 느낌과 생각을 분리해 보자. 전에도 이런 기분을 느낀 적이 있는가? 그리고 나는 왜 이 느낌에 이런 해석을 하는가?

3. 재정립하기

자기감정에 대한 해석은 주의를 기울일 만한 이전의 상처를 보여 줄 수 있다. 내가 놓아 버리고 싶은 오래된 메시지나 믿음은 무엇인가? 내 감정은 타당하고 내 책임이다. 이 점을 고려하면 나 자신에게 어떤 종류의 알림 reminder을 할 수 있을까?

재앙

재앙Catastrophising은 우리에게 익숙한 왜곡된 사고방식이다. 이 '생각의 함정'은 일상적이고 평범한 상황을 끔찍하고 엄청난 것으로 바꿀 때 발생한다. 우리는 최악의 시나리오와 비합리적인 상황으로 곧장 직행한다. 마음속에서 위협이 과장되면 우리는 공황 상태에 빠지거나 압도당하거나 심지어 절망감을 느낀다.

사례

외투 주머니에 손을 넣어 휴대폰을 찾았지만 없다.

1. 알아차리기

내 심장이 쿵쾅거리고 끔찍한 생각이 스쳐 간다. '이런! 휴대폰을 잃어버렸어. 어딘가에 두고 왔어. 누군가 가져갔을 거야. 이제 난 어떡하지? 지금 당장 다른 걸 살 여유가 없는데. 누군가 지금 이 순간에도 내 사진을 보고 있다면? 만약 그들이 내 비밀번호를 알아내서 내 소셜 미디어sns를 해킹하면 어떡하지?' 이 모든 일은 몇 초 안에 일어났고, 그때 우연히 의자 옆에 있는 내 휴대폰을 발견했다!

2. 탐색하기

'휴대폰을 잃어버렸다'는 원래의 생각으로 돌아가서 이 시나리오가 왜 그렇게 끔찍한가? 일주일 후, 한 달 후, 1년 후 나는 이 상황을 어떻게 느낄까? 나는 통제력과 어떤 관계를 맺고 있을까? 좀 더 주의가 필요할까?

3. 재정립하기

잠시 숨을 고르고 생각의 속도를 늦춰보자. 지금 어떤 두려움이 있는지 알아차린다. 이 순간 어떻게 이 두려움을 진정시킬 수 있을까? 이 경험에서 얻은 교훈은 무엇인가? 통제력을 내려놓는 것은 실제로는 통제에 대한 환상을 내려놓는 것임을 기억하자.

개인화

'개인화Personalising'는 가장 흔한 '생각의 함정' 중 하나이다. 여기에는 너무 '개인적으로' 많은 것을 마음에 담아두는 것이 포함될 수 있다. 자신과 관련이 없거나 자신이 통제할 수 없는 상황에 대해 자신을 탓하는 것, 의도적으로 어떤 일의 표적이 되거나 소외되었다는 잘못된 생각이다.

물론 자신의 선택에 기꺼이 책임지는 것은 자기 계발과 정서 지능을 보여주는 좋은 지표이다. 하지만 동시에 당신 잘못이 아닌 일에 스스로 책임지는 것 특히 자신이 상황의 희생자처럼 느껴질 때 전혀 도움이 되지 않는다.

사례

딸의 기말 성적을 보니 아이가 수학을 어려워한다.

1. 알아차리기

개인화의 무의식 과정은 이 모든 것이 내 잘못이라고 말한다. 좀 더 일찍 알아차렸어야 했는데, 아니면 좀 더 빨리 물어봤어야 했어. 나는 나쁜 부모야.

2. 탐색하기

현실적으로 나는 그 결과에 어떤 역할을 했고, 어떻게 하면 전적으로 내 책임이 아닐 수 있을까? 이 상황에서 비난이 꼭 필요할까? 이것을 개인화하는 목적은 무엇일까? 이것이 나와 다른 사람을 어떻게 보호하는가? 그것이 도움이 되었는가?

3. 재정립하기

그 상황에서 한 걸음 물러서라. 무엇을 해야 하는가? 이런 일은 자주 일어난다. 비난과 잘못이 필요한 것은 아니지만, 이런 '생각의 함정' 패턴을 이해하는 것은 앞으로 나아가는 데 도움이 된다. 만약 친구들이 이런 기분이 든다면 당신은 뭐라고 말할까? 육아를 포함한 어떤 상황에도 '완벽'할 수만은 없다.

생각의 함정 요약
다양한 '생각의 함정'에 대한 모든 정보를 읽었으니, 이제 당신은 '생각의 함정' 자체에 대한 이해는 물론이고, 삶에서 이런 함정을 알아차리고 탐색하고 재정립하여 얻을 수 있는 편안함과 평온함에 대해 더 풍부하게 이해하기를 바란다. 항상 개인의 필요와 경험에 가장 잘 맞도록 탐색과 재정립 과정을 자유롭게 조정하고 어떤 통찰력insights을 얻는지 지켜보라.

'내면의 불량배' 인식하기

불행하게도 우리 중 많은 사람은 종종 친절하고 힘이 되는 방식보다는 괴롭히는 내면의 목소리로 자신에게 말한다. 때때로 내면의 불량배inner bully는 은밀히 숨어서 우리의 마음속에 집home을 짓고 살기 때문에, 친구나 치료사들이 알려 주기 전까지는 자신을 너무 심하게 대하고 있는데도 그 존재조차 의식하지 못한다. 사실 이런 내면의 불량배가 너무 강력해져서 우리의 행복wellbeing에 해로운 영향을 미치는 것은 드문 일이 아니다.

내면의 불량배가 가장 많이 하는 말은 다음과 같이 들릴 수 있다.
*'너 정말 못생겼어'
*'그건 네가 한 일 중 가장 멍청한 짓이야'
*'너만 빼고 다른 사람들은 다 잘 살아'
*'귀찮게 굴지마. 넌 아무 소용 없어!'

*'넌 할 말이 없어'
*'창피한 줄 알아'

5분 테라피: 자신의 '히트 앨범' 확인하기

내면의 불량배가 반복 재생하는 '최고 히트' 앨범에 공감한다면 잠시 시간을 내어 '최고 히트곡'이 무엇인지 떠올려 보자. 그리고 어떻게 바꾸고 싶은지 생각해 보자.

내면의 불량배에 대한 이해

많은 사람이 알듯이 자신에게 상냥하고 부드럽게 말하기는 정말 어려울 수 있다. 자신에게 친절하게 말할 수 없거나 요점을 파악할 수 없을 때 움츠러들거나 좌절감과 분노를 느낄 수 있다. 자의식이 낮을 때 우리는 저변에 깔린 무언가를 마주하기보다 괴롭히는 목소리가 더 편안하다. 내면의 불량배는 익숙하지만 두려움의 탐구는 낯설기 때문이다.

우리의 뇌는 두려움은 멀리하고, 확실하고 익숙한 것에 기대도록 연결되어 있다. 이로 인해 자기감에서 멀어지더라도 말이다. '내면의 불량배'의 기능은 우리 안에서 활성화activated될지도 모르는 무의식적인 두려움을 보지 못하게 주의를 분산시킨다.

118

내면의 불량배는
당신 내면의 회의에서
마이크를 독차지하는
당신의 한 파트일 뿐이다.

이제 식탁에 앉아 있는
다른 파트들에게
관심을 돌릴 때가
되지 않았는가?

'내면의 불량배'의 목소리는 어린 시절 들었던 외부의 목소리가 내면화한 메시지로 되풀이된다. 이것은 오랜 시간 너무 많이 들어서 우리 자신의 내면에 자리 잡았다. 이 목소리는 어린 시절 비현실적인 기대로 우리를 대했던 비판적인 양육자의 목소리일 수 있다. 또한, 따돌림이나 다른 형태의 학대와 같은 초기 트라우마도 자신에게 말하는 방식에서 중요한 역할을 한다.

'내면의 불량배'의 핵심에는 깊은 수치심이 있다. 수치심은 '내가 잘못 했어'라고 말하지 않는다. 수치심은 '내가 틀렸어'라고 말한다. 우리의 정신을 약화하여 자기감을 손상erode시킬 수 있다.

셀프 톡 치유하기
내면의 불량배가 침묵할 때 다음의 6단계 과정으로 셀프 톡을 치유할 방법을 알아보자.

1. 셀프 톡 확인
2. 셀프 톡 목적 탐색
3. 연민에 대한 저항 다루기
4. 내면의 불량배와 내면의 부모
5. 자기 확언의 실천
6. 성찰

5분 테라피: '내면의 불량배' 바라보기

위에 설명한 6단계 과정을 시작하기 전에 잠시 시간을 내어 '내면의 불량배'는 당신이 아님을 기억하라. 그것은 당신의 일부일 수는 있지만, 결코 당신의 전부는 아니다. 당신은 '내면의 불량배' 목소리를 듣고 발견하는 사람이다. 당신은 '내면의 불량배'가 나타나면 그것을 인정하고 대응할 힘을 가진 사람이다.

'내면의 불량배'가 나타나면 일정한 거리를 유지할 수 있게 적당히 떨어져서 감정 없이 들어 보라. 그러고 나서 '내면의 불량배'와의 관계가 어떻게 변화하는지 그리고 이후에 느낌은 어떻게 달라지는지 느껴 보라.

1. 셀프 톡 확인

자신에게 어떻게 말했는지 관찰해 보는 시간을 가져 보라. 당신은 어떤 단어를 사용하고 있는가? 당신의 셀프 톡은 어떤 톤으로 말하고 있는가? 자기감이 낮을 때, 셀프 톡은 평소보다 더 비판적이고 괴롭히는 것처럼 들리는 경향이 있음을 기억하라. 그렇다면 상황에 따라 자신에게 말하는 방식이 달라지는가? 시간대나 연도에 따라 달라지는가? 아니면 누구와 시간을 보내는가? 그 목소리를 들으면 생각나는 사람이 있는가? 사용하는 단어는 어떠한가? 그것은 당신의 목소리인가? 아니면 당신이 아는 누군가의 목소리인가? 셀프 톡 내용을 천천히 살펴보고 관용과 연민의 관점으로 떠오르는 각각의 부정적인 생각을 어떻게 바꿀 수 있는지 생각해 보자.

2. 셀프 톡의 목적 탐색

앞에서 언급했듯이 우리가 셀프 톡을 하는 데는 항상 이유가 있다. '내면의 불량배'의 목적은 우리를 위한 봉사이다. 때로는 압도되는 두려움에서 우리를 보호한다. 또 가끔은 우리가 취약함을 느끼는 행동을 멈추게 한다. 이것은 실패에 대한 두려움이나 성공에 대한 두려움 때문이다. 부정적 셀프 톡은 우리를 익숙한 '희생자'의 위치에 가두는 역할을 한다. 만약 우리가 상황의 피해자가 되면 행복을 책임지지 않아도 된다. 이것은 스스로 판단할 문제가 아니다. 자신을 믿는 증거를 찾고 인정하기 위해 회복 탄력성 resilience[30]과 용기가 필요하다.

그렇다면 당신이 '내면의 불량배'의 방식으로 말하고 또 그렇게 하도록 허용했는지 탐색하고 느껴보자. 물론 도움이 필요하다면 치료사나 다른 정신 건강 전문가의 도움을 구하라. 당신이 계속해서 셀프 톡의 기능을 발견할수록 치유의 기회는 점점 더 많아진다.

3. 연민에 대한 저항 다루기

온화함, 포용력, 연민으로 자신에게 말한다는 것은 마치 에베레스트산에 오르는 어려운 위업처럼 보일 수 있다. 우리는 이런 생각에 금방 눈살을 찌푸리거나, 이 부분이 너무 '희망적인wishy-wishy' 뉴에이지 같거나 아니면 너무 도전적이거나 불편해서 건너뛰고 싶을 수 있다.

연민이라는 단어가 최근 지나치게 많이 사용되는 유행어라서 많은 사람이 연민의 개념에 저항한다. 하지만 연민의 단어가 지나치게 많이 사용된다고 해서 그 고유한 가치가 무시되면 안 된다.

우리가 더 자비롭고, 이해심 많고, 위로하는 방식으로 자신에게 말하는 법을 배우면 지금까지 자신에게 이런 종류의 친절이 없었음을 깨닫게 된다. 그동안 자신에게 어떻게 말했는지 알아차리는 과정은 가슴 아픈 일이다. 그러나 자신에게 새로운 방식으로 말하는 것은 우리 존재를 새롭게 할 잠재력이 있다.

---

30)회복탄력성(resilience)은 크고 작은 다양한 역경과 시련과 실패에 대한 인식을 도약의 발판으로 삼아 더 높이 뛰어오르는 마음의 근력을 의미한다.

치유는 적극적인 작업이다. 연민, 관용, 인내, 수용, 온화함 같은 단어들이 부드러움을 나타내지만 이렇게 되기까지 결코 쉬운 일이 아니다.

4. 내면의 불량배와 내면의 부모

우리가 어린 시절에 배우는 교훈은 다음과 같다. '만약 누군가가 당신이나 아는 사람을 괴롭힌다면, 부모님이나 선생님에게 알려라' 이 교훈은 성인이 되어도 변하지 않는다. 다만 괴롭히는 사람, 부모, 교사가 모두 당신 안에 있다는 차이점이 있을 뿐이다.

'내면의 불량배'는 우리를 '~보다 못하다'라고 느끼게 하는데 능숙하므로 이에 대응하기 위해 내면의 부모나 교사의 응원하는 목소리를 의도적으로 끌어들이는 것이 이치에 맞다.

그러면 내면의 부모는 '내면의 불량배'에게 뭐라고 말할 것 같은가? 확고하고 단호할 것 같은가? 아니면 '내면의 불량배'를 걱정하고 왜 그런 식으로 말하게 되었는지 궁금해할까? 그들에게 질문이 있을까? 내면의 부모는 '내면의 불량배'의 겉모습을 꿰뚫어 보면서 그 비열함 이면에 실제로 무슨 일이 일어나는지 볼 수 있을까?

내면의 부모는 7장에서 자세히 살펴볼 내용이어서 지금은 다소 낯설 수 있지만, 그들은 개입하고, 보호하고, 안전을 회복할 준비가 충분하다. 그러니 '내면의 불량배'가 말하기 시작할 때 당신의 내면의 부모가 무엇을 느끼는지 의식적으로 주의를 기울이도록 노력해 보자.

5. 자기 확언의 실천

우리는 확언affirmation이라는 단어를 떠올릴 때, 거울을 보며 긍정적인 말을 어색하게 중얼거리는 모습을 떠올릴 수 있다.

확언은 사실 자신에게 반복적으로 하는 긍정의 말이다. 그것은 '나는 행복하다' 또는 '나는 똑똑하다'처럼 간단할 수도 있다.

의식은 셀프 톡을 합리적이고 체계적으로 생각하지만, 무의식은 그렇게 할 수 없다. 무의식은 내면의 대화를 진실로 받아들이기 때문에, 규칙적이고 의식적인 자기 확언의 습관을 기르는 것은 자기감 향상에 매우 중요하다. 믿음은 시간이 걸리므로 헌신과 일관성의 중요성을 기억하자.

선택할 수 있는 확언 목록과 자기만의 확언을 만드는 방법의 자세한 내용은 다음 안내를 참고하라.

6. 성찰
우리가 셀프 톡을 적극적으로 치유하기 위해서는 자신에게 어떤 방식으로 말을 건넸는지 되돌아보는 시간이 중요하다. 오늘은 어떻게 셀프 톡을 했는가? 오늘 '내면의 불량배'는 얼마나 활발했는가? 당신을 응원하는 내면의 부모를 잊지 않고 불렀는가?

우리는 매일 의식적으로 셀프 톡에 주의를 기울이고 꾸준히 연민으로 자기 양육에 전념하여 치유를 증폭시킬 수 있다.

이 과정에서 완벽이란 없다. 우리는 매일 자신에 대해 배울 새로운 기회가 주어진다. 비결은 호기심을 유지하여 계속 나아가고 계속 성찰하는 것이다.

회의론자를 위한 확언

어떤 사람들은 확언을 약간 부정적으로 생각할 수 있다. 하지만 의식적 확언 습관은 신경과학과 경험적 연구에서 반복적으로 그 가치가 뒷받침되고 있다.

새로운 확언 습관을 시작할 때 약간의 회의감이 들 수 있다. 따라서 당신이 이런 회의감이 들든 아니면 설레는 마음이든 상관없이, 열린 마음과 열린 정신으로 다음의 정보를 읽기 바란다.

앞에서 잠깐 언급했듯이 확언은 짧고 긍정적인 문장을 규칙적으로 반복하면 의식을 통해 무의식으로 전달된다. 확언을 효과적으로 사용하면 사고 패턴, 행동 그리고 자기감에 긍정적인 영향을 준다.

연구에 따르면 확언 실천은 더 나은 수면, 개인적 성취감, 방어력 감소, 스트레스 수준 감소, 그리고 자신에 대한 관점 개선과 관련이 있다. 따라서 당연히 긍정 확언 실천에 대한 과대광고가 많다. 긍정 확언의 가장 큰 문제점은 불편할 정도로 지나친 긍정이다. 그러니 긍정에 대한 부담감을 없애고 중립적인 태도로 시작하자.

확언 레시피의 3요소

모든 확언 레시피는 세 가지 필수 요소가 있으며 이 세 가지 요소가 없으면 우리의 뇌가 진술을 쉽게 처리하지 못한다. 이 요소들은 연습의 효과를 보장하고 마음이 해야 할 추가적인 작업을 줄여 준다. 그 내용은 다음과 같다.

현재 시제
확언은 미래가 아니라 현재에 근거한 진술이어야 한다. 예를 들어 다음과 같다. '나 자신이 좋아' ('나 자신이 좋을 거야'가 아니다.)

우리의 무의식은 과거, 미래 그리고 현재를 구분할 수 없으므로 구체적인 내용이 필요하다. '나는 행복해지고 싶다' 또는 '나는 더 활기차게 느낄 것이다'와 같은 문장은 불확실성과 모호함을 초래할 수 있다. 행복해지고 싶어? 더 활기찬 느낌이야? 언제? 줄거리에 빈틈이 지나치게 많으면 무의식이 대본을 끝내버린다!

중립성
각 문장은 긍정의 단어만 포함해야 한다. '하지 않겠다' 또는 '할 수 없다'와 같은 단어가 들어간 확언 문장은 우리의 뇌가 좋은 점을 찾기 위해 오랜 시간 작동해야 한다.

그러므로 '나는 나 자신을 비난하지 않을 것이다'와 같은 표현보다는 '나는 괜찮다, 나는 나 자신을 좋은 사람으로 받아들이기 위해 노력하고 있다'와 같은 표현을 써 보자.

확실한 내용
모든 확언은 확실한 사실로 말해야 한다. 따라서 '만약', '아마도', '해야 한다', '할 수 있다' 또는 '노력할 것이다'와 같은 단어를 포함하지 않도록 유의하라.

그러므로 '내게 좋은 일이 생기면, 운이 좋았다고 치부하지 않겠다'와 같은 표현을 피하고, 대신 다른 방법을 시도해 보라. '나는 내 삶에 다가오는 모든 좋은 일을 누릴 자격이 있다' 또는 '좋은 일이 생기고 있고, 나는 그 일의 일부임을 받아들이고 있다'와 같은 문구를 사용한다.

흥미로운 관찰
당신을 움찔하게 하는 확언 문구를 만났다면 좋든 싫든 지금 정말로 필요한 내용일 가능성이 크다. 그러니 한 번 시도해 보라. 때때로 우리가 가장 거부하고 싶은 것이 가장 필요한 것이다. 앞서 말했듯이 처음부터 확언 문구를 믿을 필요도 없고 지금 이 순간의 삶을 그대로 비추지 않아도 된다.

5분 테라피: 확언을 약처럼 복용하기

큰 소리로 2회 확언하기 X 매일
30일 이상

확언에 대한 기대를 관리하기

확언 실천은 당연히 연습이 필요하다. 그렇다고 오랫동안 변화를 기다려야 한다는 의미는 아니다. 작업 내용에 따라 3주 차나 때론 첫째 날부터 변화를 알아차릴 수 있다. 하지만 이것은 개인마다 완전히 다르다.

지금까지 뇌는 자존감을 깎아내리는 사고 패턴일지라도 익숙함을 즐기기만 했다. 익숙함은 뇌의 강력한 신경 경로일 뿐이다. 따라서 변화를 위해 뇌에 새로운 로드맵을 형성해야 한다. 그러므로 확언 문구를 소리 내어 말하고 반복하는 것이 중요하다.

당신은 말 그대로 새로운 삶의 방식을 만들고 있으니 일관되게 자신의 목소리를 들려주자.

생각(그리고 존재 방식)을 재정립하기는 어렵지만 흥미로운 작업이다. 스스로 인내심을 가져라. 꾸준히 실천하다 보면 자신이 선택한 확언(들)과 더 깊게 공명할 것이다.

선택할 수 있는 확언

*내 마음은 평온하다.

*나는 가치 있고 소중하다.

*나는 풍요의 기쁨을 느낀다.

*나는 오늘 기분이 좋다.

*나는 올바른 길을 가고 있다.

*나는 매일 내 안에서 치유를 발견한다.

*나는 만족한다.

*나는 건강하고 치유된다.

*나는 그럴 자격이 있다.

*내 삶은 사랑으로 가득하다.

*나는 있는 그대로 온전하다.

*나는 성장하고 있다.

5분 테라피: 자신의 확언 작성하기

지금까지 탐구한 모든 것을 바탕으로 자신만의 확언을 만들고 싶다면 125쪽에 설명된 확언 레시피의 3요소를 사용하라. 그리고 매일 자신의 확언 문구를 사용할 때 어떤 기분인지 살펴보라.

셀프 톡 구급상자

삶이 대체로 편안해 보이거나 느껴지더라도 누구나 힘든 날과 힘겨운 순간을 경험한다. 이럴 때 다른 사람의 위로와 격려의 말은 없어서는 안 될 위안의 원천이 된다.

하지만 다른 사람들이 항상 그런 안심을 줄 수는 없다. 그러므로 필요할 때 언제든지 자신에게 할 수 있는 부드러운 응원의 메세지를 다음에서 확인하자.

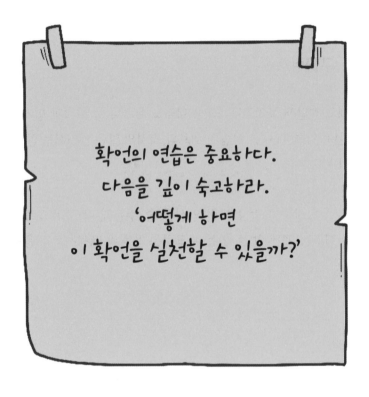

확언의 연습은 중요하다.
다음을 깊이 숙고하라.
'어떻게 하면
이 확언을 실천할 수 있을까?'

불안한 순간에 안심하기

* 지금 이 순간은 마음에 들지 않지만 괜찮다. 이 감정은 지나간다.

*불안하면 불안한 거지. 뭐 어때서?

  불안은 삶의 일부분이지만, 삶보다 크지는 않다.

*전에도 불안한 순간이 있었지만, 모두 이겨냈다.

  셋을 세면서 숨을 들이마시고, 다시 셋을 세면서 숨을 참고, 그리고 셋을 세면서 숨을 내쉬어 보자.

*나는 느리게 깨닫지만 멈춰있는 상태가 아니다. 점점 앞으로 나아간다.

*이것은 불편하지만 위험하지는 않다. 정보일 뿐이다. 나는 지금 호흡에 집중한다. 그리고 호흡이 무슨 말을 하는지 호기심을 갖는다.

*불안은 비이성적인 방법으로 나와 소통하려는 이성적인 느낌이다.

*불안한 순간이 있음을 받아들일 때마다 불안에 대처할 역량도 커진다.

힘든 날에 안심하기

*서두를 필요없다. 나는 천천히 할 수 있다.

*전에도 이런 기분을 느낀 적이 있고 내가 감당할 수 있음을 안다.

*힘든 날이라고 해서 내가 나쁘거나 내 인생이 나쁘다는 뜻은 아니다.

*하루 기분이 가라앉았다고 해서 좋았던 많은 날이 사라지는 것은 아니다.

  오늘도 한결 가벼워진 순간들이 있었다.

*지금 이 순간은 기분이 나아진다고 믿기 어렵지만 언젠가 괜찮아진다는 걸 안다.

*우울하지만 이 감정이 내 전부는 아니다. 그건 내가 느끼는 감정의 한 부분일 뿐이다.

*오늘 계획대로 되지 않더라도 괜찮다.

*내가 힘들다는 것을 인정하려면 용기와 회복력이 필요하다. 그리고 지금 나는 바로 그렇게 하고 있다.

분노가 나타날 때 안심하기

*분노는 건강하고 분노를 어떻게 관리할지는 내 책임이다.

*나는 분노를 편안하게 바라볼 수 있다. 또 내가 불편하게 느끼는 감정이 뭐가 있을까?

*나는 분노가 여기에 있고 내 몸을 통해 처리되도록 허용한다.

*나는 내가 어떻게 하고 싶은지 알 때까지 시간을 갖고 호흡한다.

*분노는 소중한 동맹이지만, 공격성은 그렇지 않다.
  나는 준비가 되었을 때 차분하게 분노를 표현한다.

*지금 당장은 아니지만 조만간 분노의 수위는 진정된다.

*나는 안전하다. 나는 안전하다. 나는 안전하다.

멘탈 노트

한 달 동안 매일 하루를 마무리하며 5분씩 다음 사항을 성찰해 보자.

*내일은 나 자신에게 어떻게 말하고 싶은가?
 예를 들어 나는 더 친절하고 더 참을성이 있고 더 격려하고 싶을 수 있다.

*새롭게 향상된 셀프 톡은 어떤 소리인가?
 예를 들면 일이 잘 풀리지 않는다고 자책하는 대신 다음과 같이 말할 수
 있다.
 '나는 이 프로젝트를 정말 즐기고 있어' 또는 '실수해도 괜찮아'와 같은 말
 이다.

*이것을 뒷받침하기 위해 어떤 새로운 확언 문구를 쓸 수 있는가?
 예를 들면, '나는 충분하다', '나는 창의적이다', '나는 사랑받는다'.......

한 달이 지나면 자신에게 더 친절해지는 방법과 셀프 톡의 풍부한 지식과
실행 가능한 단계를 얻게 될 것이다.

4.
트리거 인식
Recognising Triggers

자신의 반응을 이해하는 방법

'우리는 인생의 길에서 수천 번 반복해서 변장하는 자신을 만난다.'
- 칼 융Carl Jung

자, '트리거trigger'는 무엇을 뜻하는 용어일까? 트리거는 감정적 버튼을 말한다. 그것은 현재의 순간을 우리에게 고통스럽거나 충격적이었던 과거의 기억이나 상황과 연결한다. 그 연결은 의식적으로 또는 무의식적으로 일어나기도 하고, 감정적으로나 신체적으로도 느껴질 수 있다.

트리거는 외상후스트레스장애Post Traumatic Stress Disorder(이하 PTSD)와 같은 심각한 문제와 자주 관련되기는 하지만, 생각보다 너무 흔한 것이어서 특정 장소나 사람 혹은 사건과 사소하게 부정적으로 연결된 결과일 수도 있다.

그렇다면 우리는 트리거를 왜 알아야 하는가?

트리거를 아는 것은 우리가 누구인지 아는 것과 관련이 있다. 트리거를 아는 것은 자기 이해라는 더 넓은 영역의 여정에서 중요한 단계이다. 트리거를 알면 자각self-aware을 할 수 있기 때문이다.

자각에 좀 더 익숙해지면, 우리는 자기감을 상실해 감정에 휘말리기보다는 적게 대응reaction하고 감정을 잘 제어하게 될 것이다. 게다가, 자각하면 우리가 견딜 수 있는 한계점이 어느 정도인지 알 수 있게 된다. 그렇게 되면 우리는 트리거의 뿌리에 있는 감정적 에너지를 작업하는 동안, 트리거에 대한 노출을 제한하도록 선택할 수 있다.

또한 주의를 기울여 트리거를 확인하는 작업을 하는 동안, 우리는 오래된 감정적 상처에 빛을 비추면서 우리 자신의 정신 건강과 웰빙에 깨어있을 수 있다.

그러나 트리거와 작업을 하는 과정에서 우리는 불안감을 느끼거나 공황 상태에 빠질 수도 있으며, 압도당하거나 슬픔을 느낄 수도 있다. 심하면 플래시백flashback[31]을 경험할 수 있고, 이에 따라 지금 이곳의 현재를 놓치고 트라우마를 마치 지금 벌어지고 있는 일처럼 다시 체험할 수도 있다. 그러므로 트리거에 대한 강렬한 반응은 트라우마 치료사나 주치의의 도움을 받아 해결하는 것이 가장 좋다.

다양한 유형의 트리거

트리거는 내외적으로 모두 발생할 수 있다. 내부 트리거들Internal triggers은 폭주하는 심장이나 복통처럼 그 당시 우리가 느꼈던 것과 비슷한 감정에 우리를 연결하는 신체 감각이다. 외부 트리거External triggers에는 누군가가 지르는 소리와 특정한 냄새, 특정한 유형의 접촉, 재정적 문제, 그 외 다양한 것들이 포함된다. 139쪽에 나오는 내·외부의 트리거에 대한 몇 가지 예들을 참조하기를 바란다.

---

31)외상후스트레스장애로 인해 발생하는 증상 중 하나로, 과거의 트라우마와 관련한 어떤 것을 접했을 때 그 기억에 강렬하게 몰입되어 그 당시의 감각이나 심리 상태 등이 그대로 재현되는 증상.

트리거는 보통 개인마다 다르다. 또한 최초의 사건에서 경험했던 것과는 밀접한 관련이 없을 수도 있다. 또 다른 상황에서 동일한 자극들을 우연히 경험했을 때, 뇌는 그 트리거들을 원래의 트라우마 또는 상황과 연결시킨다. 예를 들어 트라우마를 겪었던 날짜나 시끄러운 소음, 재정적 스트레스, 가족 간의 마찰과 같은 것들은 생존자의 뇌가 원래의 상처를 떠올리고 다시 체험하게 할 수 있다.

때때로 트리거는 사건이라기보다 느낌이다. 예를 들어 우리는 어린 시절에 만연했던 긴장감이나 무력감을 어느 정도 경험할 수 있다. 또는 누군가가 우리의 의견을 무시할 때 우리는 상대가 우리에게 관심이나 사랑이 없다고 느낄 수 있다. 그러한 감정 버튼은 종종 우리의 파트너나 가까운 사회적 교제 집단 내의 누군가와 충돌할 때 눌러진다.

5분 테라피: 당신의 트리거 확인하기

'트리거가 일어났다triggered'고 생각했던 상황을 떠올릴 수 있는가?
당시의 기분은 어떠했는가?
어쩌면 생각은 질주했을 것이고 심장은 쿵쾅쿵쾅 뛰어댔을 것이다.
마음은 백색 소음[32]으로 가득 찼을 것이고 달아나고 싶었을지도 모른다.
또는 자동조정 장치autopilot[33]가 가동됐을지도 모른다.
그런 일이 일어나면, 우리는 평소에 하지 않았던 말들을 하기도 한다.
어떤가? 무언가 잘 아는 이야기인가?

---

[32] 넓은 음폭을 가져 일상생활에 방해가 되지 않는 소음. TV와 라디오에서 나오는 잡음이 대표적인 백색 소음이고, 파도 소리와 숲의 소리 등에도 백색 소음이 들어 있다. 특히 파도 소리나 계곡 소리에 들어 있는 백색 소음은 인간 뇌파의 알파파를 동조시켜 심리적 안정을 불러와 수면을 촉진한다.
[33] 조종사의 조작 없이 항공기를 자동으로 조종하는 방법

내부 트리거

육체적 감각

높은 수준의 스트레스
+ 불안한 느낌

비웃음을
당하는 느낌
+ 이해받지
못하는 느낌

일상생활

외부 트리거

기념일 +
중요한 날짜

뉴스

재정 문제

큰 소음

갈등 +
폭력에 대한 목격

가트먼협회Gottman Institute[34]는 관계를 연구하는 유명한 기관인데, 종종 다른 사람들과 갈등이 있을 때 활성화되는 24개의 공통적인 트리거 목록을 작성했다.

아래 목록을 읽으면서 특히 어떤 항목이 당신의 마음에 와닿는지 보라.

1. 소외감을 느꼈다.
2. 무력감을 느꼈다.
3. 아무도 나에게 귀를 기울이지 않는다고 느꼈다.
4. 야단맞았다고 느꼈다.
5. 누군가가 나를 판단한다고 느꼈다.
6. 비난받았다고 느꼈다.
7. 무례한 대접을 받았다고 느꼈다.
8. 애정 결핍을 느꼈다.
9. 보살핌을 받지 못했다고 느꼈다.
10. 외로움을 느꼈다.
11. 무시당한 기분이었다.
12. 솔직히 말할 수 없을 것 같았다.
13. 나는 나쁜 사람처럼 느껴졌다.
14. 잊혀진 기분이었다.
15. 불안감을 느꼈다.
16. 사랑받지 못한다고 느꼈다.
17. 그것이 불공평하다고 느꼈다.
18. 좌절감을 느꼈다.
19. 단절감을 느꼈다.

---

34)https://www.gottman.com/

20. 갇힌 것 같은 느낌을 느꼈다.
21. 열정이 부족하다고 느꼈다.
22. 말을 크게 할 수 없을 것 같았다.
23. 나는 조종당한 기분이었다.
24. 나는 통제받고 있는 느낌이 들었다.

트리거에 대한 이해

우리가 우리의 환경, 감정 그리고 우리의 반응 사이의 연결 강도를 깨달을 때, 우리 자신과 다른 사람들의 행동을 용서하기가 더 쉽다. 그리고 감정의 촉발은 사실 생존 반응이다.

하지만 트리거에 대해 안다고 해서 우리가 원하는 것을 자유롭게 얻을 수 있는 것은 물론 아니다. 트리거가 우리를 직접 용서하는 것은 더더욱 아니다. 애착 유형에 대해 배우는 것이 우리의 관계를 이해하는 데 도움이 되는 것처럼 트리거에 대해 배우는 것은 우리의 반응을 이해하고 트리거를 활성화할 수 있는 상황을 인식하는 데 도움이 된다.

트리거를 이해하는 것은 우리가 무의식적이면서도, 즉흥적인 반응을 하는 대신에 의식적이고 사려 깊은 반응으로 전환할 수 있는 기회를 준다. 그리고 이는 우리의 감정 버튼이 눌린 상황에서 더 잘 대처할 힘이 된다.

우리가 트리거를 이해하고, 트리거가 우리 모두에게 영향을 미치는 다양한 방식을 이해하기 시작할 때, 모든 에너지를 쏟아 우리를 비난하는 대신에 자신을 성장시키는 방향으로 변화할 수 있다.

자신에 대한 메모note to self

1. 당신이 사람이라면, 트리거가 있을 것이다.
1. 당신이 사람이라면, 당신을 자극하지 않을 사람은 없다.

트리거 알아차리기를 배우기

다음번에 당신이 특정 상황이나 사건, 사람에 의해 촉발되었다고 느꼈을 때, 숨을 들이쉬고 그것으로부터 조금 물러나려고 노력하라. 그러면 당신은 완전히 그것에 휩싸이는 대신에 트리거와 반대로 5단계 과정을 시도할 수 있다. 당신은 이 과정을 안전하고 편안한 곳 어디에서나 할 수 있고, 5분에서 10분 정도밖에 걸리지 않는다.

1. 당신의 몸에 주의 두기

당신이 트리거 되었다고 느낄 때 당신의 몸이 어떻게 느끼는지 주목하고, 그 반응을 마음속으로 기록해 보자. 근육이 긴장하는가? 체온은 어떤가? 얼굴이 화끈거리는가? 손이 차가운가? 얼마나 깊게 숨을 쉬고 있는가? 그것이 아무리 미묘하거나 강한 것일지라도 당신 몸의 반응에 귀 기울여 보자.

2. 당신의 생각을 관찰하기

이제 당신의 생각에 집중해 보라. 당신은 어떤 생각을 하고 있는가? 3장의 생각의 함정Thinking Traps에 대한 정보를 이용하여 이러한 '인지적 왜곡cognitive distortions' 중 어떤 것이 나타날 수 있는지 확인해 보자. 지금 이 정보로 아무것도 할 필요가 없다. 당신이 해야 할 유일한 것은 생각을 바꾸거나 반응하지 말고, 단지 어떤 생각이 나타나는지 알아차리는 것이다. 이러한 생각 중 일부를 종이나 일기장 또는 휴대폰에 적어 보자.

3. 탐정의 모자를 쓰기

이제 사슴 가죽을 입고 당신 내면에 있는 셜록 채널을 돌릴 시간이다. 당신의 내부에서 이러한 신체적, 감정적 반응을 활성화시킨 상황에 대해 호기심을 갖기 시작하라. 처음에는 그렇게 명백하지 않을 수도 있지만, 어느 정도 시간이 지나면 가능성이 보이기 시작할 것이다. 이 장의 앞부분에 있는 정보를 다시 살펴보면 탐색에 도움이 될 것이다. 그 단서는 하나의 단어나 목소리 톤이었을까? 냄새였을까? 아니면 압도되는 감정이었을까? 아니면 누군가가 공유한 의견이나 당신이 자신에 대해 가지고 있는 부정적인 믿음을 다시 반영하는 상황이었을 수도 있다.

종종 우리의 많은 트리거가 합쳐지는 경우가 있다. 예를 들어 특정한 순간에 당신의 트리거는 시끄러운 군중, 불편한 점퍼, 집에서 당신을 기다리는 작업량, 문자에 답이 없는 SNS, 그리고 당신이 관계에서 불공평하게 대우받고 있다는 근본적인 믿음, 이 모든 것의 조합일 수 있다. 우리는 모두 인지하지 못하고 활성화된 후에야 인지할 수 있는 많은 트리거를 가지고 있다.

4. 충족되지 않은 욕구를 발견하기

당신이 방금 경험한 것이 안전, 신뢰성, 관심 또는 애정과 같은 당신의 삶에서 충족되지 않은 욕구나 소망과 연결되어 있다고 느끼는지에 되돌아 보라. 만약 그렇다면 가족, 친구, 파트너 또는 다른 누군가와 같이 평생 관계를 맺어 온 사람들에 의해 이러한 필요성이나 또는 바라는 것들이 어떻게 다루어졌는지 생각해 보자.

성인으로서의 삶에서 만족하지 않는 욕구가 있는 것은 지극히 정상이다. 다른 사람들이 우리가 가진 모든 요구를 일관성 있게 그리고 빠르게 충족시켜 주는 것은 불가능하고 어쩌면 현명하지 못할 수도 있다. 그러나 필요가 우리의 삶 전체에 걸쳐 지속적으로 충족되지 않거나 무시될 때, 어떤 종류의 감정적 상처는 대개 잠재적인 트리거를 포함하여 모든 종류의 방식으로 나타날 수 있다.

지금까지 우리의 삶을 돌아보면, 우리는 이제 왜 우리 삶의 특정한 욕구가 충족되지 않았는지 이해할 수 있을 것이다. 예를 들어 양육자caregiver는 그들이 할 수 있는 최선을 다하고 있지만, 그들이 원하는 만큼의 많은 시간과 에너지를 갖지 못했을 수도 있다. 그들은 또한 음식을 식탁에 올리기 위해 밤낮으로 일해야 했다. 마찬가지로 과거의 관계에서 친구들이든, 로맨틱한 파트너든, 우리는 존중받지 못한다고 느꼈거나 배려가 당연하게 여겨졌을 수도 있지만, 그 당시 상대방은 힘든 시기를 겪고 있다고 이해하고 넘어갔다. 비록 이것이 우리가 무슨 일이 일어났는지 이해하는데 도움을 주지만, 그렇다고 해서 감정적인 상처와 실망 또는 고통과 관련된 경험이 없어지는 것은 아니다.

5. 더 넓은 시야를 갖기

마지막으로 어떤 일상의 요인들이 트리거의 정도에 기여했는지 생각해 보자. 현실을 직시하자. 주어진 날에 우리가 신경질적이고 예민하거나 초조함을 느끼게 할 수 있는 많은 기여 요인들이 있기 때문이다. 아마도 오늘은 아무것도 없는 것 같지만, 밤새 잠을 제대로 못 잤을 수도 있고, 점심을 굶었을 수도 있고, 붐비고 시끄러운 슈퍼마켓에서 시간을 보내야 했을 수도 있다. 우리가 대처할 수 있는 능력에 영향을 미칠 수 있는 많은 요소가 있다. 당신이 이러한 것들이 미치는 영향이 무엇인지 인지하기 시작할 때, 당신은 하루 종일 어떻게 느끼는지 그리고 당신이 무엇을 필요로 하는지 확인하기 위해 시간을 내면서 감정적인 행복을 더 잘 돌볼 수 있다.

당신에게 트리거가 되는 어떤 문제를 알아내고 해결하는 데 더 집중할수록, 당신은 표면으로 떠오르는 감정에 근거하여 '행동화acting out'할 가능성이 줄어들 것이다. 당신은 트리거의 존재를 느낄 수 있지만, 성찰reflection과 재조정realignment을 통해 그 상황을 해결해 나가면서 당신은 그 상황에 붙어있는 감정적인 충동이 어떻게 무뎌지고 해소되기 시작하는지 알아차리기 시작해야 한다. 당신이 트리거를 발견하고 작동하는 데 더 익숙해짐에 따라, 한때 당신을 곤경에 처하게 만들었던 상황들은 점차 그 에너지를 잃게 될 것이고 결과적으로 그 상황들은 힘을 잃게 될 것이다.

트리거 치유하기

트리거를 치유하는 일은 모든 사람에게 다르게 보일 것이다. 이를 염두에 두고, 아래는 우리가 트리거의 감정적 에너지를 줄이고 치유 과정을 시작하는 데 도움이 될 수 있는 몇 가지 단계이다.

이 책을 읽으면서 스스로 치유 과정을 거치는 것이 가능하지만, 일부 사람들은 자격 있는 치료사의 지원을 받아 이러한 종류의 치료 작업을 할 수 있다는 점을 기억하라. 특히 트라우마의 경우에는 더욱 그렇다.

트리거를 치유하는 데 첫 번째 단계는 트리거를 인식하는 것이며, 위에서 설명한 단계에서 일단 도움을 받을 수 있다.

다음 단계는 당신이 안전하고 편안하다고 느끼는 곳을 찾는 것이다. 안전은 필수적이다. 우리는 안전하지 않다고 느끼는 공간에서는 치유할 수 없다. 조용하고 안정된 장소(당신에게 보이는 것이 무엇이든)가 치유에 필요한 일종의 안정화를 제공하는 반면, 불안전한 환경에서 더 깊은 작업을 시작하기는 매우 어렵고 때로는 위험할 수도 있다.

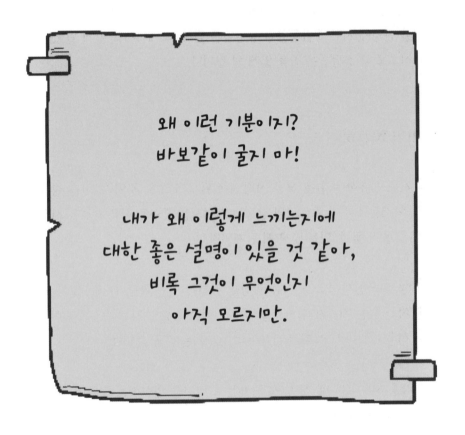

당신은 이제 트리거가 불쑥 나타날 때, 당신의 몸이 어떻게 느끼는지 연민 어린 탐구를 시작할 수 있다. 예를 들어 당신은 어지럽거나 메스꺼워하거나 긴장할 수 있다.

다음, 압도하고 있는 트리거와 관련된 모든 믿음에 대한 고려를 시작하라. 예를 들어 당신은 '나는 멍청하다'나 '나는 너무 감정적이다'와 같이 좋은 일보다 이전의 해로운 관계나 어린 시절의 경험에서 나온 일련의 이론들 theories, 또는 '이야기들stories'을 가지고 있다는 사실을 발견할 수 있을 것이다. 당신의 '좀 모자란다less than'고 느끼는 부분을 부드럽게 생각하고 당신이 사랑하는 사람에게 하듯 친절과 연민을 가지고 말해 보라. 우선 하나에서부터 시작해서 시간이 지남에 따라, 그 결과와 보상은 당신이 누구인지에 대한 정체성의 모든 측면에 스며들기 시작한다는 것을 알게 될 것이다.

트리거의 감정적 충격을 감소시키기 위하여 트리거의 발생원origin을 추적할 필요가 있다. 그리고 다시 이제 이 발생원들은 어디에서 유래했을지 의문을 가져 보자. 예를 들어 만약 우리가 어떤 것에 대해서 방어적이 되는 것을 발견한다면, 왜 그럴까? 어쩌면 그것은 과거에 부모님이나 선생님이 우리에게 한 말처럼 들린 것일까? 아마도 그 목소리 톤이 특별히 누군가를 떠올리게 했을까? 이전에 이런 유형의 반응이 필요했던 때가 있었을까? 목표는 반드시 어떠한 사건을 다시 체험하는 것도 아니고 불편한 감정에서 벗어나기 위한 것도 아니다. 당신은 건강한 중간 지대middle ground를 목표로 하고 있다. 이것은 현재에 확고히 뿌리내리면서 과거를 회상하는 것이다. 이러한 방식으로 안전한 지대에서 트리거를 추적하면 안전한 방식으로 감정을 느낄 수 있고, 우리가 누구인지 더 잘 이해할 수 있으며, 우리가 왜 특정한 방식으로 반응하는지 배울 수 있다.

거기서부터, 연습을 통해 우리는 과거에 얽매여서 받게 되는 상처에 자동적으로 나오는 반응을 보이는 대신, 트리거에 어떻게 반응하고 싶은지 선택할 수 있다.

명료하고 균형이 잘 잡힌 상태로 들어가면 트리거가 되는 사건에 의식적으로 반응하는 능력이 향상된다. 우리는 다음 장에서 살펴볼 자기 조절self-regulation 기법을 개발함으로써 그러한 균형 상태로 나아갈 수 있다. 우리는 트라우마를 압도적으로 느낄 수 있고, 견딜 수 있는 수준을 넘어설 수 있다는 것에 주목하는 것이 중요하다. 이런 경우 자격을 갖춘 트라우마 전문가를 찾는 것이 중요하다.

기억하라! 트리거를 관리하고 치유하는 데는 시간, 연습, 그리고 연민 어린 인내심이 필요하다. 그러니 우리 자신에게 상냥하게 대하자.

5분 테라피: 당신의 트리거에 대한 질문

트리거된 경우 다음과 같이 질문해 보는 것이 유용할 수 있다.

*내가 지금 이 순간 일어나고 있는 일에 반응하고 있는 것인가,
  아니면 과거의 어떤 것에 반응하고 있는 것인가?
*내가 지금 일어나고 있는 일에 반응하고 있는가,
  아니면 일어날까 두려워하는 것에 반응하고 있는가?
*내가 말한 것에 반응하고 있는가,
  아니면 내가 말한 것과 연관된 이야기에 반응하고 있는가?
*만약 있다면, 어떤 경계가 침범당했는가?
*지금 이 순간 나에게 필요한 것은 무엇인가?
*지금 이 순간 어떻게 자기 돌봄self-care을 실천할 수 있을까?
  (예: 10분 정도 시간을 내어 밖으로 나가거나, 심호흡하고, 친구를
  부르고, 일기를 쓰고, 경계를 회복하고......)

다양한 스트레스 반응 이해

촉발되는 과정을 좀 더 잘 이해하기 위해서는, 스트레스 반응이 우리 몸에서 어떻게 작용하는지 이해하는 것이 중요하다.

고통스러운 사건이나 트라우마의 경험 동안 뇌는 종종 우리의 기억 속에 감각 자극을 새겨 넣을 것이다. 시각, 소리, 그리고 냄새와 같은 감각 정보는 우리의 무의식적인 기억에서 큰 역할을 한다.

감각 정보가 더 많이 저장될수록 더 쉽게 기억될 수 있다. 때때로, 감각적 트리거는 감정들이 무엇 때문에 또는 어디에서 왔는지 깨닫기도 전에 당신 안에서 감정적인 반응을 일으킬 수 있다.

사람이 위협적인 상황에 처했을 때, 몸은 당면한 상황에 대응하기 위한 예비력reserves을 우선시하면서 고도의 경계 태세에 돌입한다. 소화 기능이나 단기 기억의 형성과 같이 생존에 필수적이지 않은 기능은 꺼진다. 그리고 트라우마 사건의 경우에는 뇌가 기억을 잘못 분류할 수도 있어 과거의 사건으로 저장되는 대신 그 상황을 계속되는 위협으로 인식할 수도 있다. 어떤 사람이 '트리거'에 의해 과거의 트라우마를 떠올릴 때, 그들의 몸은 때때로 그 순간에 그 사건이 다시 일어나고 있는 것처럼 행동할 수 있다.

편도체amygdala라고 불리는 뇌의 공포 중추가 위협을 감지하면, 그것은 몸과 뇌를 통해 경보음을 보낸다. 이처럼 우리의 뇌는 트리거에 반응하도록 연결되어 이성적인 생각을 피하고 많은 생존 반응 중 하나로 직행한다.

스트레스의 반응은 다음과 같이 분류된다.
*싸우기 반응Fight Response

149

*도망치기 반응Flight Response

*얼어붙기 반응Freeze Response

*비위 맞추기 반응Fawn Response

스트레스 반응은 우리의 생존을 위해 필수적일 수 있다. 왜냐하면 스트레스 반응은 우리에게 행동하게 하는데, 이러한 행동의 목표는 더 이상의 위협으로부터 거리를 유지하거나 거리를 두게 하고, 우리가 스트레스에 직면해 있으므로 도움이 필요하다는 것을 주변 사람들에게 알리기 때문이다. 아래의 각 세션을 읽으면서 어떤 스트레스 반응이 당신에게 가장 익숙한지 알아보자.

싸우기 반응 Fight Response

우리는 물리칠 수 있다고 믿는 위협을 느낄 때 싸움 반응을 경험할 수 있다. 우리의 뇌는 신체적인 논쟁에 대비하기 위해 몸에게 빠르게 메시지를 보낸다.

'싸우기 반응'의 특징은 다음과 같다.

*울기

*격한 분노 또는 분노의 강렬한 감정

*누군가 혹은 자신을 다치게 하고 싶은 마음

*위험의 근원에 대한 언어적 또는 물리적 공격

*발을 구르거나 걷어차고 싶은 욕망

*턱을 악물고 이를 갈기

*뱃속이 타는 듯한, 뭉친 느낌

*당신의 시선과 말과 어조에서 느껴지는 '싸우기'의 느낌

도망치기 반응 Flight Response

만약 우리가 실제이든 지각이든 위협이나 위험에 직면한다면, 우리의 뇌는 탈출하는 것이 가장 효율적인 방법이라고 믿었을 때 몸이 도망칠 수 있도록 준비할 것이다.

'도망치기 반응'의 특징은 다음과 같다.

*불안하고, 갇힌 듯하고, 긴장된 느낌
*다리를 안절부절못하고 움직임
*사지를 끊임없이 움직이기
*무리한 운동
*확장되거나 흘깃거리는 눈
*고조된 불안
*얕은 호흡

얼어붙기 반응 Freeze Response

우리는 마음과 몸 모두가 싸우거나(싸우기 반응) 달리는 것(도망치기 반응)은 현명한 선택이 아니라고 느낄 때, 또는 전혀 다른 선택이 없다고 느낄 때 얼어붙기 모드에 들어간다.

'얼어붙기 반응'의 특징은 다음과 같다.

*몸의 일부가 뻣뻣하고 무겁거나 찌르는 듯한 느낌
*몸 안에서 추위 또는 무감각의 느낌
*숨을 참거나 얕은 호흡
*공포감
*심박수 감소

*창백한 피부

비위 맞추기 반응 Fawn Response

우리의 시스템은 싸우기, 도망치기, 얼어붙기 반응을 여러 번 시도를 한 후에 원하는 결과가 없다면, 덜 알려진 스트레스 반응인 '비위 맞추기 모드'에 종종 빠질 수 있다. 이 반응에 자동화 되어 있는 사람들은 과거에 계속적인 트라우마 상황에 노출되어 왔다. 이 스트레스 반응의 선구적인 연구자 패트릭 월든Patrick Walden에 따르면, 비위 맞추기 반응은 사람들을 기쁘게 하는 형태로 가장 잘 설명된다.

'비위 맞추기 반응'의 특징 중 일부는 다음과 같다.

*갈등 회피
*'아니오'라고 말하는 것이 어려움
*자신의 웰빙에 해로울 정도로 다른 사람들을 돌보는 것
*자기 검열self-censoring
*억울하고 이용당하는 기분
*적응에 대한 사회적 불안과 걱정
*낮은 자존감
*욕구를 표현하는 것에 대한 두려움과 '부담burden'으로 보이는 것에 대한
 두려움

다른 모든 반응과 마찬가지로 이 반응은 자기 보호의 한 형태이다. 트라우마를 입은 사람들이 그 순간에 스트레스를 완화하고 안전하게 느끼도록 함으로써 힘든 상황을 극복하는 데 도움이 된다.

하지만 그것은 그들이 자기 생각과 감정을 검열할 가능성을 증가시켜서, 장

기적으로는 그들이 치유되거나 지원을 받을 가능성을 막는다.

각 스트레스 반응의 목적

어린 시절 강한 사랑과 안정감이 있었다면 당신은 방금 설명한 네 가지 스트레스 반응 모두에 접근할 수 있을 것이다. 각각의 반응은 유용해서 우리가 처한 상황에 따라 다른 반응이 나타날 것이다.

*싸우기 반응은 주로 자기 보호에 관한 것이지만, 그것이 반드시 '싸울 준비가 됨'을 의미하지는 않는다. 그것은 또한 일반적인 주장과 확고한 경계를 표현하고 유지하는 것에 관한 것일 수 있다.

*도망치기 반응은 일반적으로 갈등이 그들을 위험에 빠뜨릴 때 트라우마를 입지 않은 개인에게서 발생한다.

*더 많은 노력(싸우거나 도망치든)이 에너지 낭비나 비효율적인 것으로 간주할 경우 동일한 개인이 얼어붙기 반응을 경험할 수 있다.

*마지막으로, 외상을 입지 않은 사람은 다른 사람들을 돕고, 협상하고, 다른 사람들의 의견을 듣는 것이 현재 상황의 감정적인 온도를 낮추는 가장 효과적인 방법이 된다고 본다면 비위 맞추기 반응이 유용할 수 있다고 느낄 것이다.

그러나 어떤 사람이 트라우마를 경험했을 때 그들은 주요 반응 모드 중 하나에 많이 의존하거나 '꼼짝 못 할' 수 있다. 이는 그들이 선택한 방어의 표면 아래에서 불편한 감정으로부터 그들의 주의를 돌리게 하는 역할을 한다.

그래도 좋은 소식은 일단 당신의 기본 스트레스 반응을 이해하게 되면 당신이 그것을 앞으로 인식할 수 있게 되고, 거기서부터 당신의 레퍼토리에 어떤 조치와 대처 기술을 추가해야 하는지 더 배울 기회를 갖게 된다는 것이다.

애착과 마찬가지로 스트레스에 대한 어떤 반응도 다른 반응과 비교해서 반드시 좋거나 나쁘다고 할 수는 없다. 만약 우리가 한 가지 반응에 갇히거나, 판단의 오류를 범하거나, 현실이 아닌 위협을 인식한다면, 우리 자신에게 더 큰 피해를 줄 수 있다.

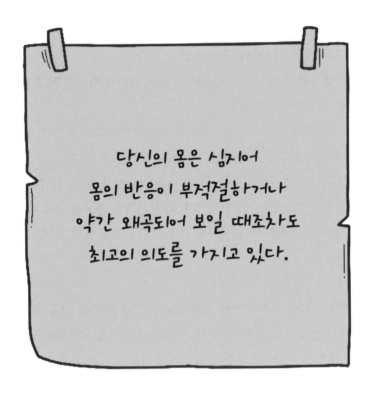

스트레스 반응을 통해 움직이기

가장 많이 사용하는 스트레스 반응이 어떤 것인지를 알 수 있게 되면, 다음 단계는 이런 식으로 트리거 되었다고 느끼기 시작할 때 무엇이 자신에게 효과가 있는지 알아내는 것이다. 어떻게 진정할 수 있는가? 어려운 감정을 관리하는 데 도움이 되는 것은 무엇인가? 이때 목표는 감정을 피하거나 숨기는 것이 아니라, 수치심이나 좌절감을 느끼지 않고 있는 그대로를 인정하는 것이다. 감정은 단지 감정일 뿐이다. 감정은 어떤 도덕적인 관념도 갖지 않는다. 질투, 분노 또는 '욕구'를 느낀다고 해서 나쁜 사람이 되는 것은 아니다. 감정은 당신을 인간으로 만든다. 우리는 감정을 피하려고 하거나 없는 척할 때, 그리고 우리가 그 존재 자체로 자신을 비웃고 판단할 때, 우리는 감정 간의 갈등에 시달리는 경향이 있다.

그래서 단순히 어떤 느낌을 인정하는 것 자체가 하나의 큰 단계라고 할 수 있다. 하지만 어떻게 해야 할까? 다음 장에서 다루겠지만, 자신을 달래고 조절하는 방법을 배울 수 있다.

'인내의 창' 이해하기

우리는 모두 일상생활에서 나타나는 불안과 스트레스를 더 이상 감당할 수 없을 때까지 최선을 다한다. 하지만, 결국 모든 사람에게는 한계가 있다.

우리가 돌이킬 수 없는 지점에 도달하는 순간은 우리 모두에게 일어난다. 이러한 순간에 우리의 이성적이고 통제된 마음과 몸은 파트너, 친구, 형제, 부모 또는 다른 누구와 함께 있든지 간에 소리를 지르고, 뛰쳐나가거나, 차단shut down 될 수 있다. 이 상태에서 우리는 더 이상 우리 내면의 세계에서 일어나는 일들을 관리할 수 없게 된다. 이런 상황을 '인내의 창Window of tolerance'의 문턱을 넘어섰다고 한다.

1999년 댄 시겔Dan Siegel 박사가 만든 용어인 '인내의 창'은 사람이 가장 잘 기능할 수 있는 영역을 설명한다. 우리가 인내의 창 안에 있을 때 큰 어려움 없이 일상생활에서 필요한 것들을 듣고, 처리하고, 반성하고, 통합하고, 합리화하고, 응답할 수 있다. 이 창 안에서 심신은 잘 기능하고, 진로를 이탈하지 않고, 우리 앞에 주어진 것을 처리할 수 있는 능력을 갖춘다.

반면에 우리가 인내의 창밖에 있을 때(즉 하나의 주요 트리거 때문이든, 더 작은 스트레스 요인의 축적 때문이든) 우리의 몸은 싸우기, 도망치기, 얼어붙기 또는 비위 맞추기 모드를 활성화함으로써 반응한다.

싸우기와 도망치기 반응은 모두 '과다 각성hyper-arousal' 상태로 분류될 수 있지만, 얼어붙기 반응과 비위 맞추기 반응은 모두 '과소 각성hypo-arousal' 상태로 분류될 수 있다.

과다 각성
과다 각성 상태에서 우리는 경계하고 반응할 준비가 되어 있다. 예를 들어 이것은 울거나, 소리를 지르고, 발을 구르고, 주먹을 쥐거나, 내동댕이치고 싶은 행동을 통해 외부로 자신을 드러내는 경향이 있다.

과다 각성의 징후(싸우기 또는 도망치기)
*불안
*분노나 공격성
*감정의 폭발.
*반응성reactivity

*압도overwhelm
*충동성
*행동 통제controlling behaviour
*강박적인 행동이나 생각
*중독
*섭식장애

과소 각성

과소 각성hypo-arousal 상태에서 우리는 철수하고 차단shut down하는 경향이 있다. 이것은 하루 종일 침대에 누워 있어야 하거나, 우리 주변 사람들과의 연결을 끊어야 할 필요성을 느끼면서 나타날 수 있다. 일부 사람들에게는 과소 각성 반응이 기본 반응default reaction이 될 수 있지만, 그것은 우리가 너무 오랫동안 과다 각성 상태에 머물 때 뇌와 몸의 반응 능력이 곤두박질칠 때 발생할 수 있다.

과소 각성의 징후(얼어붙기 또는 비위 맞추기)
*기억 상실
*철수 혹은 고립
*해리
*우울증
*무기력
*공허감
*무관심
*'자동조절 상태'에 있기Being on 'autopilot'
*덤덤한 표정
*방향감각 상실

인내의 창은 어느 정도의 크기인가?

그렇다면 우리가 매일 스트레스 요인들과 트리거 요인들에 가장 잘 대처할 수 있는 것은 어느 한 쪽의 상태에 치우치지 않고 인내의 창 안에 있을 때라는 것이 꽤 명백해진 듯하다.

하지만 충격적인 경험이나 충족되지 않은 어린 시절의 욕구는 우리의 창을 좁혀서 인생의 밀물 썰물과 함께 동조하면서 압도당하지 않고 대처할 수 있는 능력을 감소시킬 수 있다.

당신은 짜증날 정도로 침착하고 안정된 태도를 가진 사람을 떠올릴 수 있는가? 만약 그렇다면 그들은 아마도 넓은 인내의 창을 가지고 있을 것이고, 이것은 기본적으로 그들이 비록 다른 모든 사람처럼 불안, 분노, 슬픔을 경험하지만 그들은 일반적으로 압도되거나 과도한 부담을 느끼지 않으면서 안정된 상태로 있을 수 있음을 의미한다.

반면에, 당신에게는 대수롭지 않게 보일 수 있는 어떤 것이 다른 사람들에게는 그들의 한계점 너머로 그들을 넘어뜨릴 수 있다. 당신에게는 그들의 반응이 현재 상황에 어울리지 않게 보일 수도 있다. 하지만 그들은 정점 tipping point[35]에 도달했기 때문에 그들의 입장에서 보면 일리가 있다.

마치 커피잔과 같은 인내의 창을 고려하는 것이 도움이 될 수 있다. 뜨거운 물을 더 많이 따를수록, 커피는 머그잔의 표면에 더 가까이 온다. 머그잔에 들어있는 커피의 양이 많을수록 커피가 완전히 넘치게 하기 위한 필요한 물의 양은 줄어든다.

---

35)티핑 포인트(tipping point): 작은 변화들이 어느 정도 기간을 두고 쌓여, 이제 작은 변화가 하나만 더 일어나도 갑자기 큰 영향을 초래할 수 있는 상태가 된 단계. (출처: 네이버 영어사전)

환경의 영향을 받아 인내의 창과 우리의 관계는 우리 삶의 다른 지점에서 바뀔 수 있다. 예를 들어 사람들은 일반적으로 그들이 잘 지지받고 있다고 느낄 때 인내의 창 안에 더 머물 수 있다. 특정한 시점에서 당신은 스트레스에 대처하는 더 큰 능력을 갖출 수 있지만, 특히 무기력한 사람의 슬픔에 민감하게 느낄 수 있다. 이와 같은 맥락으로 당신은 다른 사람들의 슬픔과 함께하는 것이 괜찮게 느껴질 수도 있지만, 높아진 목소리에 움찔할 수도 있다. 오늘 당신이 가지고 있는 창의 모양은 자기 이해의 여정을 계속하면서 필연적으로 변화하고 성장할 것이다.

5분 테라피: 당신의 인내 창을 점검하기

당신의 현재 수준에 주목해 보라: (i) 불안, (ii) 스트레스 (iii) 행복.

*어떤 요소들이 각각의 감정을 가장 많이 증가시키는가? 목록을 만들어보라.
*당신은 지금 인내의 창 안 어디쯤 있는가?
*창의 가장자리에 도달했을 때 어떤 신호를 알아차릴 수 있는가? 언어적 신호 그리고 비언어적 신호 모두인가?

인내의 창 넓히기

인내의 창에서 현재 당신의 위치를 아는 것은 자기 이해를 향한 중요한 단계이다. 당신의 현재 위치를 파악하는 것은 이 책의 치료 과정의 다음 부분을 이해하는 데 도움이 된다. 내면의 평온함과 안전감을 회복하는 데 도움이 되는 기술을 실제로 해보며, 이러한 실습은 결국 당신의 창을 넓히는 데 도움이 될 것이다.

창을 넓히는 것은 불행하게도 스트레스, 불안, 슬픔과 같은 경험을 멈추게 하는 것이 아니라, 삶의 문제를 대처하는 우리의 능력을 확장하는 것이다. 감정에 휘둘려 있기보다는 우리가 원하는 방식으로 자극과 트리거에 접근할 수 있다. '내가 이렇게 말했어야 했어!'라고 말하면서 머리를 두드리는 것은 아주 좋은 것이다. 우리가 커피잔의 예를 다시 생각해 보면, 머그컵이 더 커지게 된 것이다!

자신을 위한 메모.
당신이 압박을 느끼거나 단절감을 느끼지 않는 좋은 날에, 다음 장에서 자세히 설명하는 새로운 대처 메커니즘을 실천하는 것이 현명하다. 그렇게 하면 당신이 힘든 순간이나 힘든 하루를 보낼 때, 당신은 이미 기초가 다져진 것이다. 또한 당신은 이미 안정감과 연결성의 훈련을 위한 역량을 가지고 있다.

모든 자기 조절 훈련이 당신에게 맞는 것은 아니지만 괜찮다. 마음에 드는 것을 찾고 나머지는 버려라.

당신이 선택한 것들을 더 규칙적으로 연습할수록 당신의 반응을 이해하고 대처하기 위해 더 큰 능력을 갖추게 될 것이고, 더 이성적으로 어려운 감정들을 다룰 수 있을 것이며, 이러한 긍정적인 경로들은 당신의 뇌에서 더 단단해질 것이다.

창밖에서 창 안으로 이동하는 방법을 배우는 것은 자기 조절 능력뿐만 아니라, 당신의 몸이 더 편안해지고 관계의 감정적 지도를 탐색하는 능력에 자신감을 갖는 강력한 도구가 될 수 있다.

과각성

분노 느끼기,
불안 + 도망가고 싶은 욕구

조절장애

인내의 창

균형감,
통제감과 능력감

조절장애

저각성

따분한 느낌,
무감각, 피곤함 + 우울

멘탈 노트

한 달 동안 매일 하루를 마무리하며 5분씩 다음 사항을 성찰해 보자.

*곰곰이 생각해 보면 오늘 나의 인내의 창과 관련하여 나는 어디쯤 있는가? (예: 나는 만족감을 느끼니 인내의 창 안에 있다. 혹은 너무 불안했으니 나는 인내의 창을 넘은 것 같다.)

*긍정적이든 부정적이든 어떤 상황이 이에 기여했을 수 있는가? (예: 숙면, 지루한 하루, 사랑하는 사람과 갈등)

*위와 같은 상황에 당신은 어떤 이야기를 연관시켰는가? 이 이야기가 현재 나의 감정 상태에 기여했을 가능성이 있는가? (예: 일어난 일에 대해서 나 스스로 이야기하고 있는 것은, '내 파트너가 더 이상 나를 사랑하지 않는다는 것'이며, '나는 …… 하는 것이 당연하다'는 것이다.)

*앞으로 이러한 상황에서 나에게 도움이 될 만한 어떤 것을 상기시킬 수 있을까? (예: 나는 스스로 그 이야기는 사실이 아니라고 생각할 수 있다. 오늘은 오늘이고 내일은 다를 것이라고 생각할 수 있다.)

한 달이 지나면, 당신은 어떻게 사물에 반응하는지, 왜 반응하는지에 대한 정보를 얻을 수 있을 것이다. 여기에는 앞으로 이를 개선할 방법에 대한 아이디어가 포함된다.

5.
자기 조절
Self-Regulation

자신을 진정시키는 방법

당신은 자신을 완벽주의자라고 설명하겠는가? 화가 났을 때, 당신은 의식적이고 사려 깊게 반응하기보다 그 순간의 충동적인 감정으로 반응하는가?

어쩌면 당신은 그런 상황에서 완전히 뒤로 물러설지도 모른다. 당신은 스트레스를 많이 받으면 음식이나 술 등 물질에 의존하는 편인가? 또 높은 수치심을 자주 느끼는가? 만약 그렇다면 이 장에서 설명하는 내용이 당신에게 도움이 될 것이다. 자기 조절self regulation은 하나의 기술이지, 가지고 태어나는 것이 아니다.

자기 조절이란 무엇인가?

자기 조절, 특히 정서적 자기 조절이란 강렬한 감정을 의도적으로 줄이고 앞 장에서 설명한 것처럼 스스로 '인내의 창' 안으로 돌아갈 수 있는 능력을 말한다.

일반적으로 우리는 공동 조절co-regulation이라 불리는 상호작용의 과정에서 부모나 양육자를 통해 자기 조절을 배운다. 이러한 배움은 한 어른이 아이에게 정서적으로 안정된 환경을 제공하고, 따뜻하게 대하며 반응을 잘해 줄 때, 또는 그들 자신의 행동을 통해 자기 조절을 보여 줄 때 생긴다.

유아기에, 우리는 음식을 먹고 청결을 유지하고 환경적 자극에 대응하는 것과 같은 조절 욕구의 많은 부분을 어른들에게 의지해 충족한다. 그뿐만 아니라 이 시기에 우리는 우리의 감정적 신호에 민감하게 반응하고, 고통스러워하면 즉각 달래주는 보호자에게 의존한다. 시간이 흘러 십 대의 혼란기에 이르게 되더라도 이 공동 조절의 욕구는 어느 측면에서는 그대로 유지하게 된다. 그래서 공동 조절을 효과적으로 경험한 사람들은 평생 경험할 수 있는 강렬한 감정들을 건강하게 다룰 수 있게 된다.

그러나 안타깝게도 모든 사람이 어린 시절에 최고로 좋은 공동 조절의 경험을 갖게 되는 것은 아니다. 그리고 '아직 배우고 있다'라고 간주 되는 아이들과는 달리, 어른들은 어른이기에 어떻게 일을 잘 처리하는지 '이미 알고 있을 것'이라고 간주하는 경우가 많다.

이처럼 우리는 대체로 생애 초기에 건강한 자기 조절 모델을 갖추지 못했는데도 불안과 분노, 그 외 다른 감정들을 다룰 방법을 알 것이라고 기대한다. 즉 사회적으로 적합하면서도 우리 개인의 안녕 및 관계에서도 유익한 방법을 알 것이라는 기대 말이다.

자기 조절의 방법과 시기

이쯤에서, 좋은 소식은 처리하기 어려운 감정을 다룰 수 있는 능력을 개발하기에 우리가 너무 늦지 않았다는 것이다. 생애 초기 모델이 없는 경우라도 자기 조절을 키울 수 있는 실습들은 수 없이 많다.

앞 장에서 설명한 인내의 창으로 돌아가 보자. 우리는 그 인내의 창을 벗어나면 과다 각성hyperarousal 또는 과소 각성hypoarousal 상태로 떨어질 가능성이 크다는 것을 알았다. 그렇게 되었을 때, 그 상태들을 조절하는 데 유용한 각각의 다른 접근 방법이 필요하다.

*과다 각성일 때는 그것을 하향 조절하는 방법, 즉 아래로 끌어내리는 방법을 알아야 한다.
*과소 각성일 때는 그것을 상향 조절하는 방법, 즉 적절한 불안(그렇다. 그런 것이 있다!)이나 흥분을 일으키는 방법이 있어야 한다.

실습 내용을 읽다 보면, 실습마다 화살표가 있는 것이 보일 것이다. 아래를 가리키는 화살표가 있는 실습들은 상태가 고조되어 하향 조절이 필요할 때 도움이 된다. 위를 가리키는 화살표가 있는 실습들은 기분이 하락하여 상향 조절이 필요할 때를 위한 것이다. 위쪽 화살표와 아래쪽 화살표가 모두 있는 실습들은 두 가지 상태에 모두 유용하다. 우리는 스스로 필요한 것이 무엇인지 파악하여, 가장 필요한 실습을 일상생활에서 실천할 수 있다.

자기감sense of self이 확립되어있는 사람들은 소용돌이치는 사고, 생각의 함정(3장에서 언급한), 얕은 호흡, 위경련 그리고 그 외 온갖 '증상'과 같은 내부 신호를 잘 알아차리기 쉽다. 우리가 그 증상들을 알아차리기만 하면, 그동안의 경험을 통해 알고 있는 방법들로 그 감정이 고조되는 것을 막을 수 있는 조치들을 취할 수 있다.

하지만 어린 시절에 공동 조절의 모델을 경험해 본 적이 없다면, 우리는 어른으로 성장한 뒤에도 감정적 부담을 덜어내기보다는 오히려 더 가중하는 방향으로 조절 방법을 개발했을지도 모른다. 예를 들어 항상 바쁘게 지내고, 지나치게 헌신하고, 일을 미루고, 심지어 상황을 무마하거나 무감각해지기 위해 애꿎은 물건에 눈을 돌리기도 했을 것이다. 단기적으로 보면 이런 낡은 기술들이 어떤 면에서는 해롭지 않다고 여겨질지도 모르지만, 시간이 지날수록 우리는 처음에 있었던 곳보다 더 불안하고 혼란스러운 위치에 있는 자신을 발견할지도 모른다. 따라서 적절한 자기 조절의 기술을 개발하는 것은 우리의 정신 건강에 매우 중요한 요소이다.

우리의 몸은 본능적으로 자기 조절의 중요성을 알고 있다. 다음은 몸이 직감적으로 스트레스와 긴장을 방출하고 회복하는 몇 가지 방법이다.

*울기
*소리 내어 웃기
*낄낄거리기
*몸을 흔들기
*한숨 쉬기
*배에서 꼬르륵 소리가 남
*따뜻하거나 시원한 바람 맞기
*땀 흘리기
*따끔거림Tingling
*하품
*깊은 호흡

감정의 안녕을 위해 우리는 먼저 자신의 감정 상태와 자극에 대한 반응을 알아차려야 한다. 이것이 자기 조절의 기본이다. 자기를 더 잘 알 때, 우리는 자신에게 맞는 방법이 어떤 것인지 숙고해서 선택할 수 있다. 안타깝게도 우리는 종종 올바른 길이 가장 편안한 경우가 아니라는 것을 자주 발견한다.

우리가 '조절되지 않은' 상태에 있을 때는, 우리의 경계선이 '무너질' 위험이 더 커지면서 '아니오'라고 말해야 할 때 '예'라고 말하게 된다. 그때 우리는 오래된 패턴과 대처 방법에 더 매력을 느끼게 될 가능성이 커진다.

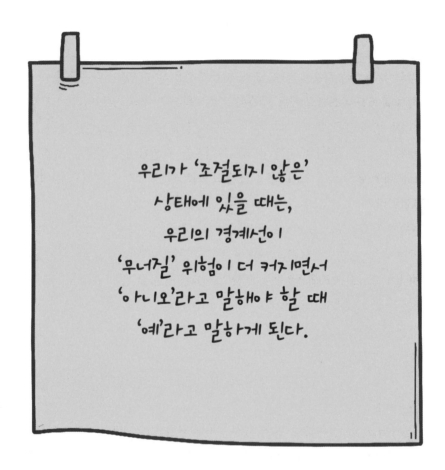

우리가 '조절되지 않은'
상태에 있을 때는,
우리의 경계선이
'무너질' 위험이 더 커지면서
'아니오'라고 말해야 할 때
'예'라고 말하게 된다.

반면에 조절이 잘될 때는, 진실하고 진정성이 있다고 생각하거나 알고 있는 것에 머물면서 오래된 패턴에 강한 에너지로 대처할 수 있다.

그런데 우리가 항상 진정성에 뿌리를 내리는 게 쉬운 일은 아니다. 그것은 많은 주의가 있어야 하는데 특히, 무언가를 시작할 때나 사랑하는 사람으로부터 반대하는 에너지가 있을 때는 더욱 그렇다.

게다가, 트리거가 촉발되거나 삶의 힘든 경험을 이해해야 하는 어려운 작업을 할 때, 우리는 인내의 창 가장자리로 계속 밀려난다. 때로는 창밖으로 나가기도 한다! 그러므로 감정적인 위로와 신체적인 위로가 더 강하게 필요한 것이다.

아직 치유되지 않은 부분을 돌보기 위해 우리는 자기 내부의 안전한 장소에 있어야 한다. 그렇다고 반드시 편한 장소에 있어야 한다는 것은 아니다. 오히려 안전은 우리가 필요할 때 '스스로 진정시킬 수 있다는 것'을 아는 것을 의미한다. 다시 말해, 우리는 신체적으로나 감정적으로 필요한 많은 부분을 돌보기 위해 자신을 의지할 수 있다는 의미이다.

자기 조절 실습들 소개

앞으로 자기 조절 실습들(호흡 작업과 감각 기법들을 포함한)이 다양하게 소개될 예정이다. 광범위한 그라운딩 실습은 물론 창의적 의식들rituals까지 소개될 것이다. 그중 일부는 하향 조절down-regulation에 적합하고, 다른 일부는 상향 조절up-regulation에 적합하다.

현실적으로 생각하면 하향 조절을 위한 실습들은 진정과 집중을 유도하고 우리를 그라운딩하게 해 줄 것이다. 상향 조절을 위한 실습들은 종종 움직임과 창의성을 당신에게 가져다줄 것이다.

앞 장의 끝부분에서 언급했듯이 훈련된 정신 건강 전문가의 지도 없이 호흡 작업이나 감각 작업 등과 같은 신체의 내부 경험에 주의를 기울이는 일은, 때때로 트라우마 경험을 가진 일부 사람들에게는 득보다는 해가 될 수 있음을 알아야 한다. 만약, 이와 같은 일이 걱정되면 당신을 도와줄 전문가를 찾는 것이 좋다.

그런데 이 책을 계속 읽다 보면, 당신은 기초적인 마음챙김 안내와 같이 평정심을 경험하게 해 주는 다양한 실습들이 있다는 것을 알게 될 것이다. 그 실습들을 통해 당신은 그저 주변을 관찰하기도 하고 다양한 창의적인 시도를 해 볼 수 있다.

자기 자신을 위한 메모Note to self: 자기 조절을 위해 침묵 속에 가만히 앉아 있을 필요는 없다! 또한 그것을 혼자서 하려고 할 필요도 없다. 안전하고 자기 조절이 잘 되는 사람들 곁에 있는 것도 고통을 조절하는데 유익하다. 그러므로 필요할 때면 언제든지 그들에게 연락하라.

그리고 늘 그렇듯이 당신의 실습이 성장하고, 움직이고, 깊어지고, 변화하도록 허용하라.

그라운딩 실습들

다음에 나오는 다양한 그라운딩 실습들은 일상에서 언제든지 도움이 된다. 특히 불안, 스트레스에 시달리거나, 무언가에 압도당하거나, 들떠있거나,

단절되거나, 화가 나거나, 공황 상태에 빠져있을 때 또는 고통스러운 생각, 행동, 감정 또는 기억에 사로잡혔을 때는 매우 가치가 있다.

또한 그라운딩 실습들은 과거의 경험이 있는 '거기, 그때'에서 벗어나 우리를 '지금, 여기'의 안전한 곳으로 돌아오게 도와줄 수 있다. 즉, 생각의 함정에 빠질 때, 플래시백flashback[36]을 경험할 때, 비참한 꿈에서 깨어날 때와 같은 상황에서는 특히 도움이 될 수 있다.

다음에 이어지는 그라운딩 실습들은 따로 분명하게 언급하지 않는 한, 눈을 뜨고 당신의 감각들을 주기적으로 확인해야 한다. 몸은 현재의 순간과 연결되는 가장 큰 문이다.

어떤 사람들은 방해받지 않고 고요히 앉아 있을 수 있는 공간을 찾아서 실습하면 더 큰 도움을 받는다고 생각하지만, 이 실습은 사실 내가 안전하고 편안하다고 느끼는 곳이라면 어디에서나 할 수 있다.

당신이 하려고 선택한 실습에 필요한 만큼의 또는 하고 싶은 만큼의 시간을 투자하라. 만약 어떤 실습에 단 몇 분 밖에 시간을 낼 수 없더라도 그것을 규칙적이고 지속해서 한다면 변해가는 경험의 차이를 알게 될 것이다.

또 다른 사람에게 효과가 있는 실습들이 당신에게는 효과가 없을 수 있다. 그러므로 제공되는 다양한 실습들을 읽어보고 관심이 가거나 혹은 도움이 될 것 같은 실습들에 모두 동그라미를 친다. 그리고 어떻게 되는지 알아보

---

36)플래시백(flashback)은 현실에서 어떠한 단서를 접했을 때 그것과 관련된 강렬한 기억에 몰입하는 현상이다. 이 현상은 단순히 과거를 떠올리는 회상과는 다른 의미이며 현실과 완전히 격리된다. 이 경험은 공포, 행복, 슬픔, 자극 등 수많은 정서에 해당할 수 있다. 이 용어는 특히 비자발적으로 기억이 회상될 때 사용된다.

기 위해 모두 시도해 본다.

앞 장에서 언급했듯이 비단 고통을 심하게 겪고 있지 않을 때도 실습하면 매우 유익할 것이다. 이러한 실습이 필요한 상황이 오기 전에 미리 익숙해질 수 있다면, 힘든 일이 닥쳤을 때 지금 훈련한 실습이 더 쉽게 활용될 수 있다.

어떤 날에는 당신이 선택한 실습을 할 수 있는 한 철저히 해 보라. 그렇게 하면 무언가 다르게 느껴질 것이다. 괜찮다. 허용해 보라. 그리고 당신의 의식을 현재의 안전한 장소, 당신이 있는 방, 소리, 색깔, 주변 환경으로 의식을 되돌려 놓을 수 있게 나머지의 시간을 할애하면서 각자의 실습을 마무리한다.

5-4-3-2-1 감각 기법

우리를 그라운딩하게 해 주는 5-4-3-2-1 감각 기법을 사용함으로써, 우리는 아주 작은 것들까지 의식적으로 받아들일 수 있게 된다. 그때는 평소보다 더 건강하고, 마음챙김의 방식으로 자신의 환경에 연결할 수 있도록 해 준다.

1. 호흡을 깊고, 길게 한다.
2. 주변에서 보이는 것, 다섯 가지를 기록하고 이름을 말한다.
3. 주변에서 만질 수 있는 것, 네 가지를 기록하고 이름을 말한다.
4. 외부에서 들리는 것, 세 가지를 기록하고 이름을 말한다.
5. 냄새를 맡을 수 있는 것, 두 가지를 기록하고 이름을 말한다.
6. 맛볼 수 있는 것, 한 가지를 기록하고 이름을 말한다.

4-4-4 호흡법

4-4-4 호흡법은 걱정과 불안이 찾아올 때, 몸과 마음에 평온함을 느끼게 해주는 빠르고 접근 가능한 방법이다.

1. 발을 바닥에 잘 붙이고 등을 곧게 펴면서 시작한다.
2. 속으로 '1,2,3,4' 숫자를 세면서 숨을 들이마신다.
3. 숨을 참는다. 이때도 '1,2,3,4' 숫자를 센다.
4. 그리고 '1,2,3,4' 숫자를 세면서 숨을 내쉰다.
5. 위의 과정을 2분 동안 반복한다.

감각 기법들

우리 감각의 신체적 특성에 초점을 맞추면 즉, 나의 감각에 온전한 주의를 기울이면 현재의 순간에 머무는 힘이 생긴다. 예를 들어 우리는 일상에서 손으로 물건 하나를 들거나 만지면서 동시에 눈으로는 또 다른 물건을 보는 일을 얼마나 자주 하는가? 또는 무언가를 먹으면서 팟캐스트podcast[37]를 듣는 일도 자주 한다. 우리는 대부분의 감각들을 삶의 보조 장치로 자주 사용한다. 그런데 아래의 실습들을 통해 우리는 우리의 감각들을 삶의 주요한 사건으로 보게 될 것이다.

시각 실습들

다음은 시각에 기반을 둔 세 가지 실습이다. 이 실습을 통해 당신이 필요로 할 때, 지금 여기에 있게 할 것이다. 가장 끌리는 실습을 선택하여 하루에 한 번씩 실습하는 것을 목표로 한다.

⇑ *눈의 초점을 부드럽게 만들어본다. 숨을 들이마시면서 호흡의 흐름을 따라가 본다. 숨이 코로 들어와 폐에 도달할 때까지 호흡을 알아차린다.

---

37)팟캐스트(podcast)는 시청 또는 청취를 원하는 사용자들이 원하는 프로그램을 선택하여 자동으로 구독할 수 있도록 하는 인터넷 방송이다.

숨을 내쉬면서 숨이 몸에서 떠나는 것을 따라가 본다. 숨이 폐, 코, 입에서 나가는 것을 알아차린다. 이런 식으로 5분 동안 호흡을 관찰한다. 호흡의 이 놀라운 메커니즘을 인정하자.

↓ *주변에 있는 물건들 즉 장식품이나 그림, 카펫, 가구 등을 둘러본다. 그 중 하나를 골라 초점을 맞춘다. 그것을 자세히 관찰한 다음 머릿속으로 묘사해 본다. 색상, 질감, 모양, 패턴 등을 기록한다. 그렇게 함으로써 당신이 보고 있는 대상과 당신이 있는 공간에 대한 느낌이 어떻게 바뀌는지 한 번 바라본다.

↓ *앉아 있든, 서 있든 발을 본다. 먼저 주의를 발목 아래쪽으로 기울인 다음, 천천히 주의를 발바닥 쪽으로 이동한다. 그리고 다음은 주의를 발가락 쪽으로 이동한다. 시선이 머무는 각각의 부위에 세심한 주의를 기울이고 어떤 감각이든 자기 몸에 나타나는 모든 감각에 주의를 기울인다.

청각 실습들
다음은 소리를 마치 닻anchor[38]으로 삼아보는 두 가지 실습이다. 이것들을 통해 우리는 지금 여기, 현재에 있게 된다. 당신이 가장 끌리는 것을 선택해 하루에 한 번씩 실습하는 것을 목표로 삼는다.

↓ *노래 하나를 선택하여 재생한다. 앉아 있어도 되고, 서 있어도 된다. 주변에서 들려오는 음악을 그냥 들으면서 집중한다. 창밖을 보고 싶거나, 전화기를 확인하고 싶거나, 무언가 다른 것을 하고 싶은 충동이 들 때마다, 들려오는 소리에 주의를 부드럽게 돌린다. 음악을 들을 때, 몸에서

---

[38]배가 정박하기 위하여 바다 밑으로 내리는 닻(anchor)을 뜻한다. 한편, 앵커링 효과(Anchoring effect)는 배가 정박할 때 닻을 내려서 움직이지 않게 하는 것처럼 사람의 마음을 그라운딩 하게 만드는 데 닻이란 표현을 사용하기도 한다.

무엇을 알아차리는가? 노래 한 곡을 듣는 동안 그냥 '존재'하라.

↓ *에이에스엠알ASMR³⁹⁾을 사용해 본다. ASMR은 '자율 감각 쾌락 반응 Autonomous Sensory Meridian Response'의 약자다. 이것을 들어본 적이 없다고 해도 걱정할 것 없다. 당신만 그런 것이 아니기 때문이다. 그것은 속삭임이나 긁힘, 두드림과 같은 청각적, 시각적 자극에 반응해서 때때로 두피나 목, 등, 팔에 나타나는 따끔거리는 감각을 말한다.

한 연구에 따르면, 전 세계 인구의 약 20퍼센트가 강한 ASMR을 경험한다고 한다. 그러니 온라인에서 그것에 대해 찾아보고 스스로 어떻게 생각하는지 알아보라. 만약 ASMR의 한 가지 스타일이 당신에게 효과가 없다면, 또 다른 스타일의 ASMR로 자유롭게 실험해 본다. 비록 과학적 연구의 초기 단계이기는 하지만, 지금까지의 피드백을 보면 이완과 스트레스 해소, 불면증에 크게 도움이 될 수 있다고 한다.

후각 실습들

다음은 향기에 기반한 매력적인 실습 두 가지이다. 이 실습을 통해 당신은 필요할 때 현재의 순간에 더 깊이 머물 수 있을 것이다. 가장 끌리는 것을 선택해 하루에 한 번씩 실습하는 것을 목표로 삼는다.

↓ *당신이 좋아하는 향초를 찾는다. 이끼나 잔디와 같은 흙냄새에 끌리든, 깨끗한 빨래나 달콤한 쿠키의 향에 끌리든, 그저 자신이 좋아하는 것을 고른다. 그런 다음, 촛불을 켤 조용한 공간을 찾는다. 초가 녹기 시작하

---

39)자율 감각 쾌락 반응(autonomous sensory meridian response, ASMR)은 주로 청각을 중심으로 하는 시각적, 청각적, 촉각적, 후각적, 혹은 인지적 자극에 반응하여 나타나는, 형언하기 어려운 심리적 안정감이나 쾌감 따위의 감각적 경험을 일컫는 말이다. 흔히 심리 안정과 집중에 도움을 준다고 알려진 백색소음 등의 새로운 활용으로 볼 수 있다.

는 것을 바라본다. 향이 당신에게 도달하기 시작할 때를 주목한다. 향은 일정한가? 향은 진동하나? 당신은 그것을 어떻게 묘사할 수 있는가?

↓ *마음에 드는 책을 골라 책장을 펴서 코로 가져간다. 숨을 들이마시면서 책장에서 나는 냄새를 알아차린다. 그 책의 향은 어떠한가? 무슨 냄새가 나는가? 그 순간 당신의 몸은 무엇을 알아차리고 있는가? 오래된 책이든, 새 책이든 상관없다. 당신이 원하는 대로 선택하면 될 것이다.

미각 실습들

↓ 다음은 당신이 원할 때 현재에 더 깊이 머물 수 있게 해 주는 미각에 기반한 실습이다.

혼자만의 시간+초콜릿=내가 할 수 있는 그라운딩

1. 약간의 초콜릿을 가지고, 조용하고 편안한 장소를 찾는다.
(손놀림이 빠르고 초콜릿을 좋아하는 사람들로부터 멀리멀리 떨어진다!)
2. 초콜릿 한 조각을 떼어 손으로 가져온다.
3. 잠시 숨을 쉬면서 지금 여기에 있는 것이 어떤 느낌인지 알아차린다.
4. 손에 들고 있는 초콜릿에 주의를 기울인다. 모양과 색깔 그리고 당신이 그것에 보이는 모든 반응에 주목한다.
5. 그것을 코로 가져가서 어떤 향기가 가장 먼저 나는지 알아차린다. 예상보다 강한가? 미묘한가?
6. 그것을 삼키고 싶은 충동을 알아차린다. 그런 뒤, 당신의 초점을 손에 있는 조각으로 부드럽게 돌려놓는다. 나머지 초콜릿은 나중에 당신을 위한 것이라는 것을 알아차린다. 지금은 그라운딩의 목적을 위해 이 조각에만 집중한다.
7. 이제, 초콜릿 조각을 입에 넣고 어떤 맛과 어떤 향이 나는지 알아차린다. 가능한 한 오랫동안 입에 물고 있으면서 초콜릿이 녹는 것을 알아

차리고, 혀끝에서 번지는 식감과 맛을 탐색한다.

8. 초콜릿이 녹으면 다시 미각으로 주의를 돌린다. 맛이 얼마나 진한가?

9. 호흡과 몸에 주의를 돌린다. 이제 쉬면서 당신이 어떻게 느끼는지 알아차린다. 실습을 시작할 때의 느낌과 다른가?

촉감 실습들

다음은 필요할 때 현재의 순간에 더 온전히 머무를 수 있게 도와주는 촉감에 기반을 둔 실습들이다. 가장 끌리는 것을 선택해 하루에 한 번씩 실습하는 것을 목표로 한다.

↑ *근처에 있는 물건을 만져본다. 그것을 집어 올릴 수 있는가? 그렇다면 무게에 주의를 기울인다. 무거운가? 가벼운가? 그것의 온도는 어떠한가? 따뜻한가? 차가운가? 아니면 온도가 달라지는가? 질감에 주의를 둔다. 구체적으로 말할 수 있는가? 그 물건을 자세히 관찰하고 탐구했다면, 그 과정에서 당신이 느꼈던 느낌이나 감각을 알아차리면서 그 물건을 원래의 자리에 가져다 놓는다.

↑ *냉동실에서 얼음을 꺼내 손에 쥐어본다. 처음의 느낌은 어떠한가? 차갑고, 또 뭔가 느껴지는가? 그 얼음이 손에서 녹기 시작하는 데에는 얼마의 시간이 걸리는가? 녹기 시작하면 쥐는 느낌이 달라지는가? 손의 각 부분에서 똑같이 느껴지는가? 온도와 손끝의 느낌에 초점을 맞춘 다음 주의를 돌려 손등과 손바닥에 초점을 맞춘다. 손으로 얼음을 쥐면 얼음의 차가움에 집중적인 주의가 가기 때문에 의식을 현재의 순간으로 돌리는 데 매우 효과적이다.

↑ *차가운 물이 담긴 대야에 손을 넣고 어떤 감각이 느껴지는지 주의를 기울인다. 차가운 감각에 익숙해졌다면, 차가운 물과 따뜻한 물에 번갈아

손을 넣어본 다음, 그 두 가지 경험에서 느낀 감각의 차이에 주의를 기울인다.

↑ 두드림 실습Tapping Practice

때로는 우리가 과소 각성 상태에 있을 때 (4장 157쪽 참조), 우리를 '깨우는' 그라운딩 기법이 필요하다. 그 기법을 통해, 우리의 인식력과 생명력이 향상된다. '탭핑EFT'[40] (또는 감정 자유 기법이라고 불리는 기술)은 언제든지 사용할 수 있는 간단하고 효과적인 방법이다.

다음은 앞서 언급한 높은 인식력을 당신의 몸 전체에 전달하기 위해 특별히 고안된 두드림 실습이다.

1. 2초에 두 번 정도 두드리는 속도로 오른쪽 손바닥과 손가락으로 왼쪽 손등을 두드리는 것으로 시작한다. 이것은 단지 당신이 목표로 해야 할 두드림의 속도를 전달하기 위한 시도이기 때문에 너무 정확할 필요는 없다.
2. 어느 정도의 리듬감이 잡히면, 몸의 각 주요 부위를 30초 정도 두드린다. 그런 다음, 팔뚝으로 이동하여 두드린다.
3. 그런 다음, 왼쪽 어깨로 가서 가슴으로 이동하고, 왼쪽 몸통으로 내려갈 때는, 오른손으로는 앞부분을 두드리면서 동시에 왼손으로는 몸의 뒤쪽을 두드린다.
4. 몸의 왼쪽 하반신을 두드린다. 허리, 엉덩이, 허벅지, 종아리, 발 순서로 두드린다.
5. 몸의 왼쪽을 다 끝낸 후 일어서서 몸이 어떻게 느껴지는지 알아차린다.

---

40)EEFT(Emotion Freedom Technique)은 몸의 경혈 타점을 자극하여 부정적 감정을 내려놓게 하는 방법으로 각 타점을 손가락으로 가볍게 두드리는 동시에 경락 기능을 회복하고 부정적 감정이 사라지는 원리의 치료법

몸의 왼쪽과 오른쪽이 다르게 느껴지는가? 그렇다면 어떻게 다르게 느껴지는가? 그 다른 감각을 설명할 때, 어떤 단어들을 사용할 것인가?

6. 잠시 몸의 감각을 느끼고, 준비가 되면 왼손으로 몸의 오른쪽 전체를 두드리기 시작한다.

7. 몸의 오른쪽을 두드린 후, 다시 일어나서 몸이 어떻게 느끼는지 주목한다.

5분 테라피: 당신에게 고요함이 무엇인지 생각하라

다음과 같은 질문을 자신에게 한다.
*'고요함'은 나에게 어떻게 보이는가?
*'고요함'은 나에게 어떤 느낌인가?
*'고요함'을 생각할 때 어떤 색깔, 이미지, 맛, 감각이 떠오르는가?

당신의 일기장이나 휴대폰 또는 가장 편한 곳에 이것들을 기록한다.

마음챙김 실습

지금까지 제시된 그라운딩 실습에 마음챙김 실습이 포함되는 것은 우연이 아니다. 마음챙김의 핵심 목적 중 하나는 삶에 대한 당신의 인식력을 높이는 것이다.

어떤 사람들은 마음챙김이라는 단어에 거부감을 느낄 수 있다. 그럴 수 있다. 최근 몇 년간 마음챙김 실습에 얼마나 많은 관심이 쏟아졌고 또 그것 때문에 이 용어가 얼마나 남용됐는지를 생각하면 이해할 만한 일이다.

179

만약 당신이 회의적인 태도로 마음챙김에 접근하고 있다면, 걱정할 필요 없다! 나도 심리치료 트레이닝을 받는 동안 비슷한 경험을 한 적이 있었다. 내가 마음챙김에 대해 회의적이라는 것을 나의 선생님에게 말했을 때, 그녀는 '좋아요! 그런 일은 좋은 거예요. 시간이 지나면 당신은 가장 큰 이익을 보게 될 겁니다'라고 말했다. 나는 그 말을 완전히 믿지는 않았지만, 예의 바르게 고개를 끄덕였다. 그런데 놀랍게도 그녀가 전적으로 옳았다(라고 뒤늦게나마 말할 수 있다). 처음에는 하찮다고 생각했던 것이 이제는 내게 매우 귀중한 실습이 되었다.

마음챙김은 다음과 같은 것이 아니다.

*아무 생각도 하지 않거나 텅 빈 마음 상태를 얻으려는 것
*원치 않는 경험을 없애려고 시도하는 것
*결코, 산만하지 않은 것
*긍정적인 면에 집중하고 불편함을 무시하는 것
*명상과 생활습관의 변화를 통해서만 성취할 수 있는 것

마음챙김은 다음과 같은 것이다.

*어떠한 감정과 감각 그리고 생각이 존재하는지를 인식하는 것
*지금 이 순간을 있는 그대로 경험하는 것
*(만약!) 마음이 산만해진다면 부드럽고 의식적으로 마음을 재정비하는 것
*불편한 감정을 가지고도 '존재'할 수 있는 수용력을 키우는 것
*사물을 우리가 원하는 대로가 아니라, 있는 그대로 받아들이는 단계

예를 들어 이 글을 쓰는 지금, 나는 밖에 나와 있다. 화창한 수요일 아침이다. 더블린Dublin 시내 중심부의 조용한 날, 하늘은 푸르고 가벼운 바람이 불

고 있다. 한 무리의 새들이 탑 주변을 돌고 있다. 나는 이 순간이 어제의 나를 다시 채워 주고 내 앞날을 위해 내게 영양분을 주고 있다는 것을 느낄 수 있다. 이것이 바로 마음챙김이다. 마음챙김은 지금 이 순간에 있는 것이다. 감각, 몸, 호흡을 지금 이 순간, 있는 그대로 경험하는 것이다.

그것을 훈련하는데 옳고 그른 방법은 없다. 그 목적은 주의를 분산시키지 않고 마음챙김 훈련을 계속하는 것이 아니다. 그것은 마음이 방황하는 현재의 순간을 알아차리고 살며시 되돌아오는 것이다. (내가 '마음이 방황할 때'라고 말하는 것에 주목하라. 마음이 방황하는 것은 우리 모두에게 불가피한 일이기 때문이다!)

5분 테라피: 이 책에 주의를 기울이기

마음챙김의 개념이 무엇을 의미하는지 알게 되었다면, 이 책을 마음챙김 실습의 대상으로 삼을 수 있는가? 그냥 책을 무릎 위에 놓고 계속 읽으면서, 만약 그렇게 하는 것이 안전하다고 느껴진다면 당신의 현재 순간을 경험하는 시간을 가져보라. 기분이 어떠한가?

↓ 소리를 펼쳐보라

1. 편안한 곳을 찾은 다음, 부드럽게 눈을 감는다. 만약 눈을 뜨고 있는 것이 더 편하게 느껴진다면 그저 시선을 아래로 두고 부드러운 초점을 유지한다.

2. 주변의 소리에 귀를 기울인다. 그리고 그 소리가 당신의 의식 속으로 들어오게 허용한다. 방 안에 앉아 있다면, 방 안에서 나는 소리에 귀를 기울인다. 아마도 그 소리는 시계 소리, 문이 삐걱거리는 소리, 다른 방에서 나는 발소리일 것이다. 그리고 밖에서 나는 소리도 알아차린다. 아마도

그 소리는 차 소리, 새소리, 사람들의 이야기 소리, 바람 소리, 창문에 부딪히는 빗소리일 것이다. 어떤 소리에도 집착하지 말고 그저 각각의 소리를 알아차리고 그것들이 흘러가도록 내버려 둔다. 이 순간, 당신이 해야 할 할 유일한 일은 소리를 관찰하는 관찰자로 있는 것이다.

3. 소리를 듣고 있으면 마음이 방황하기 시작하거나 특정한 소리에 집착하여 소리에 담긴 이야기에 몰두하게 되는 것을 알아차릴 수 있다. 이것을 알아차리면 판단하지 않고 부드럽게 다시 돌아오면 된다. 그저 알아차리고 놓아준다. 여기서 원하는 만큼 충분한 시간을 보내라.

⓵ *나 자신을 초대하기*

오늘날, 한 가지 일에 온 신경을 쏟을 수 있다면 우리는 운이 좋은 것이다. 왜냐하면, 우리에게는 해야 할 많은 일과 다양한 역할이 늘 있기 때문이다. 내가 나를 찾아온 내담자와 함께하고 싶은 실습은 '나 자신을 초대하기'라고 불리는 것이다

1. 조용한 장소를 찾아 앉거나 헤드폰을 끼고 명상 음악을 켠다. 당신이 가장 좋아하는 편안한 음악이나 유튜브에서 로파이[41] 비트lo-fi beats를 찾아 틀어본다. 마음이 편안해지면 눈을 감가나 시선을 아래로 두면서 부드러운 초점을 유지한다.
2. 있는 그대로의 호흡에 주의를 기울인다. 호흡은 몸 어디까지 도달하고 있는가?
3. 숨을 깊이 들이마시고 배가 팽창하고 가슴이 올라가는 것을 알아차린다.
4. 앉아서 들락날락하는 숨을 잠시 지켜본 뒤, 마음이 어디로 향하고 있는지 알아차린다.
5. 이제 당신 내면의 모든 부분들parts을 부드럽게 초대한다. 동시에 그 부분

---

41)저음질(low fidelity)의 약자로, 음악 장르로서 로파이는 음질을 의도적으로 열화시켜 LP나 카세트 테이프로 듣던 음악처럼 지직거리는 질감을 가진 것이 특징인 음악이다.

들이 담당하는 역할들을 내려놓고 현재의 순간으로 초대한다. 우리의 마음은 다양한 부분들로 구성되어 있을 것이다. 일에 몰두하는 부분, 출퇴근을 생각하는 부분, 지금 하는 일을 생각하는 부분, 나중에 해야 할 일을 생각하는 부분, 오늘 저녁 식사 메뉴가 무엇인지 생각하는 부분, 이번 주말에 아이들과 무엇을 해야 할지 생각하는 부분, 오늘 밤 TV에서 무엇을 하는지 생각하는 부분들로 구성되어 있을 것이다.

6. 각 부분을 인식하면서 지금 여기로 모두 초대한다. 각 부분이 원래의 자리로 다시 돌아갈 수 있다는 것을 예상하면서 말이다. 기꺼이 오는 부분이 있는가? 잠시 역할을 내려놓는 것을 꺼리는 부분이 있는가? 어떤 판단이나 비판은 되도록 하지 않는다. 그냥 초대하고 알아차린다.

7. 이제, 잠깐 시간을 갖고 준비가 되었다고 느껴지면 살며시 눈을 뜬다.

↓ *다과 시간 의식Ritual*

나는 '시간이 없어'와 '너무 바빠'라는 말을 자주 내뱉곤 한다. 나는 김 씨, 양 씨 그리고 아, 조 씨 때문에 느긋하고 여유롭게 즐길 나 자신만의 시간이 없다고 계속 느낀다. (그래도 저녁에 몇 시간 동안 휴대폰으로 검색하거나 탐정소설에 빠져 있을 시간은 있다)

나 자신을 위한 시간을 마련하지 못함으로써 다소 어리석은 상황에 처하게 됐다. 조절장애가 발생할 가능성이 커졌고, 스트레스의 증가와 사소한 일로 주변 사람들에게 화낼 가능성도 커졌다.

어느 날 저녁, 나는 내가 참여하고 있는 워크숍의 프로그램을 찾는 것이 얼마나 어려운지, 얼마나 시간이 필요한 것인지 친구에게 하소연하자, 사랑스럽지만 무뚝뚝한 친구는 내게 이렇게 말했다. '아침에 홍차를 넉 잔이나 끓이면서 어떻게 시간이 없어?'

그녀는 놀리고 있었지만, 나는 그녀의 메시지를 똑똑히 들었다. 나는 시간이 있었다. 단지 그것을 적절하게 활용하지 않았을 뿐이다.

나는 내가 필요로 하는 일에 집중하는 대신에 '해야 할' 일에 대한 이야기에 사로잡혀 표류하고 있었다.

그런 깨달음이 있고 나서 나는 내 삶에 현존과 느림 그리고 평정심을 의도적으로 가지고 오기로 했다. 그 방법은 간단하다. 홍차 끓이는 일을 하나의 의식으로 만든 것이었다.

홍차 끓이는 일은 우리가 보통 자동조종autopilot 모드로 하는 일 중의 하나이다. 생각해 보라. 마지막으로 홍차를 끓였던 때는 언제였는가? 그때 또 무엇을 했는지 기억이 나는가? 당신이 나와 비슷한 사람이라면 해야 할 일 목록에 어떤 게 남아 있는지 생각하면서, 10년 전에 했던 창피한 말도 떠올리면서 동시에 무엇을 먹을지를 생각할 가능성이 있다.

마음챙김으로 홍차를 끓이고 마시는 일은, 우리가 모두 활용할 수 있는 평범한 명상 실습이다. 마음챙김으로 해 본다면 그 평범한 일상의 활동이 본질적으로 바뀔 수 있을 것이다. 당신이 선택한 음료가 굳이 홍차가 아니어도 걱정하지 않아도 된다. 커피, 허브차, 핫초코 등도 좋은 효과를 낼 것이다.

이 단순한 활동을 그라운딩 의식으로 만드는 방법은 다음과 같다.

1. 주전자를 올려놓고 그냥 현존하라. 생각이 떠오르거나 주의가 산만해지는 것을 알아차리면, 부드럽게 현재의 순간에 일어나고 있는 일로 돌아온다. 당신은 달리 할 일이 없다.
2. 티백을 당신이 가장 좋아하는 머그잔에 넣는다.

3. 주전자가 끓으면 티백 위로 물을 붓는다. 물이 티백 위로 떨어지는 소리, 물이 컵을 채우는 소리를 귀 기울여 듣는다.

4. 티백이 팽창하고 물로 채워지는 것을 바라본다.

5. 물의 색깔에 주목하라. 변화가 있는가? 색깔의 이름을 말할 수 있는가?

6. 머그잔에서 증기가 피어나는 모습을 바라본다.

7. 차를 가지고, 조용하고 편안하게 앉을 장소를 찾는다.

8. 코로 숨을 깊게 들이마시고 입으로 내쉰다. 숨을 내쉬면서 숨이 발가락까지 내려가는 것과 모든 스트레스와 긴장이 몸에서 떠나는 것을 상상해 본다.

9. 손끝에 닿는 컵을 느껴 본다. 무엇을 알아차리는가? 매끄러운가? 거친가?

10. 컵을 코 밑에 둔다. 무슨 냄새를 맡을 수 있는가? 당신은 애호가가 되거나 차 소믈리에[42]가 될 필요는 없다. 재스민이나 담배의 미묘한 느낌을 감지할 수 없어도 괜찮다. 그저 그것에 무엇이 있는지 탐색해 본다. 달콤한 냄새가 나는가? 흙냄새가 나는가? 꽃향기가 나는가?

11. 입술에 닿는 컵의 감촉과 첫 모금에 느껴지는 차의 느낌을 그대로 받아들여라. 한 모금을 마실 때마다 차가 입에서 목으로, 배로 옮겨갈 때의 따뜻함을 느껴 보자.

12. 이제 잠깐 쉬자. 한 모금을 마실 때마다, 그 순간들의 감각과 경험을 받아들이고 음미한다.

↓ 감싸기

자신을 위로하는 -간단하지만, 효과적인- 이 방법은 많은 내담자에게 큰 인기를 끌고 있다. 잠시 후 당신은 그 이유를 알게 될 것이다! 원한다면 부드러운 알람을 15분 동안 설정할 수 있지만, 그냥 시간이 날 때 하는 것도

---

42)와인의 여러 종류를 경험하고 고객에게 맞는 와인을 추천해주는 사람을 '소믈리에'라고 부르듯 차(TEA)의 많은 종류를 테이스팅(Tasting)하고 차의 특징과 배경을 고객에게 소개하는 전문가를 차 소믈리에(Tea-sommelier)라고 한다.

좋다.

1. 조용하고 편안한 곳에 눕거나 앉아 이불이나 담요로 몸을 감싼다.
2. 담요를 몸에 두르고 휴식을 취하면서 당신을 감싸고 있는 편안하고 아늑한 느낌에 주의를 기울인다.
3. 마음이 방황하거나 생각이 떠오를 때 그것들과 싸우지 않는다. 이불이나 담요의 느낌 그리고 안전한 피난처에서 보호받는 느낌을 통해 당신의 의식을 현재, 이 순간으로 되돌릴 수 있다.

↓ 감사함을 표현하기
많은 연구에 따르면 우리가 감사하는 마음을 갖고 일상에서 실천하면 스트레스가 줄어들고, 건강이 좋아지며, 삶이 긍정적인 방향으로 나아가는 것을 경험할 수 있다. 이런 긍정적인 경험들은 하루하루의 분주함으로 쉽게 간과할 수 있는 것들이다.

1. 조용하고 편안한 장소를 찾은 후, 앉은 상태에서 하루를 돌아보고 일기를 쓴다.
2. 오늘 감사하다고 느끼는 모든 것을 기록하는 시간을 갖는다. 거기에는 날씨, 휴가, 건강, 특별한 우정 등 작은 것까지 모두 포함된다. 당신은 원하는 만큼 구체적으로 또는 일반적으로 쓸 수 있다.
3. ..오늘 개인적으로 느꼈던 것을 적어도 한 가지는 포함한다. 그것은 오늘 아침 처음 마신 커피 한 모금이 당신의 영혼에 닿을 때의 기쁨이 될 수도 있고, 저녁에 집에 돌아갈 때 손가락 사이로 스쳐 지나간 바람일 수도 있다. 그 경험의 세부적인 것들을 생각하고 적어 보는 시간을 갖는다.
4. ..이제 당신이 기록한 것을 읽어 보고, 오늘 당신 삶의 일부가 된 그 경험들에 대해 마음으로 감사한다. 도움이 된다면 양손을 가슴 위에 올려놓아도 된다.

5. 실습이 마무리되면 주의를 현재의 순간으로 돌린다. '감사함을 표현하기 실습'을 끝낸 지금 기분은 어떠한가? 몸에서 무엇을 알아차리고 있는가? 호흡을 깊게 한 다음 아무것도 하지 않은 채 잠시 감사하는 마음으로 머물러 본다.

창의적 의식들

펜이나 연필, 붓으로 종이에 글씨를 쓰는 작업을 하면 마음이 진정되고 자기 조절이 잘될 뿐 아니라, 생각이나 감정이 잘 표출된다.

피카소나 셰익스피어가 아니어도 걱정할 필요 없다! 창의적 실습은 예술적 역량과 상관없는 훌륭한 방법이다! 잉크의 흐름이나 붓의 휘둘림에는 특별한 규칙이 없다. 그러므로 너무 깊이 생각하지 말라. 실제로 생각이 적으면 적을수록 좋다. 아래의 창의적 실습을 마친 후, 당신이 그것들을 볼 준비가 됐을 때 거기에 어떤 메시지들이 있음을 알아차리면 된다.

↑ 다시 미래로
펜과 종이를 꺼내서 2년 후의 미래의 당신이 지금의 당신에게 편지를 써 본다. 2년 후 당신이 어떻게 살고 있는지 가능한 한 자세히 써 보자! 당신 주변의 사람들과 당신이 하는 일 당신의 바람이 현실이 된 것 그리고 당신이 사는 삶이 진실로 어떻게 보이는지 써 본다. 어떤 느낌인가? 미래의 당신이 현재의 당신에게 제공할 수 있는 미래의 자애로운 지도는 무엇인가? 또 미래의 당신이 현재의 당신에게 자비롭게 안내하는 것은 무엇인가?

↑ 하늘로부터의 영감
때때로 우리의 에너지를 보충하고 우리 자신의 균형을 되찾기 위해서 우리는 건강한 도피와 공상이 필요하다. 공상과 스토리텔링은 쓸모없는 산만함과는 거리가 멀다. 공상과 스토리텔링은 우리를 활기차게 하고, 몰입하게 하고, 그라운딩하게 하는 인간의 필수적인 활동이다.

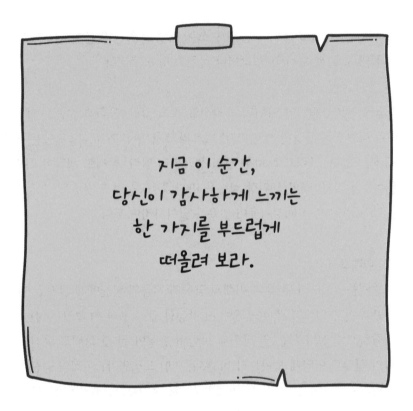

지금 이 순간,
당신이 감사하게 느끼는
한 가지를 부드럽게
떠올려 보라.

TV에 나오는 무언가를 보면서 그저 멍하니 있지 말고 종이나 펜, 노트북을 사용해 보라. 아래의 창의적 글쓰기 힌트 중에서 하나를 선택하여 사고의 흐름이 당신을 어디로 데려가는지 지켜보라. 너무 깊이 생각하지 말라. 그저 당신 자신이 놀라는 것을 허용하라.

*밤하늘이 살아 있었다.
*여름날 태양의 잔해가 시야에서 사라졌다.
*태양은 늘 그랬던 것처럼 떠올랐고 오늘이 내가 바라던 바로 그날임을 드러내지 않았다.

↑ 시금석touchstone[43] 만들기

마음의 평정을 나타내는 무언가를 우리 가까이에 두는 것은 강력한 일이다. 그것은 우리가 무언가에 압도당하거나 불안해할 때 숨을 쉬도록 상기시키는 역할을 할 수 있다. 만약 그것과 관련해서 개인적인 무언가를 만들면 더욱 좋다. 자, 우리만의 '시금석'을 만들어 보자.

1. 숨을 크게 들이마시고 잠시 참은 다음, 길게 내쉰다. 호흡의 느낌은 어떠한가? 숨을 크게 내쉴 때, 어떤 상징이나 이미지, 색깔이 떠오르는가? 어쩌면 바다나 책, 태양, 의자가 떠오를 수도 있다.
2. 물감이나 색연필, 숯, 크레파스 등 당신이 사용할 수 있는 모든 재료를 사용하여 기호나 이미지의 그림을 그린다. 당신이 원하는 만큼 시간을 들여서 그려 본다.
3. 이미지가 완성되면 하루에도 몇 번씩 볼 수 있는 가까운 곳에 그것을 배치한다.
4. 이미지를 볼 때마다 자신을 진정시키고 다시 그라운딩할 수 있는 초대장

---

43)금의 품질을 판단하기 위해 사용되는 광석인데. 여기에서는 마음의 평정을 알아차리는 판단 기준의 도구로 활용되고 있다.

의 역할이다. 스트레스를 받는 순간마다 그것은 시금석으로 작용한다. 4초 동안 숨을 들이마시고, 4초 동안 숨을 참고, 4초 동안 숨을 내쉬라는 부드러운 알림이 될 것이다.

↑ 햇빛 방울들

1. 가급적이면 당신 마음에 드는 빈 병을 준비하자.
2. 좋은 일이나 영양가 있는 일, 기운을 북돋우는 일이 생길 때마다 그 일을 종이에 적는다. 너무 자세히 쓸 필요는 없다. 그냥 기억을 상기시킬 정도면 된다.
3. 경험을 적으면서 떠오르는 색깔과 기쁨을 시각화한다. 그 기쁨이 종이에 스며드는 것을 알아차린다. 그렇게 한다고 당신이 느끼는 기쁨의 감각이 사라지지 않는다. 기쁨은 더 확장되고 풍부해진다. 당신이 휴가를 가는 것부터, 가을 단풍이 당신 발아래에서 바스락바스락 소리를 내는 것까지, 모든 것을 종이에 적을 수 있다. 세밀함의 정도도 간단하든, 세세하든 당신이 원하는 만큼 하면 된다.
4. 내가 '햇빛 방울들'이라고 부르는 이 메모들을 병에 넣는다.
5. 당신이 힘겨운 하루를 보낼 때마다 그 '햇빛 방울들'을 한 개나 두 개, 혹은 그 이상을 꺼내서 읽어 본다. 그 기억의 긍정적인 감정 덕분에 당신은 재충전될 것이다.

↓ 대라Darragh의 개

나의 인스타그램 페이지 @TheMindGeek의 최근 게시물에서, 불안감에 직면했을 때 어떻게 안정을 찾는지 팔로워들에게 물었다. 내 오랜 친구 대라는 많은 사람이 '좋아요'를 누르는 말을 남겼다.

저는 요즘 제가 가진 불안감이 그냥 창밖에서 짖는 개라고 생각하려고 합니다. 별것 아닌데 거창하게 말하고 있다는 생각이 들지만, 나

190

는 그것에 대해 확실히 인지했고 그걸로 끝이라고 생각하려고 합니다.

위의 대라의 사례로 볼 때 당신의 불안을 개로 상상한다면 당신의 불안한 개는 어떻게 생겼는가? 어떤 품종인가? 또 어떤 이름을 가지고 있는가? 개가 짖기 시작하면 당신은 개에게 뭐라고 할 것인가?

당신이 특별한 불안감을 느낄 때, 당신의 불안한 애완동물이 당신을 지키고 있는 일에 대해 어떻게 듣고, 알리게 할지 생각해 보라. 필요하다면 그 개를 밖으로 데리고 나가서 신선한 공기를 마시게 하는 것도 고려해 보라.

↑ 예술 활동Art attack
이 실습에는 종이 한 장(가급적 A3)과 종이 접시, 물감이 필요하다. 자유롭고 즉흥적으로 해 본다!

1. 종이 접시 위에 원하는 만큼의 다양한 색상을 선택하여 물감을 짠다. 각 색상의 물감은 서로 떨어트려 배치한다.
2. 선택한 색상들을 접시에 짠 후 접시를 옆으로 돌린다. 그리고 색깔들이 서로 섞이고 뭉치고 합해지는 것을 지켜보라. 색깔의 복잡한 교차, 그것이 만드는 아름다운 무늬를 보라.
3. 준비되면 접시를 종이쪽으로 가져와 비스듬히 기울인다. 그러면 물감이 흘러내려 종이 위로 떨어질 것이다.
4. 원한다면 접시를 이리저리 움직일 수 있다. 물감이 떨어질 때 손은 자연스럽게 움직이도록 허용한다.
5. 종이 위에 창조된 당신의 디자인을 관찰한다. 추가로 더 하고 싶은 것이 있는가? 손끝으로 무언가를 해 보기를 원하는가? 아니면 그대로 두고 싶은가? 지금 당신이 느끼는 직관적인 느낌을 따른다.

6. 다 끝나면, 그림을 보면서 크게 호흡한다. 지금 기분이 어떠한가? 이전에는 기분이 어땠는가? 어떤 기분이 올라오든 모두 허용하라.

5분 테라피: 장애물을 식별하기

자신을 진정시키고 자기 조절을 배우기는 쉽지 않다. 우리의 몸과 마음은 최소한의 저항, 즉 편안하고 익숙한 것을 원한다. 따라서 우리가 새로운 실습을 훈련하기 시작할 때, 힘든 싸움처럼 느껴진다면 그것은 지극히 자연스러운 일이다.

저항은 지극히 자연스러운 일이며, 당신이 낡은 패턴을 밀어내고 깨뜨리고 있다는 신호이다. 우리의 목표는 우리 자신을 압도하거나 힘겹게 하는 감정을 피하는 것이 아니라 성장이 주는 가벼운 불편함을 경험하는 것이다. 그러니 이 점을 명심하고 계속해 나가자.

다음과 같은 경우,
자기 조절 방법을 배우는 것이
어려울 수 있다

어린 시절에 공동 조절의 모델을
경험해 본 적이 없다.

과로하거나 아프거나 번아웃이 되었다.

일관되게,
다른 사람이 변해야 한다고
생각하고 있다.

나에 대해
숙고하는 시간을 만들 수 없다.

새로운 대처법을 배우기 꺼린다.

멘탈 노트

한 달 동안 매일 하루를 마무리하며 5분씩 다음 사항을 성찰해 보자.

*어떤 장애물들이 나를 방해하고 있을까? 나는 어떻게 그 장애물들을 극복
 할 수 있을까?

*어떻게 하면 내 생각과 내 몸을 이해할 수 있을까? 내 몸과 내 생각에 대해
 무엇을 알아야 할까?

*자기 조절하는 법을 배우는 것은 왜 중요할까? 이것을 마치 아이에게 설명
 해 주듯이 친절하게 설명할 수 있을까?

한 달 후에는, 조절 실습을 방해하는 장애물이 무엇인지, 일상적으로 필요
한 것이 무엇인지, 새로운 대처 기법과 관련하여 당신이 원하는 것이 무엇
인지, 자기 조절이 왜 중요한지에 대한 통찰을 만나게 될 것이다.

6.
경계 설정
Setting Boundaries

진정한 자기 돌봄을 실천하는 방법

'나 자신을 책임진다는 의미는 다른 사람들이 나를 대신해서 생각하고 말하고
내가 어떤 사람이라고 이름 붙이는 것을 거부하는 것이다.'

– 아드리안 리치/Adrienne Rich

요즘 '자기 돌봄self-care'이라는 용어가 여러 상황에서 아주 빈번히 사용되면서 그 의미가 다소 모호해지고 다른 의미로 해석되므로 이 개념을 잘 모르거나 혹은 약간 '시시하게' 느낄 수 있다. 용어의 남용이나 상업화로 인해 진정한 자기 돌봄과 누군가에게 보여 주기 위한 '해시태그hashtag[44] 자기 돌봄'을 구별하기 어려울 수도 있다. 진정한 자기 돌봄은 우리의 삶과 건강에 중요한 역할을 한다.

경계 설정setting boundaries과 자기 돌봄의 연결성

일반적으로 자기 돌봄과 경계 설정을 다른 영역으로 생각하지만 경계 설정은 자신과 다른 사람들을 진정으로 돌볼 수 있는 가장 효과적인 방법 중 하나다. 경계 설정이 다른 사람들에 대한 허용 한계와 마찬가지로 자신의 허용 한계도 만들어 주고 유지하게 하며 그것을 존중할 수 있게 한다는 것을 이해할 때 자신만의 방식으로 자기 돌봄을 할 수 있다.

---

44)소셜 네트워크 서비스SNS에서 특정 핵심어 앞에 '#' 기호를 붙여 써서 식별과 검색을 쉽게 하는 메타데이터 태그의 한 형태이다.

경계는 자신의 감정, 심리, 에너지, 신체의 허용 한계를 나타낸다. 경계는 자신을 보호하고 관계에서 안전함을 느끼도록 도우며 자신의 세상에 있는 사람들에게 그들과 어떻게 상호작용하기를 원하는지를 깨닫게 한다. 자신의 경계를 지키거나 고수하는 것은 소진burnout과 해로운 행동 그리고 원한을 품는 것으로부터 자신을 보호하여 주체의식sense of agency을 유지할 수 있고 다른 사람들의 정체성, 생각, 행동으로부터 자신을 분리할 수 있게 해 준다.

경계가 건강한 방식으로 구현될 때 자신의 행동과 감정을 책임질 수 있고 동시에 다른 사람의 정서적 짐을 짊어지거나 정서적 노동을 하지 않을 수 있다.

경계의 이로움
*경계는 자신을 안전하게 지킬 수 있도록 돕는다.
*경계는 자신의 것과 자신만의 것을 책임질 수 있도록 돕는다.
*경계는 자신의 주변 사람들이 그들 스스로 책임지는 기회를 줄 수 있다.
*경계는 건강한 관계를 돕는다.
*경계는 친밀한 관계를 돕는다.
*경계는 조종당하거나 원한을 품거나 당연하게 여겨지는 것을 피할 수 있도록 돕는다.
*경계는 자신의 삶에 어떤 사람을 허용하고 어느 정도 허용할지를 결정할 수 있도록 돕는다.
*경계는 자신의 느낌, 생각, 정체성과 다른 사람들의 느낌, 생각, 정체성을 명료하게 구별하여 유지할 수 있도록 돕는다.
*경계는 어린아이들(실제로는 어른들)에게 자신이 어떤 대우를 받아야 하는지에 대한 지침을 만들 수 있도록 돕는다.

경계를 이해하기

우리는 평생 동료 집단뿐만 아니라 어린 시절에 자신에게 본보기가 되었던 사람으로부터 경계를 배우게 된다. 부모님이 건강한 경계를 설정하지 않았다면 자신의 경계를 설정하는 데 어려움을 겪을 수 있다. 어떤 가족과 문화에서는 개인주의와 개인적 공간에 높은 가치를 부여하는 반면 어떤 가족과 문화에서는 공동체에 높은 가치를 부여하고 집단주의가 더 강하다.

우리는 어렸을 때 배운 경계 패턴을 무의식적으로 반복하는 경향이 있으며 경계에 대한 다른 개념을 가진 사람이나 상황을 접하기 전까지는 자신이 배운 경계 패턴을 반복한다. 예를 들어 어린 시절에 주 양육자가 했던 것처럼 과도하게 많은 일을 하고 다른 사람들의 필요를 충족시켜주기 위해 많은 에너지를 소모하면서 살고 있는데 비슷한 상황에 있는 다른 누군가가 '그 일을 못 하겠어요. 한 주를 바쁘게 일했기 때문에 주말에는 쉬려고 합니다.'라고 말하는 것을 듣게 된다면 상당한 충격을 받을 수도 있다. 그 말을 들은 첫 반응으로 피곤해서 안 하겠다고?! 나는 2006년도 이후로 계속 피곤해도 여전히 '예Yes!/취소시키지 마세요. 제가 할게요!'라고 말하고 있는데 저 사람은 어떻게 저렇게 말할 수 있지? 식으로 그야말로 소스라치게 놀랄 수도 있다.

상대방에게 기꺼이 받아들여지지 않거나 언짢은 느낌이 들거나 많은 감정을 불러일으켰던 상황과 관련해서 구체적인 자신의 경계나 바라는 바를 상대방에게 표현함으로써 결과적으로 자신의 필요를 존중할 수 있다. 즉 자신의 경계를 지키는 것은 자신의 감정에 약간의 관심과 주의를 기울이는 것만으로도 가능하다.

자신의 현관문을 안전하게 지키기
경계에 대한 정의를 명료하게 이해하기 위해 당신의 집 현관문을 상상해 보자.

현관문을 활짝 열어둘 때, 즉 경계가 없다면 누구든 또는 무엇이든 쉽게 들어오고 그들이 원하는 만큼 오래 머물고 그들이 원하는 것은 무엇이든 가져갈 수 있다. 그들이 무엇을 해도 당신은 '나는 괜찮아OK.'라고 할 것이라고 여기기 때문이다. 하지만 당신이 문을 닫아 두고 있을 때, 즉 단호한 경계가 있다면 당신의 주변 사람들은 문을 두드리거나 벨을 눌러서 자신이 거기에 있다는 것을 당신에게 알려야 한다. 그러면 당신은 누구를 또는 무엇을 들여보낼지 밖에 둘지를 선택할 수 있다. 이런 식으로 자신을 원하지 않는 상황에 놓이게 하는 것이 아니라 자신이 처한 상황에 따라 '저는 지금 시간이 없어요.' 혹은 '네, 들어오세요.'라고 말할 기회를 만들 수 있다.

5분 테라피 : 자신의 경계를 평가하기

삶에서 자신의 경계를 어떻게 설정하고 있는지 보다 정확하게 평가하기 위해서, 자신에게 다음과 같은 질문을 해 보자.

*아니오No 라고 말하는 데 문제가 있는가?
*다른 누군가를 위해 뭔가를 해 줄 수 없을 때 죄책감이나 수치심을
 느끼는가?
*과도하게 공유하는가?
*경계를 이기적이라고 생각하는가? 혹은 관대하다고 생각하는가?
*다른 사람을 위해 무언가를 고치려고 노력하는가?
*다른 사람의 책임을 떠맡는가?
*결정을 내리는 데 문제가 있는가?
*호의를 베풀고 나서 나중에 억울함을 느낄 때가 있는가?

*나는 '구원자'인가?
*내가 느낀 감정이나 내가 했던 반응에 대해서 자주 다른 사람에게
 서 원인을 찾거나 다른 사람을 비난하는가?
*자주 이용당했다고 느끼는가?
*내 생각/느낌이 어디에서 끝나고 다른 사람의 생각/느낌이 어디에
 서 시작되는지 알기가 어렵다는 것을 발견하는가?
*다른 사람들을 실망시킬까 봐 빈번하게 걱정하는가?
*특정한 사람들과 시간을 보내고 나면 지쳐있는 자신을 발견하는가?

대부분의 항목 혹은 모든 항목에 '예'라고 대답했다면, 어느 정도의
주장과 애정 어린 돌봄이 있어야 비로소 자신의 경계를 설정할 수 있
을 것이다.

경계의 유형

개인적 경계의 세 가지 유형이 있다.
*경직된Rigid
*투과성의Porous
*건강한Healthy

경직된 경계
경직된 경계는 다른 사람들을 단호하게 멀리하고 자신을 안으로 단단히 붙
들어 둠으로써 벽과 같은 기능을 한다. 자신의 경계가 경직되어 있다면 누
군가에게 도움을 청하지 못하며 친밀하고 가까운 관계의 어려움을 겪을 수
있다.

당신이 이것을 스스로 인식하고 있다면 누군가와 친밀해졌을 때 그 사람이 자신의 진짜 모습을 알게 될 수도 있다는 생각에 불쑥 올라오는 두려움으로 힘들어 할 수도 있으며 그 두려움을 성찰하는 것에서부터 시작할 수도 있다.

투과성의 경계

투과성의 경계로 인해 현관문이 활짝 열려 있거나 심지어 사람들을 들어오도록 할 때 문을 완전히 떼어 내기도 한다. 개인적인 정보를 과도하게 공유하고, '아니오No'라고 말하기 위해 고군분투하거나 다른 사람의 감정에도 책임감을 느낄 수 있다. 자신이 의도하든 의도하지 않든 자주 다른 사람들의 무례한 행동을 받아들이며 그들로부터 호감을 얻지 못할까 봐 두려워하기도 한다.

이 설명에서 자신을 볼 수 있다면 다른 사람들에 대한 자신의 경계를 강화함으로써 이로움을 얻을 수 있다. 먼저 자신의 건강한 허용 한계를 설정하는 데 방해될 수 있는 요인이 무엇인지 성찰하는 것으로 시작할 수 있다.

건강한 경계

건강한 경계를 가진 사람들은 죄책감 없이 '아니오No'라고 말할 수 있다는 점에서 위에서 설명한 두 극단의 중간 어딘가에 있다. 자신이 원하는 것 wants과 필요로 하는 것needs을 알리고 자신이 원하는 사람만을 받아들이기로 선택한다. 자신의 가치를 타협하지 않으면서도 다른 사람의 결정을 받아들일 수 있다.

핵심은 균형이다. 따라서 우리는 경직된 경계에 갇힌 죄수가 될 이유도 없고 투과성 경계로 인해 고통받는 자가 될 이유도 없다. 경계를 설정하는 초기 단계에서는 투과성 경계보다는 경직된 경계가 더 낫다. 경직된 경계가 반드시 건강하지 않다는 것은 아니다. 실제로 매우 유용할 수 있는 상황도 있기 때문이다. 예를 들어 항상 무엇을 하라고 지시하거나, 조롱하거나, 가스라이팅을 하는 지배적인 부모가 있다면, 우리는 자신과 교류할 상대를 매우 까다롭게 고르게 되고 자신의 관점을 누구와 공유하고 개방할 것인지에 대한 엄격한 경계를 갖게 된다.

자신이 누군가와 얼마나 많은 시간을 보낼지 혹은 얼마나 많은 것을 공유하고 하고 싶은지와 같은 경계는 다른 경계보다 더 잘 알 수 있다. 또 다른 경계는 자신이 허용 한계를 넘어서기 전까지는 뚜렷하게 알지 못할 수도 있다. 이렇게 더 미묘한 경계의 예들에는 뉴스와 소셜 미디어에 소모하는 시간이나 가족이 가족 중 한 사람에 대해 험담하거나 친구가 예고도 없이 계속 찾아와서 자신의 고통을 토로하며 공유하는 것을 기꺼이 들어줘야 하는 시간이 포함될 수 있다.

어떤 경계가 필요한지 알 수 있는 열쇠는 다른 무엇보다도 바로 자신에게 있다.

경계에 대한 일반적인 오해

'아니오No'라고 말하는 것에 대해 걱정한 적이 있거나 자신이 선택할 수 있는 사항이 아니라고 느꼈던 적이 있는가? 이런 경험을 하는 것은 당신 혼자만이 아니다. 어떠한 대가를 치르더라도 '평화를 유지'하려는 갈망은 흔히 성장 과정에서 내면화된 메시지로 지속된다. 경계를 설정하는 것이 자신의 관계에 해를 끼치는 게 될까 봐 염려된다면 걱정하지 말라. 자신의 허용 한계를 알리지 못하게 하는 몇 가지의 근거 없는 믿음들을 살펴보자.

오해 1 : 경계가 사람들을 밀어낸다.

경계에 대한 가장 일반적인 오해는 경계가 사람들을 밀어낸다는 생각이다. 역설적이게도 경계의 대부분은 우정이나 로맨틱한 관계 또는 가족이나 다른 관계에서 지속적인 연결과 친밀감을 만들어 준다. 경계가 자신과 다른 사람 모두에게 신뢰와 존중을 보여 주기 때문이다.

따라서 사람들이나 상황을 현관문을 통해 허용하는 정도와 시간에 대한 건강한 허용 한계를 설정하는 것이야말로 자신의 필요를 존중하고 자신의 정신 건강을 보호하는 것이다. 때때로 삶의 모든 관계가 다 그런 것은 아니라는 힘든 사실을 인정하는 것도 웰빙에 언제나 도움이 될 수 있다.

오해 2 : 경계는 이기적이다.
다른 사람을 깊이 배려하고 관계의 평화를 유지하고 싶을 때 경계를 설정하는 것이 이기적이라고 느껴질 수도 있으나 모든 관계는 건강하고 균형 잡힌 경계를 필요로 한다. 자신의 경계를 설정하는 것이 이기적이라고 느끼게 만드는 사람들은 경계가 없는 당신으로부터 뭔가 이득을 취하고 있는 사람들이다.

경계는 자신에게 중요한 것이 무엇인지, 자신이 누구인지, 자신의 허용 한계가 어디인지를 더 명확하게 이해하게 해 준다. 이는 자신뿐만 아니라 다른 사람들에게도 도움이 된다. 상대방의 거의 모든 말에 '예Yes'라고 하면 그 순간에는 기분이 좋을 수 있지만 해야 할 다른 일들에 과부하가 걸려 약속을 지키지 못하는 자신을 발견할 수도 있다. 결국에는 자신과 다른 사람들 모두를 실망하게 만드는 것이다. 거기에다 무언가를 하라는 요청을 받기만 해도 억울하고 짜증나는 상태가 될 수도 있다.

따라서 누군가의 제안과 요청에 '아니오No'라고 하면 그 순간에는 타인의 기대에 미치지 못했다는 실망을 느낄 수도 있겠지만 명료한 양심과 가득 찬 에너지 탱크 둘 다를 갖게 되므로 결과적으로 사람들에게 실제로 더 나은 역할을 할 수 있게 된다.

때로는 '아니오No'라고 솔직하게 말하는 것이 가장 애정 어린 태도이다.

오해 3 : 경계는 다른 누군가에게 무엇을 하라고 말하는 것이다

어떠한 관계에서도 건강한 경계를 요청할 수 있다. 이는 변화를 요청하는 것asking과 변화를 요구하는 것demanding 그리고 누군가에게 무엇을 하라고 말하는 것과는 명확하게 다름을 인식하자. 경계가 어떤 식으로든 다른 사람을 쥐고 흔들거나 요구한다고 생각한다면 그것은 분명한 오해이다.

예를 들어 우리는 형제자매에게 치료를 받으라고 요청할 수 있고 그들이 응하기를 바라지만 그들에게 요구하거나 당연한 것으로 생각할 수는 없다. 존경받는 어른 대 어른의 관계에서와 마찬가지로 상대방도 '예Yes', '아니오No'라고 하거나 그에 대한 응답으로 타협을 제안할 권리를 갖고 있다.

다른 사람들에게 경계를 알리는 것은 자신의 허용 한계를 알리는 것을 의미한다. 허용 한계를 존중해 달라고 요청하고 그것을 거부할 때 어떻게 할 것인지 명확히 해야 한다. 경계를 표현하는 예는 '당신이 계속해서 우리 부모님을 이런 식으로 말한다면 선을 넘는 대화 주제라고 생각하기 때문에 나는 대화하지 않겠다고 선을 그을 거예요.' 또는 '당신이 나에게 계속 그런 식으로 이야기한다면 나는 방에서 나갈 거예요.' 같은 것이다.

그러나 다른 사람의 두려움을 이용하거나 약탈하는 경계는 아주 빠르게 교묘한 조종이 될 수 있으므로 주의할 필요가 있다. 상대방을 조종하는 것과 달리 건강한 경계 설정은 다른 사람에 대한 통제력이나 권력을 얻는 것이 아니라 자신의 행동과 자신의 삶을 선택하게 하는 것이다. 이처럼 경계는 통제력의 초점을 상대방에 대한 통제력이 아닌 자신에 대한 통제력을 갖는 방향으로 나아가게 한다. 경계는 자신의 행동에 관한 것이며 우리는 건강한 경계와 다른 사람을 약탈하고 조종하려는 경계의 차이를 이해할 필요가 있다.

오해 4 : 가족 안에서는 경계가 없어야 한다

가족은 경계가 꼭 있어야 하는 복잡한 시스템임에도 불구하고 매우 걱정스러운 근거 없는 믿음 중 하나는 '그들은 가족이잖아.'라는 이유만으로 특정 가족 구성원의 불친절한 말과 행동들을 참아야만 한다는 오해이다.

한 가족이라고 해서 무례하거나 학대적인 행동을 할 수 있는 자유이용권이 주어지는 것은 아니다. 다른 사람들에게 허용하지 않는 행동들을 부모님과 형제자매 또는 친척들에게 허용할 이유가 없다.

많은 사람이 가족 집합체를 존중하도록 길러졌고 가족의 어떠한 것을 말하지 않도록 입을 다물게 하거나 가족 중 한 사람의 행동을 '그들의 있는 그대로' 받아들여야 했거나 겉으로는 안정적으로 보이기 위해 달걀 위를 걷는 것과 같은 매우 어려운 것을 요구받았을 수도 있다. 잘 기능하고 있는 가족 관계에서도 경계는 필요하다. 경계를 설정하는 것은 가족 집합체 안팎에서 당신을 성장하게 하며 다른 사람들의 기대에서 벗어날 수 있도록 돕는다.

자신의 관계마다 어떤 경계가 있는지 인식하기

어떠한 관계든 경계가 중심이다. 자신의 관계에서 어떤 경계는 매우 복잡하지만 어떤 것은 매우 단순한 경계도 있으며 어떤 경계는 받아들이기가 어렵고 어떤 것은 적용해서 존중하는 것이 훨씬 더 어려운 경계도 있다.

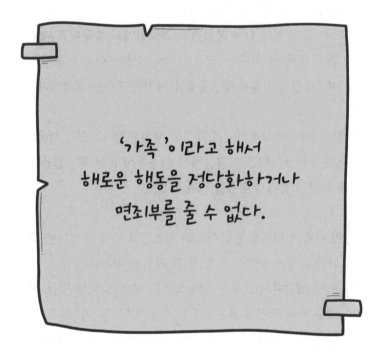

'가족'이라고 해서
해로운 행동을 정당화하거나
면죄부를 줄 수 없다.

경계를 세우는 방법을 살펴보기 전에 먼저 경계를 만들면서 죄책감이나 수치심 또는 이기적이라고 느끼지 않아도 된다는 것을 스스로 떠올려서 기억하라. 경계를 형성함으로써 당신은 다음의 것들을 선택하는 중이다.

*장기간의 원한보다 일시적인 불편
*자기 파괴보다 자기 존중
*소진보다 웰빙
*사람들을 기쁘게 하는 마스크 뒤에 '숨겨진' 채로 있는 대신에 진정한 연결

경계를 설정하기

경계는 개인의 영역이라 사람마다 매우 다르고 삶의 과정에서 변화한다. 경계 설정을 탐색하는 데 한가지 방식만 있는 것은 아니나 다음 단계가 유용한 출발점이 되기를 바란다.

1. 자신의 허용 한계를 식별하기

자신이 원하는 바가 무엇인지 확신이 없다면 좋은 경계를 설정할 수 없다는 것은 말할 필요도 없다. 이는 많은 사람에게 극복하기 어려운 장해물이 될 수 있으며 특히 어린 시절에 자신에게 건강한 경계 행동들의 본보기가 될만한 사람이나 상황이 없었다면 더욱 그러하다. 결과적으로 자신이 어떠한 형태로든 불편한 기분이나 '조절되지 않는dysregulated' 느낌을 느끼기 전까지는 자신의 경계나 허용 한계를 넘어섰음을 인식하지 못할 것이다.

허용 한계를 파악하는 좋은 방법은 선을 넘으면서 좌절감이나 억울함 또는 불편함이나 방어적인 태도를 느꼈던 과거의 경험을 자세히 살펴보는 것이다. 이 일이 일어났을 때 몸은 어떻게 느꼈는가? 심장이 두근거리고 있었나? 상기된 얼굴이었나? 떨고 있었나? 이에 비추어 자신이 받아들일 수 있는 것과 받아들이기 너무 불편하다고 느꼈던 것을 살펴보자. 자신이 기꺼이 용인할 수 있는 것은 무엇이며 '아니오No'라고 말하기가 어려운 것은 무엇인가? 몸과 마음에서 일어나는 메시지를 주의 깊게 듣는tune into 방법을 배

우게 되면 자신의 허용 한계를 파악하는 데 도움이 된다.

2. 사후 대응Consequence을 고려하라

경계 설정에서 사후 대응이란 다른 사람이 자신의 경계를 넘어왔을 때 기꺼이 취할 행동을 의미한다. 경계 설정을 했다면 경계를 넘어왔을 때를 대비하는 사후 대응도 생각하라. 자신에게 필요한 것을 상대방에게 알릴 수 있는 경계 표현의 초안을 적어 보는 것이 도움이 된다. 경계가 존중되지 않는다면 어떤 일이 일어날지를 분명하게 전달해야 한다.

누군가를 사랑하는 방식 중 가장 과소평가받는 것 중 하나는 자신이 한 말을 유지하는 것이다. 상대방이 경계를 넘어온다면 무슨 일이 일어날지를 표현하여 알리는 것에는 상대방이 그렇게 하지 않았을 때 취해질 수 있는 후속 조치도 포함한다. 따라서 자신의 경계를 존중하는 것에 대해 가혹하게 느껴질 수도 있다. 하지만 오랜 기간에 걸쳐 억울해하고 수동적 공격 또는 적대감의 그늘 속에서 사는 것에서 당신 자신을 지킬 수 있고 실제로는 오히려 관계가 확장될 수 있다.

경계를 넘어온 사후 대응으로 자신에게 필요한 것이 포함된 경계 표현의 예는 다음과 같다.

*저는 다른 사람에 대한 험담을 들으면 불편해요. 그것이 계속된다면 저는 이 자리에 있고 싶지 않아요.
*저에게 계속 그런 식으로 말한다면 저는 전화를 끊겠습니다.
*제가 말한 것을 계속 무시한다면 당신이 저랑 좋은 시간을 보내는 걸 원치 않는 것 같아서 저는 집으로 가겠습니다.
*당신이 막판에 우리 계획을 취소했을 때 저는 크게 상처받고 실망해서 아직도 그 상태에 있어요. 앞으로는 제가 혼자 마음의 짐을 짊어지지 않도록

제가 어떻게 느껴졌는지 당신에게 알릴 거예요.

*저는 당신과 함께 해결책을 이야기 하고 싶을 정도로 열려있어요. 제 감정
들로 논쟁하고 싶은 마음은 없어요. 당신이 이 시점에서 저와 해결책을 이
야기 할 수 없다면 우리 잠시 떨어져 진정할 수 있는 시간을 가지면 좋겠
어요.

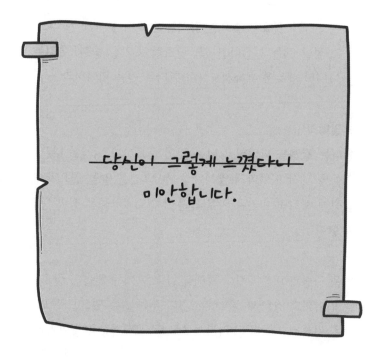

사후 대응은 다른 사람이 자신의 허용 한계를 넘어오면 무슨 일이 일어날지 알 수 있도록 표현하는 것이다. 물론 가혹한 최후통첩을 피하는 것이 최선이지만, 그런 상황이 왔을 때 자신이 기꺼이 취할 행동을 솔직하게 말해야 하며 평소에 상대방이 허용 한계를 넘어올 때마다 적절하게 표현함으로써 작은 점진적인 변화를 허용하는 것이 가장 바람직하다. 경계를 넘어온 대가를 돌에 새길 필요까지는 없지만 명확하게 할 필요는 있다.

많은 사람이 경계를 알리는 방법과 경계를 넘어온 사후 대응을 설정하는 방법을 찾아보려는 시도에서부터 막힌다. 그 결과 그들은 자신의 허용 한계를 지나치게 다른 사람들의 입맛에 맞게 만들어 주려다가 에너지를 소비하게 되어 결국 자신에게 필요한 중요한 경계를 다루지 못하게 될 수도 있다. 사후 대응을 설정할 때는 친절하면서도 단호함이 가장 좋다. 우리는 말로 사랑할 뿐만 아니라 행동을 통해서도 사랑한다는 것을 기억하라.

3. 경계를 알려라

자신이 원하는 경계를 파악하고 아는 것이 중요하나 이것을 다른 사람에게 알리는 것을 끝까지 이행하지 않거나 '나는 그것을 말할 필요가 없다.'라는 생각의 함정에 빠지면 이것은 아무 소용이 없다. '그들은 정말 당신의 경계를 알아야 한다'.

다른 새로운 기술과 마찬가지로 경계를 알리는 데는 연습이 필요하다. 자신의 경계를 명확하고 강하게 주장하는 것이 두려울 수 있으므로 모르는 사람들에게 작은 것부터 시작해서 거기서부터 당신의 역량을 쌓아가라. 예를 들어 음식 주문에 실수가 있었다면 단호하면서도 친절한 방식으로 웨이터에게 이를 알려라. 당신이 말하고 싶지 않은 사적인 어떤 것을 지인이 묻는다면 '말하고 싶지 않다No'라고 말하라. 당신이 지급할 금액이 초과 청구되었다면 계산원에게 이를 알려라. 누군가로부터 인스타그램에서 주식에 투자하라는 메시지를 받았다면 혹은 '안녕 자기, 채팅하자'라는 메시지를 받았다면 그들을 차단하라. 위험이 적게 느껴지는 상황에서 낯선 사람과의 이러한 작은 상호작용은 자기주장 능력을 구축할 수 있는 좋은 방법이다.

이러한 연습을 통해 경계를 표현하는 것의 편안함이 늘어나고 있다면 자신의 소수 핵심층의 사람들을 대상으로 점차 나아지고 있는 자기주장 능력의 실행을 시작할 수 있다. 자신의 경계를 가족이나 친구들에게 알리는 비결은 명확하고 직접적이면서도 존중의 방식으로 할 필요가 있다.

'아니오No'는 필요한 것이 모두 갖추어져 모자람이나 흠이 없는 완전한 문장이지만 자신과 가까운 사람들에게는 때로 더 많은 설명을 하고 싶을 수도 있다. 필요하지 않은 상황에서 더 많은 설명을 하는 자신을 스스로 정당화하지 않도록 알아차림의 마음챙김mindfulness을 하라. 어떠한 것이라도 경계를 세워서 유지하고자 하는 노력을 무효화시키는 논조에 빠지지 말고 자신이 편안하고 필요한만큼 적게 혹은 많이 말하라.

다음과 같이 '나' 표현을 사용하면 도움이 될 수 있다. '나는/저는 당신이 내/제가 말한 것을 일축할 때 슬펐어요. 이런 일이 계속 일어난다면 나/저는 그것을 당신에게 부드럽게 알릴 거예요. 그래도 똑같은 상황이라면 나/저는 방을 나갈 거예요. 내/제가 필요한 것은 당신이 경청하고 있다는 것과 내/제 말을 듣고 있다는 것을 나/저에게 알려 주는 거예요.' 이러한 표현은 자신감과 자기 존중 모두를 전달하는 데 도움이 된다.

당신이 자신의 경계를 다른 사람들에게 알림으로써 당신과 함께 그들도 자신의 경계를 알리는 것에 대해 안전하다고 느끼게 할 수 있다. 안전하다고 느낀다면 당신은 친한 친구와 이 책의 경계 설정의 내용으로 서로 대화 나누는 것을 고려해 볼 수도 있고 필요하다면 생각해 낼 수 있는 경계를 함께

211

살펴보는 것도 시도해 볼 수 있다.

> # 5분 테라피 : 자신의 '나' 경계 표현 만들기
>
> 다음 문구를 사용하여 실제의 실천에 효과가 있을 자신만의 경계 표현을 작성해 보자.
> *나/저는 당신이 [행동]을 할 때 [감정]을 느껴요.
> *이런 일이 계속된다면 나/저는 [경계를 넘어왔을 때의 사후 대응]
> 을 할 거예요.
> *나/저에게 필요한 것은 [필요]예요.

4. 경계를 유지하라

사람들이 당신의 결단을 시험해 볼 때 당신은 힘과 일관성 둘 다가 필요하므로 자신의 경계를 존중하거나 유지하는 마지막 단계를 흔히들 가장 어려워한다.

따라서 가장 중요하게 알고 있어야 할 것은 자신이 설정한 경계가 침해를 당하며 시험을 거치게 된다는 사실이다. 자신의 경계와 경계를 넘어왔을 때의 사후 대응 모두를 알린 후에도 의식적이든 아니든 계속해서 반발을 시도하는 사람들이 자신의 삶에 있기 마련이다.

특히 자신의 이전 세대에서 경계가 없는 일상에 익숙해진 사람들로부터 어느 정도의 반발을 경험하는 것은 정상적이다. 이때 요령은 반발을 예측하고 그 반발을 현재 자신의 역량이 어느 정도인지를 파악하는 시금석으로 받아들여서 자신의 허용 한계를 더 강화하는 데 활용함으로써 당신의 자존감과 자부심이 높아질 수 있고 그런 자신의 노력에 스스로 고마워할 것이다.

앞에서 언급한 문의 비유로 생각해 보자. 자신의 현관문 앞에 온 사람들은 문이 정말로 닫혀 있는지를 확인할 때까지 그들이 원하는 대로 계속해서 걸어 들어올 것이다. 당신이 문을 열어 두는 것에서 벗어나 자신의 경계를 다시 세울 때마다 다른 사람들은 그들의 길로 되돌아간다. 기억하라. 스스로 자신의 경계를 존중하지 않는데 그들이 당신의 경계를 존중하겠는가?

좋은 소식은 당신이 경계를 유지할 때마다 다른 사람들이 당신에 대한 기대를 바꿀 기회일 뿐만 아니라 당신이 자기 신뢰의 정도를 높이는 기회가 될 수 있다.

다음은 당신이 새로운 경계 설정을 하는 것에 대해 사랑하는 사람들이 흔히 보일 수 있는 일반적인 반응들이다.

*'너는 변했어'
*'옛날의 네가 그리워'
*'너는 지금 너무 예민해'
*'너는 정말 이기적이야'
*'너한테 실망했어'
*'네가 TV를 너무 많이 봐서 그래'

당신이 알린 경계를 허물려고 누군가가 계속 밀어붙인다면 그 사람들을 바꿀 수는 없으나 그 사람들과 관계를 맺는 당신의 방식은 바꿀 수 있음을 인식하라. 어떤 경우에는 경계를 침해받은 결과로 당신이 설정했던 경계를 재평가해야 할 때가 온 것일 수도 있다.

자신의 허용 한계를 반복적으로 무시하는 누군가를 일정 기간 혹은 영원히 관계를 끊는 것조차 포함할 수도 있다. 자신의 경계를 설정하는 것과 주장

213

하는 것이 특히 가족과 사랑하는 사람들 사이에서 매우 복잡할 수 있으므로 정말 어려움을 겪고 있다면 지원을 요청하라.

친절한 길잡이나 연습의 대상으로 신뢰할 수 있는 친구를 자원으로 두는 것은 때때로 복잡한 상황의 매듭을 푸는 데 실제로 큰 도움이 될 수 있다. 이보다 더 많은 지원이 필요하다고 느낀다면 정신 건강 전문가에게 도움을 요청하는 것도 고려해 보라.

자신의 경계를 지키는 것이 힘들어지기 시작할 때 처음에 경계를 설정했던 이유를 기억하는 것이 중요하다. 자신의 웰빙을 위해 경계가 필요하고 다른 사람들이 뭐라고 하던 자신의 경계가 필요하다는 것을 스스로 떠올려서 기억하라.

경계는 다른 사람과 건강한 관계를 맺고 있다는 신호일 뿐만 아니라 자기 존중과 자기 가치감 그리고 진정한 자기 돌봄과 같은 자신과 건강한 관계를 맺고 있다는 신호이기도 하다.

누군가가 때때로 자신의 경계를 넘어왔을 때 그에 대한 최종적인 대응을 결정해야 할 책임은 자신에게 있다. 이는 익숙한 길을 떠나 더 건강한 길을 선택할 수 있게 한다. 자신의 경계를 알려서 자신의 경계로 일상을 사는 것보다 더 나은 것은 없다.

5분 테라피 : 자신의 경계를 존중하라

경계는 몸의 느낌과 감정을 깊게 살펴보게 하며 그것을 존중하게 한다. 경계를 일관되게 유지하지 못하는 것을 알아차렸거나 다른 사람이 계속해서 경계를 넘어오고 있다면 자신에게 물어보자.

*나는 무엇을 하고 있는가? / 이 사람은 무엇을 하고 있는가?
*나는 이 상황에서 무엇을 할 것인가?
*나는 무엇을 통제할 수 있는가?

경계를 수정하기

계속해서 경계를 설정하고 유지하다 보면 어떤 경계가 자신에게 도움이 되고 방해가 되는지를 알 수 있다. 경계는 달라질 수 있다. 경계가 자신을 돕고 상처를 치유해 가면서 열에 아홉은 자신의 경계가 달라질 필요가 있음을 느끼게 된다. 그렇다고 해서 그 경계가 그동안 적절하지 않았다는 의미는 아니다.

마찬가지로 어떤 관계에서 적절하다고 느끼는 경계가 다른 관계에서는 적절하지 않을 수도 있다. 어려운 가족 구성원이나 힘든 동료와 같은 특정한 상황과 관계에서는 더 엄격하고 경직된 경계가 필요할 수도 있다. 이와 동시에 가장 친한 친구와의 관계에서는 더 부드럽고 유연한 경계를 가지고 싶을 수 있다. 어떤 경계가 자신에게 적절한지 알아내기 위한 시간을 가져라.

자신에 대해 더 많이 배우고 일상생활에서 더 자주 자기 조절을 적용하면(5장 참조), 압도되거나 얼어붙는 느낌 없이 자신의 필요와 경계를 더 잘 다룰 수 있다는 것을 알게 될 것이다.

특히 트라우마의 경험이 있었다면 경계를 바꾸기 전에 먼저 자신에게 시간을 충분히 허용하는 것이 핵심이며 천천히 하도록 허락하는 것이 자신을 위한 최선이다. 너무 빨리 치유하려고 하다가 재앙을 낳을 수 있다. 언제나 안전이 먼저이고 최우선에 두어야 한다.

누군가가 당신의 허용 한계와 취약성을 일관되게 존중해 왔다면 그 사람을 신뢰한다는 징후로 경계를 좀 더 유연하게 바꿀지 고려해 볼 수 있으며 자신이 배려하고 신뢰하는 사람들과 점점 단절되고 있다는 느낌이 있을 때도 경계를 유연하게 할지를 고려해 볼 필요가 있다. 특히 문단속이 철저한 '현관문'을 만들기 위해 노력하면서 실제의 거대한 벽돌 벽을 두었다면 말이다.

매일매일 매 순간 성장하고 변화가 계속되고 있을 때 당신의 시간을 가지면서 분별력을 연습하라.

자신의 경계를 알리는 언어를 갖기

때로는 경계 설정 자체가 자신의 경계를 알리는 표현의 간단한 한 형태일 수 있다. 가족, 친구, 파트너 사이에서나 또는 행사나 휴일, 갈등 중에 자신의 경계를 알리는 표현의 예들이 아래에 있다.

경계를 알리는 표현의 예들을 읽으면서 많은 경우에 조금 이질적이거나 형식적으로 들릴 수도 있다. 이 예들은 대략적인 출발점 또는 가이드의 역할일 뿐이다. 자신에게 효과가 있을 내용과 자신만의 문구를 만들어 보자.

예들을 탐색하면서 자신에게 끌리는 표현을 자신만의 언어로 자유롭게 다시 수정해서 써보고 그것들을 소리 내어 말하면서 자신의 목소리로 듣고 그것들이 어떻게 느껴지는지 살펴보라.

행사와 공휴일에 대한 경계

휴가철이 한창일 때 흔히들 약속과 초대가 많다. 아마도 당신의 경계를 넘어오려는 이들은 이미 당신 뒤에 있고 당신은 무엇도 하지 않는 시간과 휴식이 필요하다고 느끼고 있거나 혹은 아직도 저글링을 하듯 과도하게 무언가를 하고 있을 수도 있다. 어느 쪽이든 이벤트와 모임이 넘쳐나는 이런 바쁜 시간이 바로 자신의 경계를 실제로 시험해 볼 기회이다.

다음 표현 중 자신의 상황에 적합하고 마음에 와닿는 표현이 있는가? 그렇다면 그것들을 자신만의 문구로 자유롭게 다시 작성해 보자.

*초대해 주셔서 감사합니다. 저는 저녁 8시 30분까지만 머무를 수 있어요.

*이것은 당신이 [사람]와 서로 이야기를 나눌 필요가 있는 것 같습니다. 저는 이 일에 관여하고 있지 않아요.

*저는 당신과 시간을 보내고 싶지만 [주제]에 대해서 계속 그렇게 이야기하시면 먼저 일어나겠습니다.

*저는 그것에 대해 말하는 게 편하지 않아요. 우리 주제를 바꿔도 될까요?

*저는 오늘 밤에는 함께 있을 수 없지만 당신과 함께 시간을 보내는 것이 정말 기대돼요.

*저는 지금은 할 수 없어요. 조용한 공간에 있고 싶어서 제 방으로 갈게요.

*아니요. 저는 충분히 마셨어요.

*꼭 만나 뵙고 싶어요. 지금은 너무 늦었지만 대신 [날짜/시간]는 어떠세요?

가족이나 친구들과의 경계

가장 가까운 사람들과 경계를 설정하는 것은 실제로 실행하고 유지하기에 가장 까다로운 허용 한계 중 하나이다. 자신의 소수 핵심층의 사람들은 치유하기 어려운 자신의 무의식적인 부분들에 빛을 비춰줄 수 있는 특별한 사람들이지만 그들과의 사이에서도 좋은 경계를 설정하는 것이 불필요한 좌절이나 혼란 그리고 불안으로부터 자신과 주변 사람들 모두를 보호하는 데 도움이 될 수 있다.

다음 표현 중 자신의 상황에 적합하고 마음에 와닿는 표현이 있는가? 그렇다면 그것들을 자신만의 문구로 자유롭게 다시 작성해 보자.

*감사하지만, 이 일은 제가 직접 처리해 보고 싶어요. 도움이 필요할 때 요청할게요.

*저는 당신이 [주제]에 대해서 이야기할 때 불편해요. 다른 이야기를 했으면 좋겠어요.

*저는 조언을 구하는 것이 아니에요. 가능하다면 당신이 정말로 경청해 주면 좋겠어요.

*당신과 이야기하고 싶은데 제가 내일 일을 하려면 쉬어야 해요. 우리 둘 다 편한 시간에 이야기하면 좋겠어요. 저는 [시간] 후에는 시간이 안 돼요.

*당신과 이야기 나누는 것을 좋아하지만 매일 이야기할 시간이 없어요. 우리가 [특정한 날짜]와 [특정한 날짜]마다 이야기하는 것에 동의할 수 있을까요?

*당신의 좌절감을 이해해요. 하지만 당신이 [사람]에 대해서 이렇게 이야기하는 것을 듣고 싶지 않아요.

*당신이 중요하게 생각한다는 것을 알지만 우리가 각자에게 적절한 방식으로 부모 역할을 하고 있다는 것을 당신이 존중해 줬으면 해요.

*당신이 무슨 말을 하는지 이해하지만 저는 저에게 적절한 결정을 내릴 필

요가 있어요. 당신이 그것을 존중해 준다면 저는 이 부분에 대해 당신과 더 이야기할 수 있어요.

파트너와의 경계

여자친구, 남자친구, 파트너, 아내, 남편 또는 중요한 다른 사람들과의 관계에서도 경계를 두는 것은 자신이 무엇을 편안하게 느끼고 어떻게 대우받기를 원하는지를 명확하게 아는 데 도움이 된다.

경계에 관한 이야기는 언제 어디서나 일어날 수 있다. '나는 정말로 당신이…… 일 때 좋아요.' 또는 '나는 우리가……일 때 편하지 않아요.' 등의 간단한 말은 경계에 관한 대화를 시작하는 간단한 방식이 될 수 있다.

건강한 관계의 파트너는 일반적으로 상대방의 경계를 존중하지만 우리는 모두 인간이기 때문에 때로는 실수하기도 하고 도를 넘을 수 있다. 이러한 실수를 개방적이고 솔직함으로 대화를 나눌 기회로 삼는 것이 중요하며 이 때 우리는 사과하면서 상황을 수습해야 한다.

경계를 표현했을 때 자신의 파트너가 분노나 폭력으로 반응하는 경우에 파트너와 경계에 관한 이야기를 하는 것이 두렵다면 이는 관계가 어떤 식으로든 학대의 신호일 수 있다. 이를 알아차리는 마음챙김mindfulness을 할 필요가 있으며 이런 상황이 느껴진다면 신뢰할 수 있는 친구나 정신 건강 전문가에게 도움을 구하는 것을 고려하라.

하지만 파트너와 이야기하는 것이 편하게 느껴진다면 다음 표현 중 자신의 상황에 적합하고 마음에 와닿는 표현이 있는가? 그렇다면 그것들을 자신만의 문구로 자유롭게 다시 작성해 보자.

*소셜 미디어에서 서로를 팔로우follow[45]하게 돼서 기뻐요. 하지만 당신과 같은 프로필과 제 패스워드를 공유하는 것은 불편해요.

*당신이랑 키스하는 것을 좋아하지만 사람들 앞에서는 가볍게 했으면 좋겠어요. 여기에 대해서 우리가 이야기해 보는 건 어때요?

*낮에 당신이랑 만나는 건 좋지만 여러 번 문자메시지를 보낼 수는 없어요. 당신이 문자 메시지를 주면 쉬는 시간이나 일이 끝나고 답장을 보낼 수 있어요.

*함께 사는 것이 좋지만 혼자만의 시간도 필요해요. 어떻게 하면 가능할지 이야기해 보는 건 어때요?

*제가 오늘 너무 피곤해요. 저녁 식사를 다른 날에 할 수 있을까요?

*제가 퇴근해서 집에 오면 30분 정도 쉰 뒤에 우리가 오늘 어떻게 보냈는지 이야기했으면 해요. 이렇게 하는 걸 시도해 보는 건 어때요?

*저녁에 휴대폰 없이 당신이랑 좋은 시간을 보내고 싶어요. 우리가 휴대폰을 내려놓는 것이 가능한 시간을 이야기해 보는 건 어때요?

*우리가 주말을 함께 보내는 것도 좋지만 친구들이나 가족을 만날 수 있는 시간도 갖고 싶어요. 적절하게 할 방법을 이야기 나누면 좋겠어요.

갈등 중의 경계

갈등의 순간에 상황에 대한 감정의 온도가 치솟고 기분이 언짢아지고 조절이 되지 않을 때 우리가 의도하지 않았지만 오래된 의사소통 패턴으로 돌아가기가 쉽다. 이럴 때는 나는 진정으로 상대방의 말을 경청하고 있고 상대방은 자신의 말을 내가 듣고 있다는 것을 아는 것, 나는 상대방을 보고 있고 상대방은 자신을 내가 보고 있다는 것을 아는 것, 잠시 멈춰서 상대방을 인정하는 것이 그 어느 때보다 더 중요하다.

---

[45]소셜 네트워크 서비스SNS 용어로 구독과 비슷한 개념으로 사용된다. 누군가의 계정을 팔로우하면 그 대상의 게시물과 소식을 계속 볼 수 있다.

갈등에 접근해서 해결하는 방식과 관련된 경계를 만드는 것은 아마도 커플이 할 수 있는 가장 중요한 대화 중 하나이며 아래에 나열된 경계 표현의 예는 당신의 삶에 있는 관계 전반에 걸쳐 적용할 수 있다.

다음 표현 중 자신의 상황에 적합하고 마음에 와닿는 표현이 있는가? 그렇다면 그것들을 자신만의 문구로 자유롭게 다시 작성해 보자.

*우리가 계속 효과적으로 의사소통을 할 수 있도록 지금은 저만의 공간이 잠시 필요해요. 20분 후에 돌아올게요.

*우리가 이 대화를 잠시 쉬고 서로의 손을 잡고 있으면 좋겠어요.

*저의 몸이 조금 떠 있는 느낌이 들어요. 우리가 목소리를 조금 낮춰서 이야기할 수 있을까요?

*제가 당신의 말을 이해하지 못했어요. 제가 더 잘 이해할 수 있도록 다른 말로 이야기해 줄 수 있을까요?

*당신이 지금 화가 난 건 이해해요. 하지만 그런 식으로 말하는 건 저에게 괜찮지 않아요. 이런 상황이 계속된다면 나는 방을 나갈 거예요.

*저와 당신 자신에게 이런 식으로 앙갚음을 한다면 나는 이 관계를 떠나는 것을 포함해서 앞으로 제가 할 수 있는 모든 선택지를 고려할 거예요.

*당신이 좌절감을 느끼고 있다는 것을 알아요. 하지만 그런 식으로 저를 비난하지는 말아 주세요. 그건 상처를 주고 존중도 없고 이 일의 본질을 흐리게 하고 있어요.

*우리는 해결책을 향한 어떠한 진전도 없이 계속 이 지점으로 다시 돌아오고 있어요. 우리가 정말로 다뤄야 할 것이 무엇인지 생각해 볼 시간을 가질 수 있을까요?

*당신이 내 이야기를 잘 듣고 있는 것 같지 않아요. 우리가 대화를 이어가기 전에 내가 말한 것을 인정해 주면 좋겠어요.

당신 자신과의 경계

경계는 다른 사람들과의 관계에서 필요한 것만은 아니다. 자기 자신과도 경계가 필요하다. 경계는 자신의 행동을 모니터링하게 하고 실제로 행동하기 어렵다고 느끼더라도 자신의 최선의 이익에 부합하는 선택을 할 수 있도록 돕는다.

어린 시절에 양육자가 이와 관련하여 건강한 허용 한계의 본보기가 되어 주지 않았거나 양육자의 반응이 그들이 만들어 놓은 규칙과 일치하지 않았을 때 자신과의 경계를 설정하기가 특히 어려울 수 있다.

어릴 때부터 경계가 없었거나 혹은 경계가 지나치게 가혹했다면 성인이 되어서는 경계가 자신을 통제하거나 무언가를 박탈하고 있다고 느낄 수 있다. 이 외에도 특정 정신 건강 문제와 중독으로 인해 자기 경계self-boundaries를 설정하고 유지하는 것이 거의 불가능하다고 느끼게 할 수 있다.

자기 자신을 위한 경계를 만드는 것이 힘든 이유가 있기는 하나 긍정적인 자기 경계를 설정하는 것은 궁극적으로 자신에게 안전감과 구조를 준다. 이것은 7장에서 탐구할 건강한 '재양육' 토대 역할을 한다.

자기self에 대한 경계의 예는 다음과 같다.
*하루에 두 번 양치질하기
*하루에 한 개의 팟캐스트Podcast[46] 듣기
*일일 스크롤 타임scroll time[47] 제한하기

---

46)라디오 자리를 대체하고 있으며 인터넷망을 통해 다양한 콘텐츠를 제공하는 서비스

47)컴퓨터나 휴대폰의 화면을 아래로 내리거나 혹은 위로 올리기 위해 하는 행위, 앱과 웹사이트에서 소비하는 시간을 뜻함

*하루에 커피를 두 잔 이상 마시지 않기
*음주는 일주일에 하루로 제한하기
*거울에서 물러나기
*주말에는 업무용 이메일 확인하지 않기
*험담하지 않기
*자기 전에 세수하기
*규칙적인 취침 시간의 루틴을 지키기

여기서는 작은 점진적 변화가 비결이다. 완벽을 기대하는 것은 오히려 역효과를 가져올 수 있으므로 자신의 학습 과정에서 부드럽게 해야 한다. 너무 가혹하거나 비현실적인 경계를 세울 때는 오히려 타인에 대한 억울함과 자신에 대한 수치심을 경험할 수 있다. 이런 일이 발생했을 때 실수하는 원인을 성찰해 보고 호기심과 연민으로 자신에게 필요한 것을 다루는 기회로 삼아라.

다른 사람들과 자신 모두에게 경계를 설정하는 것은 용기와 의사소통이 필요한 기술이며 연습을 통해서만 연마하고 다듬을 수 있다. 그러니 연습, 연습, 연습, 연습, 연습을 계속하라......

경계를 넘어오는 것을 다루는 네 가지 기둥

사랑은 쉽고 관계는 어려워서 파트너나 친구들 또는 가족이 경계를 넘어올 때 곪아 터지도록 내버려 둔다면 관계의 건강함은 서서히 사라질 수 있다. 사람들 대부분은 알아차림 없이 그리고 의도도 없이 경계를 넘어 오지만 그것이 의식적이든 아니든 경계를 넘어온 최종 결과는 같다. 경계를 넘어왔을 때 회복하는 방향과 건설적인 방식으로 처리하는 것이 중요하다. 이를 위한 방식은 다음과 같다.

1. **인식하라**Recognize

자신이 설정한 경계를 누군가가 넘어왔음을 인식했을 때 자신 안에서 일어나는 것에 주의를 기울여라. 그 영향에 대한 감정의 이름을 붙이기 전에 몸의 느낌을 관찰하라. 가슴에서는 어떤 느낌이 있는가? 위장에서는 어떤 느낌이 있는가? 손이 차갑게 느껴지는가? 혹은 열이 심하게 나는가? 어떤 생각이 떠오르고 있는가? 아마도 '그들은 나를 존중하지 않아.', '나는 잔소리나 불평을 너무 자주 하는 사람일 뿐이야.' 또는 '아무도 내 말을 듣지 않아.'와 같은 것들인가? 이런 각각의 생각에 관심을 기울이면서 바로 덮어버리거나 눌러놓지 말고 잠정적으로 가지고 있는 연습을 하자. 이렇게 몸과 마음으로부터 신호들을 모았다면 현재 내 안에 존재하는 감정을 식별하기 시작하고 감정에 이름을 붙여라. 이러한 방식으로 모든 정보를 관찰하고 수집하는 방식은 이후에 다른 사람들에게 전달하고 싶은 자신의 경계가 무엇인지를 알아내는 데에 도움이 된다.

2. **조절하라**Regulate

몸과 마음에서 오는 메시지를 인식한 후 잠시 멈추고 깊은 호흡을 천천히 하라. 이렇게 반응reaction(반사적인 생각과 행동)과 대응response(그 상황에서 원하는 소통방식) 사이에 공간을 만드는 것은 자신 안에서 일어나는 것을 이해하고 그것을 효과적으로 다른 사람들에게 전달하기 위해서는 필수이다.

곧바로 문밖으로 뛰쳐나온 이후에 이미 자신이 한 행동이나 말을 후회하거나 다른 말을 하지 못한 자신에게 화가 난 적이 과거에 몇 번이나 있었는가? 짜증이 나고 불편하고 화가 나는 만큼 누군가가 자신의 경계를 넘어오면 그것들의 대부분은 당신 자신에 대해 배울 기회를 제공한다. 그러니 감정을 조절하기 위한 그리고 이 공간에서 무엇이 나오는지 살펴보기 위한 시간을 가능한 한 많이 가져서 자신의 반응과 함께 걷는다던지 앉아서 그것에 대해서 일기를 쓰거나 혹은 몇 번의 깊은 호흡을 천천히 하라.

3. 복구하라Reinstate
다음으로 자신의 경계가 어떻게 침해받았는지와 현재 복구해야 할 경계에 대해 인정하는 시간을 갖는 것이 중요하다.

이 과정에서는 새롭게 설정한 이 경계를 다음에 또 누군가가 넘어올 때 당신이 무엇을 하고, 무엇을 말할 것인지를 자세히 살펴보는 것이 중요하다. 나는 내담자들과 이 작업할 때 내담자들로부터 '음, 제가 그것을 그들에게 말했어요. 그래서 저는 그들이 다시는 그렇게 하지 않기를 바랐어요.'라는 말을 흔히 듣는다. 치료사인 나의 역할은 '그들이 당신에게 그렇게 했을 때 어떻게 대응하고 싶으세요?'라고 묻는 것이다. 한 번의 대화 후에 경계가 자동으로 유지되고 존중받았으면 좋겠지만 경계와 관련해서는 일반적인 상황에서 벗어나는 특이한 상황이 매우 많기에 경계를 넘어왔을 때 어떻게 대응할 것인지에 대해서 구체적으로 살펴볼 필요가 있다.

어떤 경우에는 친구들이나 가족들이 자신의 경계를 넘어오는 것이 의도하거나 의도하지 않거나 일종의 실험이 될 수도 있다.

그들은 어느 시점에 또다시 경계를 넘어올 것이기 때문에 자신의 경계를 철저하게 다시 복구해야 한다는 것을 배울 수 있는 좋은 연습이 된다. 이렇게 하면 당신은 이제 그들이 경계를 넘어올 때마다 놀라기보다는 대비할 수 있고 거리낌 없이 말하는 것이 더 편안해질 수 있다.

결국 뭔가 괴로울 때 말하지 않으면 변화를 기대할 수 없다. 인간은 습관적인 동물이기 때문에 경계는 두 번, 세 번, 어쩌면 그 이상으로 복구되어야 할지도 모른다. 자신의 경계를 복구하는 것이 편안하게 느껴지기 위해서는 당신이 얼마나 여러 번의 복구를 했느냐에 달려있다. 하지만 경계가 끊임없이 간과되고 무시되고 침해되는 상황이 어떠한 지점에 도달하면 특정 관계에 대해 '재검토'를 해야 하는 다음 단계로 넘어가는 것을 고려해 볼 필요가 있다.

4. 재검토하라Reconsider

자신의 경계를 명확하게 전달한 후에도 경계가 계속해서 무시되고 있다면 무례한 행동을 하는 이 사람에게 당신이 제공해 온 시간과 에너지의 양뿐만 아니라 그 관계를 재평가하거나 '재검토'를 해야 할 때일 수 있다.

경계의 핵심은 다른 사람들뿐만 아니라 자기 자신을 존중하는 것이다. 당신이 자신을 옹호할 수 있는 유일한 사람이기에 누군가가 반복적으로 당신을 불편하게 만든다면 그들이 당신의 삶에 들어올 자격이 있는지 재검토하는 것은 이기적인 행동이 아니다. 가족도 재검토 대상이 될 수 있다.

관계를 재검토할 때 당신이 그 사람과 함께 살고 있거나 그들을 깊이 배려하고 있거나 그들이 권위 있는 위치에 있는 경우에 특히 어려울 수 있다. 자신에게 최선이 되는 선택을 위해서 자신을 존중하며 자신의 직감을 신뢰하고 자신이 무엇을 선택하고 있는지에 대한 분명한 인식이 필요하다.

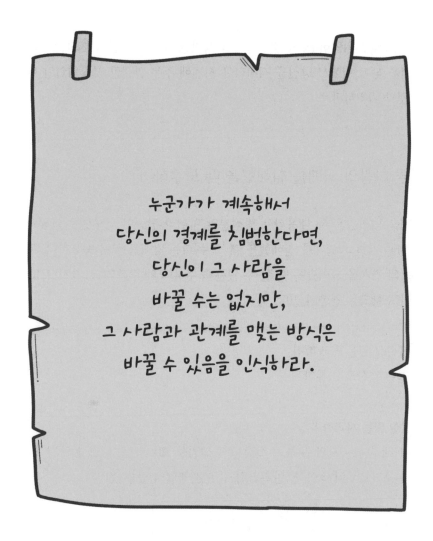

누군가가 계속해서
당신의 경계를 침범한다면,
당신이 그 사람을
바꿀 수는 없지만,
그 사람과 관계를 맺는 방식은
바꿀 수 있음을 인식하라.

반복적으로 당신의 경계를 침해하는 사람이기에 당신의 선택에 대한 반발과 모든 종류의 대변동을 수반할 수 있다. 때로는 경계 침해의 관계에 대한 어려운 결단을 내려야 할 때도 있다. 이 과정을 혼자 해야 한다고 생각하지 않길 바란다. 친구나 정신 건강 전문가에게 도움을 요청할 수 있다는 사실을 언제나 기억하라. 당신이 도움을 청하는 대상이 당신에게 최선이 되는 선택을 찾기 위해서 당신을 지지하고 지원해 주는 안전한 사람이어야 한다는 것도 기억하자.

다른 사람의 경계를 침해했을 때 보수하기

경계를 넘어왔을 때 대응하는 방식뿐만 아니라 당신이 의도했든 그렇지않든 다른 사람의 경계를 침해했을 때 '보수'하는 방식도 역시 중요하다. 다른 사람의 경계를 넘어갔을 때 할 수 있는 보수 시도에 다음의 두 가지 주요 행동이 포함되는 경향이 있다.

1. 진정성 있는 사과하기
2. 열린 대화로 소통하기

진정성 있는 사과하기
우리 대부분은 사과 문구로 포장되어 책임을 회피하는 '사과가 아닌 사과'를 누군가로부터 받아 본 만족스럽지 못한 경험이 있을 것이다.

'사과가 아닌 사과'의 예는 다음과 같다.
*'당신이 그렇게 느꼈다면 미안합니다!'
*'미안해요. 그런데……'
*'저는 그런 뜻이 아니었어요!'

*'저는 인간일 뿐이에요!'

*'제가 너무 서툴렀어요.'

*'그렇게 말해서 미안해요. 그런데 당신이 저를 자극했어요!'

*'저는 그저 피곤하고 운이 없는 날을 보내고 있어요.'

이와 대조적으로 경계에 관한 사과건 다른 상황에 관한 사과건 진정성이 있는 진심 어린 사과는 다음과 같이 할 필요가 있다.

*상대방이 상처받게 된 그 이유를 인정한다.

*자신의 행동에 대한 주인의식을 갖는다.

*자신의 감정을 상대방에게 투영해서 거부하지 않고 책임을 받아들인다.

*방어나 정당화로 자신을 두둔하지 않는다.

*상대방의 기분을 더 상하게 하지 않는다.

누군가가 분노를 표현하고 있다면 그 이유는 흔히 그들의 핵심 경계가 침해당한 상처를 입었기 때문이다.

이런 경우에 그 상처를 인정하고 존중할 수 있는 하나의 방식은 경계를 침해당한 상처를 전달하고 소통하는 것은 침해당한 사람의 책임이다. 그들이 소통하기로 선택한다면 우리는 무슨 일이 있었든 간에 진심 어린 진정한 사과를 할 기회를 얻게 되는 것이다.

기억하라. 가짜 사과 또는 '사과가 아닌 사과'는 그들에게 위안을 주지 못하고 당신을 건강한 수치심의 경험에서 멀어지게 할 뿐이다. 따라서 사과를 할 때는 가능한 한 당신이 열려있고 정직하며 진실하고 용기 있게 대면하고 상처받을 수도 있는 위험을 감수하겠다는 것을 확실히 하는 것이 중요하다.

하지만 사과한다는 것이 자신을 질책하거나 죄책감으로 마비되도록 내버려

두는 것을 의미하지는 않는다. 약간의 일시적인 수치심은 우리를 본래의 중심으로 되돌아오게 하는 데 도움이 될 수 있다. 누군가에게 상처를 주게 되면 자신도 기분이 좋지 않은 것은 자연스럽고 오히려 좋은 것이다. 그것은 당신이 마음을 쓰고 있음을 의미하며 사과는 당신을 상처받은 사람과 연결해 주는 힘을 가지고 있다.

진심 어린 사과를 나약함으로 보기보다는 그것을 오래된 상처와 새로운 상처 모두를 치유하는 데 도움이 되는 위력을 가진 겸손하면서도 고귀한 행동으로 인식할 필요가 있다. 그러므로 마음에서 우러나오는 진정한 사과를 하는 것은 언제나 가치가 있다.

열린 대화로 소통하기

사람마다 다르기에 사람마다 다른 경계를 가질 수 있다. 상대방의 경계가 어떤 것인지 혹은 당신이 그 경계를 넘어갔는지 확신이 서지 않는다면 그냥 물어봐라. 모든 사람이 이 주제의 대화를 기꺼이 시작하지는 않겠지만 그렇다고 해서 당신이 이 주제의 대화를 시작했을 때 그들이 대화에 참여하지 않을 것이라는 의미는 아니다.

당신이 다른 사람이 가지고 있는 무언의 경계와 허용 한계를 짐작하기 위해서 혼자서 수많은 생각과 정서적 소모와 함께 고군분투하는 대신에 서로 대화를 시작하게 되면 당신의 정신적 에너지를 많이 절약할 수 있다.

실제의 경계나 허용 한계에 대해서 서로 대화를 나누며 상대방을 더 많이 알아갈수록 그 사람의 경계와 그 경계가 그 사람한테 어떤 의미인지를 더 많이 이해할 수 있다. 그렇게 하다 보면 각자의 경계 영역들이 서로 충돌한다는 것을 의심할 여지 없이 발견하게 될 것이다. 이에 대해 열린 자세로 대화를 촉진하면서 한 사람만이 아니라 두 사람 모두가 실제로 할 수 있는 해결책에 이르는 것이 두 사람 모두가 관계 안에서 동등하게 이로울 수 있다.

서로 대화 나누기가 어려운 경계들이나 보수하기 어려운 문제들도 있으나 경계를 넘어오는 '초기'에 상처받을 수도 있는 취약성의 위험을 감수하면서 시작하는 대화 시도는 오랜 기간에 걸쳐 받을 수 있는 많은 고통으로부터 당신을 안전하게 지켜줄 수 있다.

멘탈 노트

한 달 동안 매일 하루를 마무리하며 5분씩 다음 사항을 성찰해 보자.

* 오늘 '아니오No' 또는 '예Yes'라고 대답할 수 있는 자유로움을 느꼈던 주제
  는 무엇인가? (예: 주말 계획은 아니오, 프로젝트 지원은 예)
* 현재 어떤 경계가 도움이 되고 있는가? (예: 소셜 미디어를 하는 시간 제한
  하기)
* 내가 이미 건강한 경계로 살고 있다면 어떤 기분이 들까? 답변을 현재 시
  제로 써라. (예: 나는 나에게 권한이 있다고 느낀다. 나는 자신 있다. 기분
  이 좋다. 나는 안정감이 있다.)
* 앞으로 나 자신의 경계를 존중할 수 있도록 도움을 줄 수 있는 확언은 무
  엇인가? 자신만의 확언을 만드는 데 도움이 필요하면 3장 셀프 토크의 확
  언들을 참조하라. (예: 나는 나에게 도움이 되는 경계를 설정할 자격이 있
  다. 나는 나의 경계를 존중함으로써 나 자신과 나의 관계들을 돌본다.)

한 달이 되었을 때, 최적의 자기 돌봄의 아이디어와 이를 통해 가능한 한 긍
정적으로 앞으로 나아갈 수 있는 방법에 대한 아이디어를 포함하여 삶의 경
계에 대한 자신의 접근방식에 대한 유용한 정보를 많이 수집하게 될 것이다.

7.
재양육
Reparenting

자신을 치유하는 방법

전통적으로 '재양육reparenting'은 다음과 같은 맥락에서 사용되는 용어였다. 치료적 관계에서 치료사는 성장하면서 역기능적이고 폭력적인 대우를 경험한 내담자에게 부모의 역할을 한다.

하지만 우리의 사회적 의식이 계속 높아짐에 따라 재양육 과정은 치료실뿐만 아니라 일상에서도 친숙한 의미로 사용되기 시작했다. 그러므로 이 용어는 그들의 내면의 아이가 아직도 안고 있을지도 모르는 상처를 치유하기 위해 자신에게 친절하고 사랑스러운 부모가 되기로 의식적으로 결정을 내리는 개인들을 가리키는 데 사용된다. 이 과정은 때로는 자기양육self-parenting, 자기 재양육self-reparenting 이라고 한다.

'내면 아이'는 무슨 뜻인가?

당신은 아마 '내면 아이inner child'라는 용어를 듣고 눈을 굴리며 '무슨 말이지?'라고 생각했을 것이다. 요즘 그런 용어들이 진부하게 들리기 시작할 정도로 종종 입에 오르내리기 때문에, 그렇게 생각하더라도 이해한다. 용어에 대한 포장을 푸는 것이 우리 모두와의 관련성을 명확히 하는 데 도움이 된다.

우리는 태어날 때부터 우리 주변의 중요한 사람들과 우리가 살면서 경험한 사건들이라는 환경에 영향을 받아왔다. 어렸을 때 우리는 친구, 가족, 선생님, 나를 돌봐 주는 사람 등 우리가 접하는 모든 사람으로부터 많은 것을 받아들였다. 그리고 비록 우리가 의식적으로 경험하는 모든 것을 기억하거나 또는 기억하지 못한다고 하더라도 무의식적으로 몸과 마음에 이러한 경험을 기록한다.

이러한 무의식적 각인의 대부분은 종종 성인이 된 우리 안에 남아 있다. 이는 어린 시절의 상처가 아직 치유되지 않아 보고, 듣고, 조건 없이 사랑받기를 원하는 내면 아이의 일부이다. 이처럼 오늘날 우리 각자 안에 있는 내면의 아이는 어린 시절 아이의 메아리이며 종종 우리의 보살핌과 연민이 필요하다.

재양육은 무엇을 포함하는가?

재양육은 우리가 성숙한 성인이 된 상태에서 이전에 충족되지 못했던 필요, 걱정, 기억, 이야기 등 내면의 아이에 대한 이야기를 탐구하기 위해 내면으로 들어가는 것을 포함한다.
이렇게 하는 이유는 내면의 아이에게 원래 경험했던 것과는 다른 관점을 주기 위해서이다. 이를 통해 우리는 현재의 삶에서 나타나는 어떤 트리거에도 더 도움이 되는 방식으로 대응한다.(4장에서 다룬 트리거의 역할을 참조하길 바란다).

재양육은 배우고, 잊고를 반복하는 평행한 여정이다. 어렸을 때 우리에게 필요했지만 주어지지 않았던 것을 오늘날 자신을 위해 제공하는 방법을 배워야 한다. 어린 시절에 안전, 사랑, 자존감이라는 개념을 중심으로 무의식적으로 형성되었던 모든 제한적인 생각, 감정, 믿음을 버려야 한다.

비록 자격을 갖춘 치료사의 지도하에 이 여행을 하는 것이 유용하겠지만, 최소한 우리는 마음을 먹으면 이 재양육의 여행을 시작할 수 있는 능력이 있다.

왜 우리 스스로 재양육을 하는가?

깊은 욕구가 어린 나이에 충족되지 않았거나, 트라우마를 겪으면 우리의 무의식적인 부분은 발달의 순간들에 갇힐 수 있고, 심지어 성인이 되어서도 이 사건들 주위에 형성된 믿음과 패턴들이 무엇이건 간에 지나칠 수 없다

이런 일이 일어나면 겉으로는 완전한 기능을 하는 어른으로 보일 수 있지만, 우리 내면의 아이는 여전히 두려움에 떨고 우리의 과거 경험 때문에 많은 에너지를 사용하면서 내면에서 기를 쓰고 있는 경우가 많다.

그래서 예를 들어 어린 시절의 무언가를 떠올리게 하는 특정한 목소리 톤과 같이 어리고 연약한 부분이 어른들의 삶에서 어떤 식으로든 촉발된다면 우리는 그 당시 만들어진 상처로인해 반응할 가능성이 높다. 이것은 대개 어린 나이였던 것을 고려해 보면 그렇게 많지는 않다.

예를 들어 우리에게 화를 내며 말을 하는 사람의 분노가 커지는 것을 막기 위해 가능한 한 친절하게 대하거나, 또는 우리를 불편하게 하는 것에 대하

여 소리를 높이기보다는, 자기를 보호하고 그 불편함을 드러내지 않게 하려고 어색한 상황에서 완전히 물러나는 자신을 발견한다.

자신을 재양육하는 것을 배움으로써 우리는 내면의 아이에게 안전함을 느끼고 지금 여기서 사랑받기 위해 필요한 것들을 준다. 예를 들어 누군가가 우리를 학대하거나 우리가 목소리를 내는 것이 안전하다고 느끼지 않는 오래된 패턴을 깨뜨려 계속하지 않도록 한다. 그렇게 함으로써 내면의 아이들은 긴장을 풀기 시작하고 의식적이고 자신감 있는 사람으로 통합된다.
간단히 말해서 우리는 내면 아이를 재양육함으로써 패턴을 바꾸기 시작하고 이는 대부분 사람들에게 강력하게 치유되는 과정이 된다.

우리는 모두 불완전한 인간에 의해 자란 불완전한 인간이라는 것을 기억하는 것이 중요하다. 그러므로 재양육의 과정은 결코 우리의 과거나 돌봐 준 사람을 손가락질하거나 비난하는 연습이 아니다.

대신, 재양육은 다음과 같은 의미가 있다.

*우리가 살아온 경험을 이해하고 검증한다.
*오늘날에도 여전히 우리가 안고 있을 수 있는, 어릴 때 생긴 상처를 치유한다. (아무리 작은 것이라도)
*우리의 어린 시절에 형성된 제한된 신념을 뛰어넘는다.
*우리가 더 행복하고 건강하게 앞으로 나아갈 수 있도록 하는 새로운 사고와 행동의 패턴을 만든다.

다음과 같은 경우, 재양육하는 과정에서 이점이 있다.

*인간관계에서 불건전한 패턴을 인식한다.

*불안정한 환경에서 자라났다.

*어린 시절에 돌봐 준 사람이 태만했거나, 또는 학대하거나 부재중이었다.

*경계를 만들고 유지하는 데 어려움을 겪고 있다.

*당신은 '사람을 즐겁게 하는 사람'으로 묘사될 수 있다.

*당신은 다른 사람의 의견에 자신의 가치를 둔다.

*당신은 자기 관리를 잘하지 못한다.

*당신은 부정적인 자기 대화와 씨름한다.

*당신은 다른 사람들을 실망시킬까 봐 두려워 결정을 내리는 데 어려움을 겪는다.

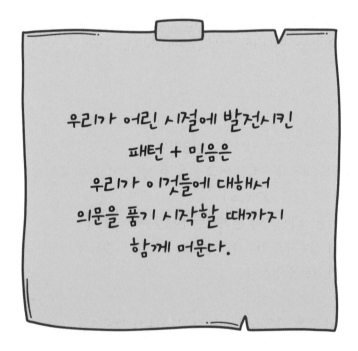

우리가 어린 시절에 발전시킨
패턴 + 믿음은
우리가 이것들에 대해서
의문을 품기 시작할 때까지
함께 머문다.

내면의 부모 알아가기

우리가 자각하든 아니든 간에 우리는 모두 많은 면에서 이미 자신에 대한 부모이다. 그 점에서 우리는 자신의 필요를 충족시킬 책임이 있다. 어떤 사람들에게는 이 말이 조금 이상하게 느껴질 수 있다. 이것이 어떻게 작동하는지에 대한 몇 가지 예를 살펴보자.

당신이 배고플 때, 누가 당신에게 음식을 사 주거나 만들어 주는가? 새 코트가 필요할 때 누가 나가서 사다 주는가? 당신이 슬플 때, 누가 당신과 함께 할 수 있을까? 이 모든 것에 대한 해답은 물론, 당신이다(당신을 돕는 친구나 가족과 같은 사람들이 있다면 그들도 마찬가지다).

하지만 우리는 종종 자신을 위해 할 수 있는 양육 역할에 대해 알지 못한다. 또한 우리가 어떤 부모인지 모르는 경향이 있다.

불행하게도 이런 인식부족으로 인해 원래 양육자의 자질을 반영하거나 어렸을 때 형성된 무의식적인 믿음을 강화하는 경향이 있는데 이것은 바람직하지 않다.

그러므로 재양육의 요령은 우리 내면의 아이에게 부모로서의 우리의 역할을 인식하게 되고, 이 내면 아이의 필요에 따라 우리가 어떤 부모가 되고 싶은지 적극적으로 결정하는 것이다.

어항 비유

다음 페이지에서 재양육의 여정을 어떻게 의식적으로 시작하는지 알게 될 것이다. 그러나 물로 가득 찬 금붕어 어항과 그 안에서 헤엄치는 물고기를 먼저 상상해 보면 좋을 것 같다. 물고기는 오늘날 당신이 어른이 된 모습을 나타내고, 어항 속의 물은 어린 시절 경험을 나타낸다.

불가피하게 당신이 수영하는 동안 물에는 건강에 좋지 않은 더러움이 축적되었을 것이고 당신의 초기 경험의 특성에 따라 이 단계에서의 물은 꽤 혼탁해질 수 있다.

이제 맑고 좋은 물이 남을 때까지 물에서 모든 흙과 오염물을 걸러내는 일을 해야 한다(청소하는 재양육 과정은 당신이 내면의 아이와 함께 새로운

240

건강한 양육 습관을 만드는 것을 의미한다).

이렇게 하면 물이 더 깨끗해질 뿐만 아니라 또한 수질의 중요성을 더 잘 알게 되기 때문에 당신이 어항을 더럽히거나 또는 다른 사람이 당신의 어항에 그들의 쓰레기를 붓도록 허락하지 않음으로써 오염물질이 쌓이는 것을 방지한다.

이 어항 비유는 초기 기억들이 성인이 된 후 우리에게 영향을 미치기 시작할 수 있지만, 우리가 원하는 때에 언제든지 어항을 깨끗이 청소할 수 있다는 것을 알려 주는 시각적 유추이다. 즉, 성인 자신이 일상을 더욱 쉽고 만족스럽게 수행할 수 있도록 하는 것이다!

5분 테라피 : 당신의 어항 청소하기

당신의 어항에 있는 물을 잠시 생각해 보자.

무엇처럼 보이는가?
수영하는 기분이 어떠한가?

자신에게 다음과 같은 질문을 하자.

내가 물을 더 더럽히는 일을 하고 있는가?
내가 다른 사람들이 물에 무언가를 넣는 것을 허락했는가?
어떤 작은 것들이 앞으로 물을 더 맑게 만드는 데 도움이 되는가?

시작하기 전에 다음 사항에 유의하자.

*재양육은 느리고 진행 중인 과정이지만, 그 과정을 시작하는 누구에게나 이익이 되는 과정이다. 인내와 연민 두 가지가 가장 도움을 줄 것이다.

*재양육 과정에서 실수할 가능성이 높지만, 마음을 편하게 가져라. 괜찮다. 실수했다고 망치는 것이 아니라 이 또한 치유의 과정이다.

*재양육은 어려운 여정이 될 수 있다. 가능하다면 자격을 갖춘 치료사와 함께 시작하는 것을 고려해 본다.

*지금이 당신이 시작할 때가 아니어도 괜찮다. 자료를 자세히 읽고 필요할 때 이 책에 안내자가 있다는 것을 알면 된다.

우리 내면의 아이와 연결되는 방법들

우리가 내면의 아이와 연결할 수 있는 몇 가지 주요 방법들(혹은 어항 안의 물을 깨끗하게 할 수 있는 방법들)은 다음과 같다.

*시각적으로 회상하기
*내면의 아이에게 놀이를 다시 소개하기
*내면의 아이에게 편지 쓰기
*자신에게 친절하게 말하기
잠시 후에 이것들을 차례로 살펴볼 것이다.

다만, 우선 내면의 아이와 관계를 맺는 일은 마음과 몸 모두가 힘들 수 있다는 것을 기억해야 한다. 그래서 그 과정을 천천히 신중하게 수행하는 것이 얼마나 중요한지 아무리 강조해도 지나치지 않다.

다음과 같은 질문을 함으로써 자기를 정기적으로 체크한다.

내가 지금 당장 이 일에 관여할 에너지가 있는가? 내 몸은 어떤 느낌인가? 이렇게 하는 내 의도는 무엇인가? 어떤 것이든 친절하게 담아낼 수 있는 마음의 공간이 나에게 있는가?

당신이 자신에게 필요한 모든 사랑과 친절을 줄 수 있는 마음의 공간과 능력을 가지고 있다는 확신이 들 때만 진행한다. 그리고 다음 페이지에서 내면의 아이를 연결하는 연습 중 하나를 마칠 때마다, 당신의 내면 아이를 온화한 마음과 보살핌 속에 다시 두는 것을 시각화하여 정상적인 일상 활동을 할 때 내면 아이가 비바람에 노출되지 않도록 한다.

시각적 회상

당신의 내면 아이와 연결하는 효과적인 한 가지 방법은 당신의 어린 시절 사진을 영감으로 사용하여 유아기로 '시간 여행'을 하는 것이다.

1. 아기, 유아 및/또는 어린 시절 사진 한 장 또는 여러 장의 사진을 찾아라.
2. 당신의 어린 모습이 어떠했는지를 알기 위해 사진을 보면서 시간을 보내라.
3. 사진을 보면서 당신에게 어떤 것이 다가오는지 알아내라.
   예를 들어 어떤 신체적인 감각이 일어나고 있는가? 어떤 감정을 느끼는가? 이 일은 많은 사람에게 어려울 수 있으니 천천히 하라. 우리가 종종 우리 자신보다 다른 사람들에게 연민을 느끼는 것이 더 쉬웠기 때문에, 우리는 오랫동안 내면의 아이를 거부하거나 무시했을지도 모른다.
4. 어떤 감정이든 비난하거나 거부하지 않고 그대로 둔다. 우리는 각각을 완전히 이해할 필요도 없고 왜 그것이 나타나는지 이해할 필요도 없다. 단순히 각각의 것을 조심스럽고 친절하게 다루는 것을 목표로 삼는다.

여기서 목표는 어떤 수준에서 어떤 일이 일어나든 간에, 우리는 내면 아이의 존재 그대로를 허용할 수 있고, 그리고 내면 아이가 갈망하는 연민을 계속 보여 줄 수 있다는 것을 인식하는 것이다.

놀이를 다시 소개하기

어릴 적 좋아했던 놀이를 어른이 되어서 다시 할 수 있도록 시간을 내는 것은, 우리가 간과하는 치유의 방법 중 하나이다. 어린 시절 좋아했던 놀이를 촉진하기 위한 시간을 만들 때, 내면 아이가 보이고, 들리고, 인정받게 된다. 놀이는 어린 시절만큼 어른들의 삶에도 중요하다.

1. 메모장과 펜을 들고 앉을만한 편안한 장소를 찾아보고, 어린 시절 무엇이 당신을 즐겁게 했는지 생각해 보라.
2. 내가 무엇을 좋아했는가를 생각하면서 추억과 공상에 빠져 보라. 당신의 대답은 책 읽기, 영화 보기, 특정 스포츠나 게임하기, 특정 장난감과 놀기, 특정 사람이나 동물과 시간을 보내기, 특정 주제를 배우거나 특정 음식을 먹는 것 등 무엇이든 포함할 수 있다.
3. 가능한 일반적이면서 구체적으로 마음속에서 생각나는 대로 적어두고 목록들을 페이지에 적어두도록 한다.
4. 목록에서 당신이 '재창조'하고 싶은 것 또는 다시 삶에 도입하고 싶은 것을 하나 고른다.
   예를 들어 만약 당신이 수영을 좋아한다면, 이번 주에 수영할 수 있을까? 만약 당신이 나무 오르는 것을 좋아한다면, 근처에 방문할 수 있는 등산 센터가 있는가? 만약 당신이 그림을 좋아한다면, 당신은 이것을 위해 시간을 내거나 가까운 곳에서 열리는 수업에 참여할 수 있는가? '재창조 recreating'는 누군가에게는 모래성을 짓기 위해 바닷가로 가는 것처럼 보일 수 있다. 다른 사람을 위해 목청껏 노래하는 것, 다른 사람을 위해 예술과 공예를 다시 시작하는 것, 침실에서 댄스파티를 여는 것, 해리 포터 (혹은 당신이 가장 좋아하는 어린 시절 책이 무엇이든 간에) 또는 당신의 마음에 봄을 가져다주는 완전히 즐거운 어떤 것이든.

5. 당신은 처음에는 '난 그럴 수 없어', '내겐 책임이 있어', 또는 '시간이 없어'와 같이 삶에 더 많은 즐거움을 가져오는 것에 반대할 수 있다. 그러나 그러한 반대를 넘어서야 한다는 것을 명심해야 한다.

6. 당신이 생각하는 것에 귀 기울이고 내면의 아이를 위해 즐거운 놀이 행동을 재현하고 그 후의 경험에 대해 일기를 써야 한다. 이 글쓰기 시간은 당신이 느끼거나 느낀 당혹함이나 어리석음을 적는 데 사용하는 것이다. 처음에는 다소 남의 시선을 의식하거나 어리석다고 느끼는 것이 정상이다. 어쨌든 앞으로 나아가서 열린 마음을 유지하라.

내면의 아이에게 편지를 쓰기

네 살짜리 자신과 잠시 시간을 보낼 수 있다면 뭐라고 말하고 싶은가? 당신의 8살이나 12살은 어떤가? 편지를 쓰는 과정을 통해 내면 아이를 인정하고 상호작용하는 것이 내면 아이와 연결되는 강력한 방법이다.

1. 펜과 종이를 챙기고 개방되어 있어도 안전할 것 같은 조용하고 편안한 장소를 찾아라.

2. 자신을 어린 시절 필요로 했던 친절하고 온화한 부모라고 상상하고, 당신이 가진 사랑과 연민을 내면 아이에게 보여 주면서 자신을 갈고닦는 시간을 잠시 가져라.

3. 이제 내면 아이들을 안전하고 사랑한다고 느끼게 해 줄 편지를 쓴다. 이 것은 행복한 기억을 떠올리는 것을 포함할 수도 있고, 사과하는 것을 포함할 수도 있고, 약속에 더 가까워 보일 수도 있고, 혹은 내면 아이와 더 강한 유대감을 쌓고 싶다는 단순한 선언일 수도 있다. 옳고 그름은 없다. 그리고 아무도 당신을 판단하지 않을 것이다.

4. 글을 쓰면서 내면 아이에게 무엇을 느끼고 있는지, 지금 무엇이 필요한지를 물어보면서 글을 써내려 가라. 그 과정에서 감정이 북받쳐도 괜찮다.

눈물이 나더라도 부끄러움 없이 내버려 둬라. 대신에 그것을 표현할 수 있는 용기와 자신에게 긍정적이고 온화한 부모가 되는 것을 자랑스러워 하라.

당신이 이 첫 번째 편지를 내면 아이에게 쓴 후 아마도 다음 며칠 또는 몇 주에 걸쳐 몇 번 더 쓰고 싶어 하는 자신을 발견할 것이다. 이것이 맞는 것 같으면 그렇게 하면 된다.

그러면 당신은 심지어 내면 아이가 말하고 싶은 것 또는 물어볼 것이 있어 서 답장을 쓰고 싶어 한다는 것을 발견할 것이다. 그러니 충동이 나타나면 존중해라. 평소 쓰지 않는 손을 사용하는 것은 뇌의 논리적 측면을 우회하 여 내면 아이가 실제로 느끼는 감정에 더 가까이 다가가도록 돕는다. 어렸 을 때 어떤 행동에 좌절감과 짜증을 느낀 적이 있었는지와 같은 것들을 탐 구하고, 그 기분이 어땠는지 표현하라.

만약 그렇다면, 당신이 내면 아이에게 답장으로 쓰는 편지에서는 이것에 대 해 필요로 하는 인내심, 여유, 사랑 그리고 친절함을 확실히 제공해야 한다. 내면 아이와 펜팔 대화를 만들어냄으로써 치유와 변형transformation이 효과 적으로 일어나는 여유를 만든다.

자신에게 친절하게 말하기
아이들은 종종 학교에서 높은 점수를 받거나 특정 행동을 함으로써 사랑을 얻어야 한다고 믿는다. 우리가 무엇을 이루었든, 어떻게 행동했든, 우리에 게 사랑을 받을 자격이 있다고 말해 준 부모는 없었을지도 모른다.

이것이 우리의 어린 시절과 지금의 성인에게 엄청난 충격을 줄 수 있는 만 큼, 우리는 성인으로서 어렸을 때 절실히 듣고 싶었던 말을 자신에게 제공할 기회이다. 내면 아이는 온화한 부모로부터 차분하고 다정한 말투로 들어야 할 말이 많다.

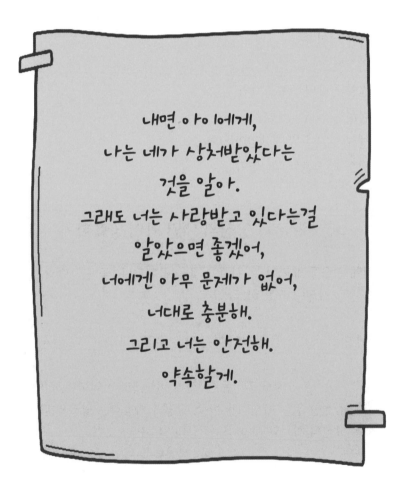

내면 아이에게,
나는 네가 상처받았다는
것을 알아.
그래도 너는 사랑받고 있다는걸
알았으면 좋겠어.
너에겐 아무 문제가 없어.
너대로 충분해.
그리고 너는 안전해.
약속할게.

내면 아이에게 해 주고 싶은 양육하는 말은 다음과 같다.

*사랑해.
*너는 보호받고 있어.
*내가 미안해.
*고마워.
*놀기 좋은 날이야.
*너는 안전해.
*너의 말을 들으니 자랑스러워.
*이런 감정을 느껴도 괜찮아.
*너는 네게 일어난 일에 책임이 없어.
*너는 충분해. 충분하고도 남아.

5분 테라피 : 당신의 내면 아이 양육하기.

아침에 거울을 보거나, 주전자에 물을 끓이거나, 출근할 때와 같이 어느 때든 자신에게 물어보라.

*내면 아이가 가장 듣고 싶어 하는 말은 무엇인가?

그리고 나서 큰 소리로 말하든, 자신의 머릿속에서 말하든, 이에 상응하는 친절한 말을 자신에게 하라. 사랑을 제공하는 당신의 타고난 능력은 당신의 치유와 개인적인 성장의 열쇠이다.

안전성 구축하기

타인이나 나 자신과의 관계에서 우리 자신에게 안전을 보장하는 것은 자신을 재양육하는 법을 배우는 중요한 과정이다. 그러면 어린 시절 형성되었던 감정적인 상처로부터 치유되기 시작한다.

개인적인 재양육 여정과 내담자와의 치유 활동 모두에서 몇 번이고 되돌아오는 질문은 '우리가 어렸을 때 안전하다고 느꼈는가?'이다.

신체적 학대가 없을 때 이것에 대한 일반적인 반응은 다음과 같다. '물론 나는 안전했다.' 그리고 이것은 신체적인 차원에서는 사실일 수 있다. 하지만 감정적인 측면에서는 어떨까?

우리가 정서적으로 안전하다고 느낄 때 진정한 자신을 완전히 표현할 수 있고 자신의 가장 취약한 부분까지도 공유할 수 있다고 느낀다. 어린 시절 정서적 안전감에 따라 안전하다고 느낀 정도가 달라진다.

*감정을 보이기
*의견 표현하기
*목표와 꿈을 나누기
*두려움에 솔직해지기
*모든 답을 가지고 있지 않기
*실수하기
*애정을 추구하기
*울고 슬픔을 느끼기
*도움 요청하기
*질문하기

*놀이 그리고 가상놀이

*거절하기

아이가 정서적으로나 신체적으로 안전하지 않다고 느낄 때 그들은 무의식적으로 삶에서 다음의 역할 중 하나를 수행함으로써 안전하다는 환상을 가질 수 있다.

*성취도가 높은 사람
*가족 치료사
*착한 아이
*부모
*조커[48]
*반항아

---

48)농담을 하거나 짓궂은 장난을 하며 어리석은 행동을 하는 사람을 뜻함

만약 당신이 이것 중 어느 것이든 가족 구조 내에서, 그리고 현재 일상에서 여전히 맡았던 역할로 인식하고 있다면, 이러한 것들을 첫 번째 중심인 내면 아이 치유로 가져와서 이 역할의 목적을 더 자세히 풀어보라.

우리의 관계에 안전함 구축하기

우리는 모두 삶에서 가족, 우정, 동료, 로맨틱한 관계와 같은 많은 종류의 관계를 맺고 있다. 관계의 역동이 어떤 것이든, 이러한 상호작용은 정서적으로 건강하고 '안전하다'고 느낄 수도 있고 정서적으로 건강하지 않고 '불안전하다'고 느낄 수도 있다.

새롭게 의식하는 내면의 부모로서 우리의 역할 중 하나는 내면 아이가 누구와 함께 시간을 보내는지 파악하는 것이다. 결국 어떤 좋은 부모라도 그들의 아이가 친절하고 기분좋게 만드는 사람들, 즉 감정적으로 안전한 사람들과 함께 시간을 보내기를 원한다.

정서적으로 안전한 사람들의 자질은 다음과 같다.
*수락하기
*지지하기
*존경스러움
*자기 인식
*명확한 경계
*일관성
*의사소통을 잘함
*남의 말을 잘 들어줌
*자신의 행동에 대한 책임감

정서적으로 안전하지 않은 사람들의 자질은 다음과 같다.

*변덕스러움

*경솔함

*침입 또는 제어

*감정표현에 적대적

*방어적

*무시하기

*일관되지 않고 불분명함

*예측할 수 없음

어느 누구도 완전히 한쪽이거나 다른 쪽이지 않다는 것을 명심하는 것이 중요하다. 즉 100% 정서적으로 안전하지도 않고 100% 정서적으로 불안전하지도 않다는 말이다. 우리도 마찬가지이다.

우리는 모두 때때로 안전하지 않은 범주에 속하는 행동을 보인다. 그렇기는 하지만, 안전하지 않은 특성이 반복적이거나 지속적인 패턴이 될 때 잠시 멈춰서 관계의 건강과 기능을 더 깊이 살펴볼 필요가 있다.

우리의 안전의 수준은 종종 우리가 다른 사람으로부터 받는 분위기vibe에 의해 결정될 수 있다. 즉 '이 사람은 내가 취약하다고 느끼는 사람이 아니다.' 또는 '이 사람은 내가 믿어야 할 사람이 아니다.'라고 내면의 본능적인 직감이 때때로 우리에게 말해 준다.

상습적으로 학대받는 관계에서는 안전감이 생기지 않음을 인정하는 것이
중요하다. 이것은 더 이상 학대받는 관계가 아니거나, 과거의 학대를 당했
던 경험에도 적용된다.

안전하다고 느끼는 것은 시간과 연습이 필요하다.
다음 페이지에는 비학대적인 관계에서 정서적 안정의식을 쌓는 데 도움이
되는 다양한 방법이 나와 있다.

끼어드는 대신 생각을 멈추기

우리가 서로의 말을 적극적으로 경청하려고 노력할 때 관계에서 정서적 안
전감을 발달시킨다. 이것은 휴대폰, 노트북, TV 없이 그 사람에게만 집중할
때 가능하다. 눈을 마주칠 때, 표정을 알아차릴 때, 당신이 파트너, 친구, 가
족 구성원 등 상대방이 이야기 나누도록 노력할 때, 그리고 상대방이 말을

마칠 때까지 자신의 생각을 멈추고 기다릴 때이다.

판단 대신 호기심으로 이끌기

상대방의 말이 마음에 들지 않거나 동의하지 않을 때, 그 말을 판단하지 않기는 정말 어렵다.

하지만 어려운 진실은 누군가가 우리가 좋아하지 않는 말을 한다고 해서 그들이 틀리거나 나쁜 사람이 되는 것은 아니다. 그들은 아마도 자신에게 진실하게 느껴지는 무언가를 표현했을 것이다. 그리고 우리가 비난만 한다면 정서적 안전을 결코 구축할 수 없다.

그러니 사람들이 당신을 조종하거나 통제하려는 가학적인 상황 외에는 판단과 비난으로 상대방을 차단하기보다는 호기심으로 대응하자.

어떻게 대응할지 결정하기 전에 질문을 하여 상대방의 의도를 더 잘 이해할 수 있도록 노력하라. 이러한 상호작용을 할 때 당신이 얼마나 상대방을 아끼고 있는지, 상대방이 당신에게 얼마나 큰 의미인지 기억해 두면 판단을 내리는 데 도움이 된다.

반응하기보다 잠시 멈춤 연습하기

정서적 안전은 비록 고통스러운 진실을 공유하더라도 굴욕감을 느끼거나 피해를 당할까봐 염려하지 않고 공유할 수 있다는 것을 아는 것이다. 사랑하는 사람이 당신과 무언가를 공유할 때, 비록 그것이 듣기가 어려운 말일지라도 자기 조절을 실천하는 것은 당신의 책임이다.

이 중 하나는 순간의 열기에 휩쓸려 즉각적으로 반응하지 않고 잠시 멈추는 것이다. 단 1초면 된다. 반응하기 전에 1초를 중지할 수 있다면 2초를 만들어 낼 수 있고 2초에서 3초를 만들 수 있다. 이와 같은 상황에서 우리의 반응은 상대에게 우리가 괜찮다는 믿음을 드러내어 상대방이 있는 그대로 자신을 보여 주는 공간을 제공하거나 또는 상대방을 위축시켜 기분 나쁘게 만들 수 있는 힘을 갖고 있다.

방어하는 대신 인정하기

권위 있는 연구센터인 가트만[49] 연구소가 실시한 검증연구 결과 부부싸움의 2/3가 어떠한 해결책도 없는 것으로 나타났다. 그러니 다음번에는 말다툼할 때 당신 의견을 옹호하여 상대방(또는 친구)을 당신과 같은 입장으로 만들려고 하기보다는, (상대방의 말에 동의하지 않더라도) 마음을 바꾸려고 하지 말고 상대의 입장을 이해하려고 노력하는 것은 어떨까.

만약 상대방의 의견이 틀리거나 잘못이라는 인식을 자세히 따지기보다는 이러한 방식으로 서로의 의견을 기꺼이 인정하려고 한다면 관계 속에서 정서적 안전감에 놀라운 일을 할 수 있다.

그러므로 '네가 왜 그렇게 생각하는지 모르겠다'와 같은 대답 대신에, '이 말을 들으니 기분이 좋지 않아'라거나 '내가 네 말에 동의하는지는 잘 모르겠지만, 나는 네가 말하고 있는 것을 이해해'라고 말하면서 상대방의 말을 인정하려고 해 보라.

내재화하는 대신 소통에 집중하기

정서적 안전은 가까운 사람들과 터놓고 대화할 가치가 있는 주제이다. 당신이 사람들을 처음 만났을 때 어색함을 누그러뜨리기 위한 말이 필요하다면 대화를 잘 이어 나가기 위해 이 책의 이 부분에 관해 이야기를 나누는 것으로 시작해도 좋다.

---

49)감정에 초점을 둔 부부, 부모 자녀 관계 연구의 세계적인 권위자이자 전문가.

예를 들어 사랑하는 사람들에게 어떤 행동은 안전하게 느끼고 어떤 행동은 안전하지 않은지 알려주는 것은 정말 유용하다. 정서적 안전의 관점에서 또 다른 중요한 대화는 6장에서 다루는 경계에 관한 것이다. 예를 들어 우리가 특정 사람이나 주제에 관해 이야기하는 것이 더 이상 편안하지 않거나 '안전하지 않다'는 느낌을 공개적으로 말함으로써 소통할 수 있다. 종종 내재화(안으로 삭히는 것)는 분노를 낳는다. 따라서 정서적 안전(그리고 신뢰)은 우리의 경험과 필요에 대해 솔직하게 소통할 수 있을 만큼 용기를 내어 취약성을 드러내야 한다.

스스로 안전을 기르기

이제 관계 속에서 정서적 안전을 만들고 촉진하는 것이 양육 과정에서 얼마나 중요한지 알았으니 우리 내면에 정서적 안전을 만들 필요성을 이해하는 것이 중요하다. 따라서 이 작업을 시작할 수 있는 다양한 방법을 아래에 제시한다.

마음의 닻을 확인하기

삶의 여러 측면에서 무엇이 안전하고 무엇이 불안전한지를 느끼는 감각을 잘 파악하고 있다면 필요할 때 언제든지 안전감을 강화하는 마음의 닻으로 사용할 수 있다.

1. 종이와 펜을 준비한다.
2. 그런 다음 잠시 시간을 내어 아래 질문에서 안전감에 도움이 되는 방법을 찾아본다.

　　무엇이 내 몸을 안전하게 만드는가?
　　무엇이 관계에 있어서 안전하다고 느끼게 해 주는 것일까?
　　무엇이 나를 경제적으로 안전하다고 느끼게 하는가?

무엇이 나를 접지grounded(현실을 지각하는)하게 하는가?

내가 언제 불안하다고 느끼는가?

그것은 신체적으로 어떤 느낌인가?

스스로 불안하다고 느낄 때 정서적인 안전함을 위해 무엇을 할 수 있을까?

무엇이 내 삶의 안전의식을 향상시키는가?

다행히도 우리가 안전감을 느끼는데 도움이 되는 많은 것들에 쉽게 접근할 수 있다. 예를 들어 사랑하는 사람과의 대화, 신선한 공기를 마시거나 반려동물과 함께 보내는 시간 등이 있다. 어떤 것들은 주어진 시간에 찾기가 조금 더 어려울 수 있다. 친구, 부모 또는 치료사 같은 다른 사람을 필요로 하는 '관계적' 마음의 닻이거나 또는 사전 계획, 인내심, 전념할 시간이 더 많이 필요한 '계획된' 마음의 닻이기 때문이다.

접근할 수 있는 안전 처방의 예는 다음과 같다.

*숨쉬기
*반려동물과 시간 보내기
*자연 속에서 산책하기
*사회적 참여에 대한 경계 설정하기

관계형 처방의 예는 다음과 같다.

*사랑하는 사람과 대화하기
*친구와 함께 영화를 보거나 놀기
*치료사와 상담하기

계획된 처방의 예는 다음과 같다.

*행동 패턴 변경하기
*돈을 절약하기
*유해한 환경 밖으로 이동하기

계약 유지

재양육의 또 다른 중요한 부분은 자신을 신뢰하는 법을 배우는 것이다. 이것을 시작할 수 있는 간단한 방법은 자신과의 작은 약속을 정기적으로 정하고 지키는 것이다.

'내일은 X, Y, Z를 할거야'라고 했다가 어떤 사정으로 하지 않더라도 별 일 아니라고 여길 수도 있다. 하지만 시간이 지날수록 사소한 자기 약속을 지키고 깨는 것은 큰 영향을 미친다. 작은 약속을 어기면 자기 신뢰와 자기 의견을 듣고 소중하게 여기는 감각에 결핍이 생긴다.

작고 규칙적인 약속을 잘 지킴으로써 스스로 신뢰 수준을 쌓고, 자신감과 자존감을 강화하며, 내면 아이에게 자기 말이 정말 중요하다는 것을 보여줄 수 있다.

만약 당신이 스스로 한 작은 약속을 자주 어긴다면 약속을 줄일 필요가 있다는 신호일 수 있으며 지금 당장은 자신에게 맞지 않을 수 있으니 재평가가 최선이다.

안전하지 않은 내면의 행동들을 확인하기

우리는 모두 때때로 '안전하지 않은' 감정적 행동을 보인다. 그러므로 내면의 강력한 정서적 안전감을 확립하는 데 가장 중요한 부분은 자신의 안전하지 않은 행동을 구분하는 것이다. 이러한 행동 중 어떤 것이 산발적인지 어떤 것이 더 습관적인지 파악하면 내면의 문제가 무엇인지에 유용한 통찰력을 얻는다.

당신이 의사의 진료 예약을 미루거나, 스트레스를 받을 때 약물에 의존하거나, 외로움을 느낄 때 헤어진 과거 이성 친구에게 문자를 보내는 것과 같은 안전하지 않은 행동을 인식할 때 자신에게 다음과 같이 질문하는 것이 유용하다.

*이 행동을 통해 나는 무엇을 감추려고 하는가?
*내게 필요한 것 중 무엇이 충족되지 않았는가?
*이러한 요구를 어떻게 해결할 수 있을까?
*불안감을 느끼는 이 순간을 어떻게 달래야 할까?
*나는 다른 사람과 내 감정을 소통하고 싶다고 느끼는가?
*만약 그렇다면 그들이 내 말을 들을 수 있도록 내가 어떻게 할 수 있을까?
*내가 이 대화를 끝낼 때 어떤 느낌을 받고 싶은가? 그것이 무엇을 의미하는가?

안전하지 않은 행동을 아는 것이 자신을 창피하게 만드는 계기가 되지 않도록 하는 것이 중요하다. 이러한 행동에 대한 인식은 자아 발견의 여정에서 자아 인식이 증가하는 것을 나타내는 것일 뿐이며, 자신을 부드럽게 유지하고 책임을 지며 앞으로 나아가는 데 더 진실하고 도움이 되는 방식으로 행동을 재조정할 기회가 된다.

자기 관리의 한 형태로의 재양육

그 중심에서 재양육은 우리가 한때 아이로서 그리고 현재 어른으로서 우리 자신의 욕구를 돌보는 방법을 배우기 때문에 자기 관리의 실천이다.

자기 관리는 우리의 생각과 행동을 주도하는 패턴과 신념을 더 잘 인식하고 매일 자신과 주변 사람들과의 관계에 최선의 이익이 되는 결정을 내리는 것을 포함한다. 점차적으로 이 재양육 과정은 마치 집에 돌아오는 것처럼 편안할 것이다.

우리 각자는 누구보다 자신을 더 잘 알고 있다. (치료사가 있다면 그 치료사도!) 따라서 사랑이 많고 세심한 부모가 자녀의 욕구를 해독할 수 있는 것처럼 당신은 이미 의식적으로나 무의식적으로 내면 아이에 관해 그리고 그가 무엇을 필요로 하는지 많은 것을 알고 있다. 당신이 필요한 것을 정기적으로 확인하고 존중하면 이 지식을 미세하게 조정하고 내면 아이에게 필요한 사항을 처리할 수 있다는 확신을 심어줄 수 있다.

예를 들어 당신이 배고프다는 것을 알아차렸을 때 비슷한 기분을 느끼는 아이를 어떻게 양육할지 생각해 보라. 2시간 동안 참으라고 할 것인가? 아니면 저녁이 준비될 때까지 배고픔을 채우기 위해 간식을 공급할 것인가? 만약 당신이 지치거나 압도당했다면 같은 감정을 느끼는 아이를 어떻게 양육할 것인지 생각해 보라. 내면 아이에게 '너무 나쁘다'고 말하고 강요할 것인가? 아니면 내면 아이의 말을 듣고 위안을 줄 것인가?

그렇다면 아이가 실수했을 때는 어떠한가? 당신은 꾸짖고 끊임없이 상기시킬 것인가 아니면 실수는 삶의 일부라는 것을 공감하고 일깨워 줄 것인가, 용기를 낸 것을 축하해 주고 무엇을 배웠는지 물어볼 것인가?

작은 일일 약속의 예:

- 오전 8시에 기상하기
- 아침에 5분간 명상하기
- 아침 식사 후 잠시 산책하기
- 책 10쪽 읽기
- 자기 전에 10분간 일기 쓰기
- 10시에 취침하기

당신 자신의 부모로서, 단지 당신이 신체적으로 무언가를 할 수 있다고 해서 당신이 그것을 할 수 있는 능력이 반드시 있다는 것을 의미하지는 않는다는 것을 기억하라. 그러니 항상 현재의 순간에 당신이 어떻게 느끼고 있고 무엇을 위한 공간과 에너지를 가졌는지를 평가하는 시간을 가져라.

간혹 자기 기분과 상관없이 일을 계속 진행해야 하는 상황이 발생하겠지만, 그럴 때 내면의 부모와 나누는 위로의 대화가 도움이 될 것이다. 그리고 내면 아이를 존중하기 시작하면서 당신의 모든 자신을 점점 더 존중한다는 것을 알게 될 것이다.

자제력의 예술

재양육이라는 퍼즐의 또 다른 조각은 자제력self-discipline의 예술이다. 충동을 조절하고 스스로 절제하는 능력은 타고나는 것이 아니라 어린 시절에 가정, 학교 시스템, 과외 활동 등을 통해 배운다. 그리고 만약 우리가 어린 시절에 균형 잡히고 공정한 방법을 배우지 못하면 자제력과 우리의 관계는 성인이 되어서도 상당히 왜곡될 수 있다.

예를 들어 어린 시절 양육자가 산만하거나 부재하거나 쉽게 굴복했다면, 우리는 성인이 된 후에도 충동에 이끌려 부드러운 훈육과 지연된 만족보다 즉각적인 만족을 선택할 수 있다. 반면 양육자가 특히 지배적이거나 잔인했다면, 우리는 자기 훈육이 자기 처벌의 관행이 되어 다른 방향으로 갈 수 있다. 어린 시절의 손상된 교훈에 대한 반응은 모두 다르다.

반면 우리의 주 양육자가 확고하고 사랑스럽게 주장하고 따르는 규칙이 있었다면, 나중에 자제력을 기르는 좋은 모델이 되었을 것이다. 예를 들어 놀러 나가기 전에 방 청소하기, TV를 보기 전에 피아노 연습하기, 저녁에 MSN 메신저로 시간을 보내기 전에 숙제하기이다.

5분 테라피: 훈육에 대한 당신의 경험을 평가하기

자제력과 현재의 관계가 어떤지 확인하려면 다음의 질문을 자신에게 해 보자.

*어렸을 때 당신의 훈육은 어떤 모습이었나?
*나를 돌봐줬던 사람이 어떻게 규칙을 주장했는가? 단호하고 사랑스럽게? 산발적으로? 훈육이 없었나? 지배적으로? 아니면 다른 방식이었는가?
*이것이 나에게 자제력을 기르는 좋은 모델을 제공했는가?

우리가 어릴 적 하기 싫어서 맨 마지막으로 미룬 일은 설거지, 거실 청소, 도무지 이해가 안 되는 학교 과목(나에게는 경제학)을 몇 시간 동안 고민하는 것이었다. 하지만 재양육 과정은 우리가 훈육에 대한 관점을 재정립할 것을 요구한다. 즉 자제력은 우리가 에너지를 집중하고 인내심을 기르고 자신의 선택에 더 만족하고 자부심을 느끼는 방법으로 보기 시작할 것이다.

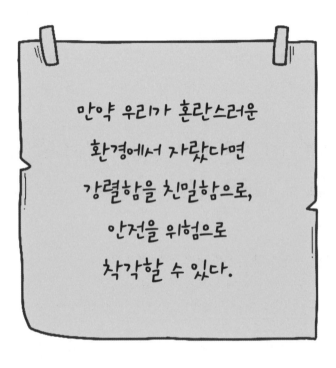

만약 우리가 혼란스러운
환경에서 자랐다면
강렬함을 친밀함으로,
안전을 위험으로
착각할 수 있다.

자제력을 기르는 연습은 내면 아이에게 돌봄을 받는 것을 보여 주는 열쇠이다. 어릴 때 혼자 있거나 베이비시터에게 맡겨졌다면 부모가 없는 몇 시간 동안은 즐거웠을지 모른다. 하지만 결국 양육자가 몇 시에 돌아올지 궁금했을 것이다. 내면의 아이도 마찬가지이다. 자제력을 키우면 부모 없이 제멋대로 뛰어놀 시간이 있더라도 결국에는 부모가 돌아와서 아이를 안전하게 지켜준다는 사실을 알게 된다.

자제력이 부족하다고 해서 의지가 약한 것은 아니라는 점을 알아두자. 자라면서 자기 훈육의 의미를 생각하면서 그 의미를 재정립하고 매일 자신과 작은 약속(261쪽에서 제안한대로)을 지키기 위해 노력하면 어릴 때 훈육에 대해 가졌던 생각(예: 자기 처벌로!)에서 벗어날 수 있다. 따라서 훈육을 생활에 더 쉽게 통합할 수 있다.

스스로 풍부하게 하기 위한 수단으로 재양육하기

진정한 영양nourishing을 섭취하는 것은 정교한 슈퍼푸드, 값비싼 제품, 모호한 의식에 집착하는 미디어가 가끔 보여 주는 것보다 훨씬 간단명료하다. 사실 재양육의 과정은 그 자체로 하나의 균형잡힌 영양을 섭취하는 과정으로 볼 수 있다.

5분 테라피: 필요한 영양분을 알아보기

아래는 당신이 특정한 시간에 어떤 종류의 영양분을 채워야 할지를 안내하는 데 도움이 되는 몇 가지 질문이다.

*내 몸을 얼마나 잘 느끼는가?

*내 마음을 얼마나 잘 느끼는가?

*내 환경에서 얼마나 느끼는가?

*나는 다른 사람들과 연결되어 있는가?

*나는 자연과 연결되어 있는가?

*내가 즐길 수 있는 방식으로 내 몸을 움직이는가?

*잠을 충분히 자는가?

*나는 자기 조절을 실천하는가?

*물을 충분히 마시는가?

*식사를 맛있게 하는가?

*어떤 식으로든 나 자신을 박탈하고 있는가?

*내 정신 건강에 도움을 받고 있다고 느끼는가?

*나는 추가적인 지원이 필요한가?

당신의 답변을 보면 당신이 좀 더 의식적으로 주의를 기울일만한 부분이 있는가? 좀 더 자야 하는가? 아니면 추가적인 정신 건강 지원이 필요한가?

자기 관리와 자양분이 자신을 채찍질하는 '해야하는 일'이 되지 않는 것이 정말 중요하다. 대신 위의 답변을 일상생활에 더 일관성 있게 자기 관리와 자기 양육을 적용할 수 있는 친절한 지침으로 사용한다.

비록 우리가 치료사, 심리학자, 정신과 의사 없이 자기 발견과 자기 강화의 여정을 계속할 수 있지만, 특히 우리가 심각한 트라우마를 경험했다면 그렇게 하는 것이 항상 안전한 것은 아니다.

따라서 자기관리, 자기 영양 공급, 자기 양육(또는 재양육)은 자기를 위한 for 것이지 자기에 의한by 것이 아니라는 점을 기억해야 한다. 혼자만의 시간이 도움이 될 수 있지만, 사람들과 단절감을 느끼거나 지금 가고 있는 길에 압도당하거나 지원이 부족하거나 자기관리와 양육의 시도가 정서적 고립과 재트라우마로 변한다고 느낀다면 반드시 도움을 요청해야 한다.

우리는 모두 사회적 생물이며(내성적인 당신도 마찬가지다), 치유는 관계적이다. 그래서 힘들더라도 다른 사람과 연결되고 그들의 도움과 지원을 받아들이는 것은 우리 자신과 나아가 다른 사람을 돌보는 가장 위대한 방법의 하나이다.

멘탈 노트

한 달 동안 매일 하루를 마무리하며 5분씩 다음 사항을 성찰해 보자.

*내면 아이와 어떻게 연결할 수 있을까? 그리고 내면 아이는 어떤 말을 듣고 싶어할까?(예: 당신은 똑똑하다, 당신은 사랑받고 있다 등)

*삶의 안전감을 어떻게 강화할 수 있을까? (예: 호흡법을 더 자주 연습하고 친구를 위해 더 많은 시간을 할애할 수 있다.)

*나 자신과 할 수 있는 작은 일일 약속은 무엇인가?
 (예: 매일 아침 산책하기, 오후 10시 이후에 휴대폰을 사용하지 않기……)

*오늘 내면의 부모를 묘사할 때 어떤 형용사를 사용할까? 그리고 내면의 부모가 앞으로 어떻게 나아가길 바라는가? (예: 힘을 부여하는, 이해하는, 비판적인, 세심한, 양육적인 등)

이달 말까지 우리가 모두 마땅히 받아야 할 만큼 안전과 사랑을 느낄 수 있도록 자신을 어떻게 대하고 싶은지 아이디어를 포함하여 재양육 과정으로 내면 아이를 치유하는 방법에 대한 정보가 담긴 보물 상자를 만들게 될 것이다.

8.
자신을
넘어서기
Going Beyond the Self

좋은 친구가 되는 방법

'안전한 곳에서 이야기할 때, 수치심은 사라진다.'

– 앤 보스캠프Ann Voskamp

우리는 모두 힘든 시기를 통과한다. 그렇게 어려운 경험을 할 때, 다른 사람들과의 진정한 관계에서 도움을 받는다. 즉, 우리는 도움과 지원을 청하기 위해 다른 사람들에게 다가가기도 한다. 또 그 반대로 그들이 우리에게 다가오기도 한다. 그렇다면 어떻게 해서 우리는 관심사와 문제를 초월해 사랑하고 아끼는 사람들에게 좋은 친구가 될 수 있을까?

도움이 필요한 친구들

우리들 대부분은 언젠가 사랑하는 사람들이 정신 건강 때문에 어떤 식으로든 고군분투하는 모습을 보게 될 것이고 그래서 그들을 돕는 방법을 알기가 얼마나 어려운지를 알게 된다. 그들에게 최선을 다하고 싶은데 혹시나 '부적절한' 말을 하지 않을까 전전긍긍할 것이다.

사람들은 심리치료사인 내게 특별한 조언을 자주 구한다. 그들은 파트너나 형제자매, 그 외 가족 구성원 등 사랑하는 사람들이 불안이나 우울, 트라우마와 같은 정신적인 어려움으로 힘들어하고 있을 때 그런 그들을 어떻게 돌보면 좋을지 질문한다.

누군가가 힘든 시기를 겪고 있다는 것이 분명해 보일 때조차도 그들이 무엇 때문에 고군분투하고 있는지 정확히 알 방법은 없다.

특히 그 사람이 아직 자신이 겪고 있는 일을 정확히 알지 못하거나 언어를 통해 잘 전달할 수 없다면 그들은 당신이 그들을 지원하기 위해 무엇을 할 수 있는지에 대한 답을 명확히 줄 수 없을 것이다.

그런데 좋은 뉴스가 있다. 어려움에 처한 사람들을 돕는 일과 관련해 세부적인 것들을 속속들이 알 필요는 없다. 고통받는 사람이 주변에 있다면 그 사람을 조심스럽게 대하면서 민감하게 반응을 해 주면 된다. 그렇게 하는 것이 더 중요하다.

어려움에 처한 사람이 파트너든 가족이든 친구든 직장 동료든 상관없이 그들을 돕고 지원해 줄 방법은 많다.

나는 당신이 이번 장을 읽고 어떤 것이 건강한 도움이고 지원인지 더 잘 이해했으면 좋겠다. 그리고 더 전문적인 도움이 필요하다면 정신 건강 전문가에게 도움을 청하기를 권한다.

건강한 지원과 건강하지 않은 지원을 구별하기

어떤 관계에서든 꼭 있어야 할 부분은 어려운 시기를 거칠 때 아끼지 않고 서로를 지원하고자 하는 의지와 힘이다. 우리가 서로를 믿고 의지할 수 있다는 것을 아는 것은 매우 중요하다.

다른 사람들을 필요로 하는 것은 잘못된 것이 아니다. 우리가 항상 공동체 속에서 살아왔고 생존을 위해 서로 의지해 왔기 때문이다. 건강한 지원은 관계 속에 있는 사람들이 어느 정도의 평등한 척도로 서로를 지원하고 격려하며 실질적인 도움을 주고받는 상호 간의 소통을 의미한다. 그렇지만 건강한 관계를 맺고 있음에도 불구하고 관계의 불균형을 경험하는 시기는 불가피하게 찾아올 것이다. 특히 한 사람이 고통을 겪거나 힘들거나 어려움에 처했을 때는 더욱더 그렇다.

그럴 때 그 관계의 불균형은 분명히 일시적임을 아는 것이 중요하다. 그것을 알지 못하면 우리가 제공하는 지원의 건강성이 훼손되면서 흔히 심리치료라는 세계에서 '공동의존co-dependency'이라 말하는 영역으로 관계가 이동할지도 모른다.

공동의존은 한 사람의 정체성과 자아존중감과 자부심이 전부 다른 사람의 존재와 인정에 의존해 생기는 관계를 말한다. 그것은 전형적인 트라우마 반응으로 어린 시절 정서적인 방임을 경험했거나 어떤 형태로든 중독이 존재했던 가정에서 자란 탓으로 생긴다.

공동의존은 관계에서 자신이 상대방에게 얼마나 많이 도움을 제공하는지를 기준으로 자신의 역할을 규정할 때 발생한다. 공동의존 상태에서 다른 사람에게 돌봄을 제공하면 어느새 그것이 삶의 의미와 목적이 되어버리는 사태가 생긴다. 그런 식으로 돌봄을 제공하지 않을 경우에 우리는 자신이 누구인지를 확실히 알지 못하게 된다. 그 결과, '당신이 행복하면, 저도 행복해요'라는 공동의존의 슬로건을 갖게 된다.

공동의존의 패턴 속에 있는 사람들은 다음과 같다.

*다른 사람에게 본인이 필요하다고 느낀다.
*보살핌을 제공할 누군가가 없으면 그때부터 공허함을 느낄지도 모른다.

*상대방의 감정 상태에 책임감을 느낀다.
*상대방을 떠나는 것을 어려워할 수 있다.
*자신과 상대방 사이의 경계선을 긋는 일을 어려워할 수 있다.

그런데 반면, 건강한 관계에서는 우리의 정체성과 목적의식이 다른 사람을 지원하거나 도와야 한다는 것에 얽매여 있지 않다. 그저 우리가 하고 싶어서 할 뿐이다.

건강한 지원을 제공할 때 우리는 다음과 같다.

*돕는 것 자체를 즐길 뿐만 아니라 우리가 모두 스스로 살아남을 수 있는 사람임을 안다.
*타인의 자율성을 존중한다.
*자기 책임은 무엇이고 무엇이 우리 책임이 아닌지를 잘 안다.
*다른 사람을 돕기 위해 기꺼이 희생할 뿐만 아니라 무엇을 할 것인지에 대한 한계를 설정할 줄 안다.
*우리 자신의 필요와 욕구를 중시하기에 그것과 관련해 타협하거나 무시하지 않는다.
*단순히 내 방식이 아니라고 해서 다른 사람의 행동을 바꾸려 하지 않는다.

건강한 지원을 제공하는 것은 훌륭한 일이다. 하지만 당신이 상호주의 reciprocity가 전혀 없거나 거의 없는 사람들에게 자신이 치료사 또는 현명한 수도자가 되려고 하거나 자신의 욕구를 손상시키는 사람을 위해 과도하게 애를 쓰고 있다면 더 확실하게 경계를 확립하고(6장 참조) 신뢰할 수 있는 사람에게 상담을 청하거나 공동의존과 관련된 지지 그룹을 찾는 것으로 그 문제에 대처할 수 있다.

건강한 지원과 공동의존의 차이는 알기 어려울 수 있다. 특히 이전에 건강한 상호의존healthy interdependent 관계를 경험해 본 적이 없다면 더욱 그렇다. 이 책과 다른 책에서 공동의존과 건강한 관계에 관해 더 많은 정보를 얻는 시간을 갖는 것은 공동의존 패턴을 뛰어넘을 수 있는 여정을 시작하기에 좋은 방법이다. 그러나 오래된 패턴을 깨고 더 좋은 관계를 형성하기 위해 그보다 더 많은 것들이 필요하다고 생각되면 전문가의 도움을 구하는 것이 좋다.

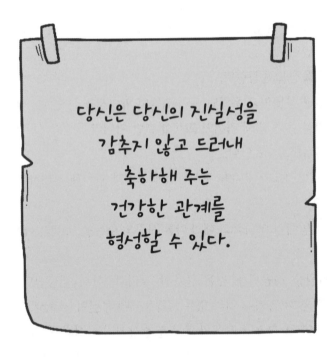

5분 테라피: 성찰의 시간 갖기

당신이 공동의존 패턴을 가지고 있거나 공동의존에서 빠져나오고 있다고 생각한다면 자신에게 다음과 같은 질문을 해 보자.

나는 사랑하는 사람들에게 어떤 식으로 도움을 주었을까? 그들의 감정적 세계에 들어가 내가 사라진 적은 없는가?

공동의존의 순간을 인식하거나 의심할 때 고려해야 할 추가 질문은 다음과 같다.

*나는 공간을 확보해 주고 있는가? 아니면 충고하고 있는가?

*나는 자신을 희생하고 있는가? 나 자신의 욕구나 경계선을 희생하고 있는가?

*나는 정직한가? 또는 자기 검열을 하고 있지는 않은가?

*내가 이것을 할 시간이나 에너지가 정말 있을까?

*내가 지금 내 욕구를 파악해 표현했는가?

*나의 오래된 패턴을 촉발한 것은 무엇이었나?

*지금, 이 순간 나는 무엇을 떠올릴 수 있을까?

건강한 지원을 제공하는 방법

우리가 사랑하는 사람들과 건강하고 상호의존적인interdependent 관계에 있음을 확실히 알면 좋은 친구로서 그들을 도울 방법은 많다. 다른 사람들을 지원하는 가장 좋은 방법은 다음과 같다.

*당신 자신을 교육하기

*공간을 확보해 주기

*존중하면서 말하기

*지원은 하지만 고집하지 않기

*당신 마음을 돌보기

앞으로 우리는 이 건강한 지원 방법들을 하나씩 탐구해 나갈 것이다. 그런데 앞으로 나올 안내 지침들은 공동의존도 없고 어떤 종류의 학대도 없는 관계를 위한 것임을 명심해야 한다.

어떤 식으로든 학대하는 파트너나 친구, 가족 등을 지원하고자 하는 경우에는 전문가의 도움을 구하는 것이 좋다. 아무리 큰 고통을 받고 있다고 해도 교묘한 조종이나 공격성, 폭력은 정당화될 수 없다.

당신 자신을 교육하기

사람들은 불확실성 때문에 스트레스를 받기도 한다. 사랑하는 사람이 겪고 있는 정신적인 문제들, 즉 트라우마나 불안증, 우울증, 그 외 정신 질환은 시간을 들여 배움으로써 우리는 그 불확실성을 조금이나마 줄일 수 있다. 한편 그 정보들을 사랑하는 사람에게 제공함으로써 유용한 지원을 더 많이 할 수 있다.

예를 들어 우울증을 앓고 있는 사람을 지원하는 경우에 그 사람의 질환에 관해 이야기할 때 피해야 할 특정 문구들을 아는 것이 유용하다. 그뿐만 아니라 불안과 양극성 장애에 관해서도 좋지 않은 방향으로 변질된 비유들이 있는데 그 비유들은 사용하지 않는 것이 최선이다. 신뢰할 수 있는 좋은 자료를 찾아 그곳에서 사실적 근거를 찾거나 정신 건강 전문가의 도움을 받는 것이 좋다.

다음은 초보 독학자를 위한 트라우마와 관련된 유용한 정보다. 정신 건강 전문가로 일하고 있는 나는 트라우마를 경험한 사람들을 거의 매일 만난다.

그런데 '트라우마'라는 용어는 전쟁에 참전한 용사들을 연상시키기 때문에 어떤 부분에서 혼란을 초래하기도 한다. 트라우마는 그 이상의 개념으로 앞으로 제공되는 정보들을 습득하다 보면 그 이해가 더욱 깊어질 것이다. 이 안내 지침은 트라우마에 특화되어 있기는 하지만 이 중 상당 부분은 다른 이유로 힘들어하는 사람들을 지원하는 경우에도 활용할 수 있다.

이 장은 연인이나 친구와 함께 보는 것도 좋다. 그들에게 어떤 부분이 자신에게 해당하고 어떤 부분이 그렇지 않은지 질문해 보라. 그와 관련해 더 깊고 넓은 이해를 하고 싶다면 시간을 내어 관련 서적을 읽어보는 것이 좋다.

트라우마를 이해하기

트라우마는 어떤 사건이나 경험에 대한 우리의 내적 반응으로 우리의 처리 및 대처 능력들을 압도한다. 즉, 우리가 생각하고 느끼고 인식하고 처리하는 방식에 영향을 끼쳐 신체적, 사회적, 정서적, 심리적으로 우리에게 영향을 미친다.

트라우마라는 단어를 들으면 우리는 자동적으로 신체적인 것을 생각하거나 앞에서 언급한 바와 같이 전쟁 참전 용사를 떠올릴 수 있다. 그런데 우리의 처리 및 대처 능력에 부정적인 영향을 미치는 고통스러운 사건들은 모조리 트라우마로 간주할 수 있다.

전통적인 치료 용어에서 트라우마는 '큰 트라우마Big T'와 '작은 트라우마 Little t'로 나뉘는데, 이 구분은 기껏해야 혼란을 초래할 뿐이고 최악의 상황에는 낙인stigma을 찍게 된다. 명확히 하자면 이 구분은 트라우마의 심각성을 반영한 것이 아니다. 그저 각각의 사건 유형의 과정과 기간을 구별하고 있을 뿐이다.

'큰 트라우마'에 속하는 사건들은 자연재해, 성폭행, 테러 공격, 교통사고와 같이 절망과 무기력을 느끼게 하는 특별한 경험일 가능성이 높다.

'작은 트라우마' 사건들은 반드시 눈에 띄는 것은 아니지만 만성적으로 시달리는 고통일 가능성이 높고 이것들은 우리의 대처 능력을 심각하게 약화시킨다. '작은 트라우마'의 예로는 이혼이나 어린 시절의 정서적 방치, 왕따에 대한 노출, 경제적인 어려움, 지속적인 정서적 학대가 있을 수 있다.

스트레스와 트라우마는 연속선상에 존재한다. 과도한 스트레스는 복합적인 트라우마로 발전할 수 있고 엄청난 피해를 준다.

'큰 트라우마'가 '작은 트라우마'보다 '더 나쁘다'거나 '더 심각하다'는 뜻은 아니다. 이 용어들은 임상의 범주에서 쓰이는 이름일 뿐이고 작은 트라우마와 같은 것은 존재하지 않는다. 트라우마는 근본적으로 위협을 받는 느낌이 있고 안전이 보장되지 않는 것으로 인식된다. 사람들은 트라우마를 저마다 다르게 규정한다. 비록 '큰 트라우마'와 '작은 트라우마'라고 구분하는 것이 임상 현장에서 일하는 의사들에게는 도움이 되겠지만 트라우마의 심각성은 범주를 나누는 명칭으로는 정의될 수 없는 것 같다.

트라우마의 신체적 증상은 불면증이나 우울증, 불안증은 물론 피로와 집중력 저하, 우리를 더 정기적으로 움찔거리게 하거나 펄쩍 뛰게 하는 민감성 놀람 반응, 월경 주기의 변화, 그리고 류머티즘 관절염과 염증성 장 질환과 같은 자가 면역 질환의 잠재적 발생을 포함한다.

사회적인 측면에서 보면 트라우마를 겪은 사람들은 다른 사람들의 의도를 신뢰할 수 없게 될 수 있다. 그들은 일상생활로부터의 단절감을 느끼기도 하고 타인에게 화를 더 많이 내는 자신을 발견하기도 한다. 친구들과의 만남을 피하면서 고립되기도 한다. 그리고 공공장소에 나가면 압도당하는 느낌을 받을 수도 있고, 자기 자신과 다른 사람들을 극도로 비난할 수도 있다.

정서적인 면에서 보면 트라우마를 겪은 사람들은 사소한 일에도 크게 걱정하거나 그것에 대해 선입견을 품게 된다. 갑자기 획기적인 변화가 필요하다는 충동을 느끼거나 공허감을 느낄지도 모른다. 즉, 일상이 공허하고 밋밋하다고 느낄지도 모른다. 또는 일상을 함께하는 사람들을 실망시키고 있다고 자기를 지나치게 의심할지도 모른다.

심리적으로 보면 트라우마는 뇌 기능에 매우 복잡한 영향을 미친다. 가장 많이 연구된 변화 세 가지는 편도체amygdala(두려움 센터)와 전전두엽 피질prefrontal cortex(사고 센터), 전대상 피질anterior cingulate cortex(감정 조절 센터)에서 생긴다. 외상을 입으면 뇌는 사고 조절 센터와 감정 조절 센터가 충분히 활성화되지 못하고 두려움 조절 센터가 과하게 활성화될 수 있다. 바로 이것 때문에 트라우마를 입은 사람들은 무언가에 집중하는 일이나 다른 사람들과 함께하는 일, 자신을 진정시키는 일에 어려움을 느낀다. 그뿐만 아니라 자신을 통제하는 일에 문제가 있음을 느끼고 짜증이 나거나 초조해지면서 위험하다는 생각이 든다.

결과적으로 트라우마는 플래시백과 불면증, 악몽, 허송세월, 해리, 비현실화(일이 비현실적으로 보이도록 현실의 경험을 변경함), 단절감, 과도한 경계, 기억을 회상하는 것에 대한 어려움을 느끼는 것 등 심리적 증상들을 남긴다.

어떤 사람에게는 가볍게 화나거나 상처 되는 일이 그 사람의 상대방에게는 트라우마가 될 수 있고 또 그 반대의 경우가 생길 수 있다. 우리는 모두 상처를 입기는 하지만 그렇다고 그것이 모두 트라우마가 되는 것은 아니다.

어떤 사건이 한 사람에게 트라우마인지 아닌지를 결정하는 요소는 사건 그 자체가 아니라 그 사람이 어떤 영향을 받는지와 관련이 있다. 그 사건에 대한 경험, 기억, 경험의 규모, 그리고 크나큰 충격이라는 감각보다 더 확실한 의미는 없다. 트라우마는 트라우마다. 사람들이 한 경험이 무엇이든 이러한 경험들은 존중, 연민 그리고 공감받을 만하다.

공간을 확보해 주기

어쩌면 당신은 예전에도 '공간을 확보해 주기holding space'란 말을 들어본 적이 있을 것이다. 친구가 처음으로 치료를 시작했을 때 들었거나 아니면 소셜 미디어를 검색하다가 들었을지도 모른다. 그런데 '공간을 확보해 주기'의 진정한 의미는 무엇일까?

요약해 말하자면, '공간을 확보해 주기'란 상대방에게 진정으로 '공간'을 허용하거나 그 사람을 위한 시간을 마련하는 것을 의미한다. 전화를 하든 커피를 마시며 수다를 떨든, 당신은 판단을 전혀 하지 않은 채 현재에 머물면서 그들의 말을 들어준다.

'공간을 확보해 주기'는 하고 싶은 말을 참고 방해하지 않는 것 그 이상이다. 당신의 의견을 한쪽으로 미뤄두고 상대방이 자신에게 일어나고 있는 일에 대해 말할 수 있는 여유 공간을 허용하는 것이다. 때로는 듣기만 할 수도 있고 때로는 짧게 대답해야 할 때도 있을 수 있다.

어떤 때는 그냥 잠자코 가만히 있는 걸 의미한다. '공간을 확보해 주기'는 통제하고 싶은 욕구를 내려놓고 상대방의 경험 위에 우리 자신의 역사나 지식, 구조를 쌓아 올리라고 강요하기보다는 그 사람의 생각과 그 순간에 그 사람이 필요로 하는 것을 따르는 것을 포함한다.

공간을 확보한다는 것은

- 판단하지 않고 듣고 관찰한다.

- 그/그녀를 무시하면서
주장을 펼치는 일을 하지 않는다.
우리는 무슨 일이 있어도
열린 마음을 갖는다.

- 해결책이나 자기 경험으로
경쟁하지 않는다.

- 그 사람을 구조하거나
그/그녀의 문제를 해결하거나
다른 관점을 제공하려고 하지 않는다.

- 우리는 '해야 할 것들'을
잠시 보류하면서 그 자리에
존재하고 수용한다.

'공간을 확보해 주기'는 대단한 일처럼 들린다. 사실 그렇기는 하다. 그것은 매우 어려운 일일 수 있지만, 그 자체로서는 복잡한 개념이 아니다. 사실 우리는 모두 이미 그렇게 하고 있을지도 모른다. 예를 들어 슈퍼마켓의 대기 줄에 서서 누군가가 당신에게 속마음을 털어놓는다면, 당신은 이미 판단하거나 해결하려는 의도 없이 사람들의 문제를 듣는 방법을 알고 있을 가능성이 높다.

공간을 확보하는 일은 그만큼 평범한 일이기도 하다. 하지만 우리 중 대부분은 가까운 사람들에게 '공간을 확보해 주는 일'을 어려워하는 경향이 있다. 그 이유는 우리가 그들과 너무 가깝기 때문이다. 그런 관계에서는 객관성을 담보하고 적당한 거리와 감정적 공간을 유지하는 일이 매우 어렵다. 너무 가깝기 때문에 우리는 그들에 대해 너무 많이 알고 있고 다양한 추측을 하게 된다. 공간을 확보하는 일이 더 어려워지는 것은 바로 이 때문이다.

5분 테라피 :

일상생활에서 다른 사람들이 우리를 위해 공간을 얼마나 많이 확보해 준다고 느끼는지 잠시 생각해 보자. 당신은 판단을 두려워하지 않고 아무리 미묘한 것이라도 개인적인 것을 염려 없이 솔직히 말할 수 있다고 얼마나 자주 느끼는가?

당신의 치료사가 혹은 친구나 파트너가 공간을 확보해 주는 데 능숙하다면 당신이 솔직하게 말할 가능성이 매우 높을 것이다. 하지만 안타깝게도 많은 사람의 처지는 그렇지 않다. 또 그 공간의 가치를 경험하고 나서야 우리는 무엇이 부족했는지를 진정으로 깨닫는다. 공간을 가져 봐야지만 그것의 부재를 깨닫는다.

우리는 대체로 공간을 확보하는 법을 배우지 못하고 성장한다. 그리고 대부분 사람이, 특히 형제자매와 함께 자란 사람들에게는 자신만을 위해 방해받지 않는 공간을 갖기란 매우 힘든 일이다. 그들은 삶에서 아주 잠깐 가져 봤거나 매우 드물게 손에 넣어 봤을 것이다. 공간을 확보하는 일은 배울 가치가 있는 소중한 기술이다.

우리가 온전히 현존하고 또 우리의 의견을 제쳐 두는 것에 익숙해지면 언제 친절한 안내가 더 적합한 조치인지, 언제 자기 생각을 말하지 않은 것이 현명한 선택인지를 더 잘 알아차리기 시작할 것이다. 예를 들어 상대방이 우리에게 의견을 구하거나 너무 막막해서 무엇을 부탁해야 할지 모를 때 우리는 의견을 제시해 주고 싶을 것이다. 반면에 우리가 제시하는 의견이 아무리 상냥한 것이더라도 상대방으로 하여금 무능하고 어리석다는 느낌을 줄지도 모른다면 참는 것이 더 나을 것이다.

다른 사람들에게 어떤 해결책을 제시할 때 그 행위가 그들의 고통을 덜어주고자 하는 것인지 아니면 그 이면에 우리 자신의 불편을 해소하고자 하는 의도가 있는지 반드시 확인해야 한다. 타인이 고전을 면치 못하고 있을 때 그것을 보는 우리들 안에서도 온갖 종류의 불편한 생각과 감정이 일어날 수 있기 때문이다. 그래서 시간을 갖고 그것들에 주의를 기울일 필요가 있다.

우리는 모두 다른 사람들을 위한 공간을 확보할 때 배워야 하는 신중한 것들이 있다. 그 사람들이 가장 취약하다고 느끼는 영역을 발견하고 도움을 제공할 것인지 보류할 것인지를 배우려면 연습과 실수 그리고 약간의 겸손이 필요하다. 하지만 이런 것들은 우리가 생각하는 것보다 다른 사람들에게 더 도움이 되기 때문에 계속 연습할 가치가 있다.

존중하면서 말하기

불행히도 정신 건강에 대한 낙인stigma은 명시적이든 암묵적이든 여전히 생생히 살아 있다. 암묵적인 낙인은 다른 사람의 고통을 인정하기를 꺼리는 것으로 나타나기도 하는데 그 이유는 우리 자신이 불편해질 것 같아서 또는 그 당사자가 당황할 것 같아서 인정하기를 꺼리는 것 같다. 비록 우리가 마음가짐이 바른 사람들일지라도 정신 건강에 대해 말하기를 꺼린다면 정신 건강에 대한 낙인은 더욱더 강화될 것이고 그것을 둘러싼 수치심도 커질 것이다.

한 친구가 장염에 걸려 병원에 갔다면 우리는 그 친구에게 연락해 병원에 다녀온 일을 물어봤을 것이다. 그런데 그 친구가 정신과 의사에게 가서 진료를 받거나 심리상담을 한다면 우리는 그렇게 빠른 속도로 전화해 어땠는지 물어보지 못할 것이다. 자, 사랑하는 사람들에게 연락해 보자. 메시지를 보내는 것도 괜찮다. 둘이 있을 때 물어보는 것이 가장 좋다. 처음에는 어색하겠지만 괜찮다. 대부분의 발전적인 대화는 그런 식으로 시작된다. 사랑하는 사람들이 화를 내더라도 그들이 마음에 두고 있는 것을 말할 수 있도록 공간을 마련해 준다면 좋을 것이다. 최대한 긴장을 푼 채 차분히 이야기를 들어준다.

만약 사랑하는 사람들이 자기 경험을 선뜻 말하지 못하거나 그렇게 하기를 바라지 않을 때 말하라고 강요할 필요는 없다. 그들의 한계를 존중해야 한다. 그들은 혼자서 자기 생각을 숙고할 시간이 필요할지도 모른다. 일반적으로 한 번 도움을 제안하고 난 뒤 다시 한번 제안하는 것이 좋다. 그런 식으로 그들이 도움이 필요할 때 당신이 항상 그곳에 있으리라는 것을 알려주는 것이 좋다. 그것을 받아들이라고 강요하지 않은 채 말이다.

다음과 같이 말할 수 있다.

'오늘 기분이 안 좋아 보이네요. 혹시 그것에 대해 이야기하고 싶으세요?'

그들이 '아니오'라고 말하면 이렇게 말해 본다. '정말이요? 당신이 필요로 할 때면 언제든지 전 여기에 있어요.' 또는 '누군가 당신의 이야기를 들어줄 사람이 필요하면 언제든지 제게 전화할 수 있다는 걸 잊지 마세요.'

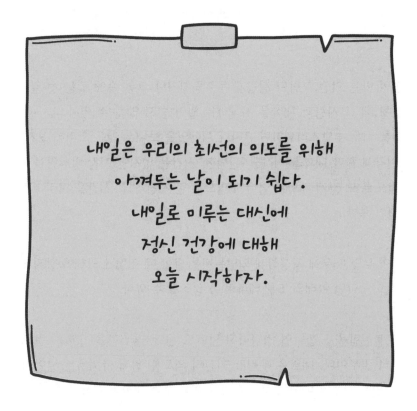

내일은 우리의 최선의 의도를 위해
아껴두는 날이 되기 쉽다.
내일로 미루는 대신에
정신 건강에 대해
오늘 시작하자.

만약 그래도 '아니오'라고 말하면 그냥 두는 게 좋다.

그런 식으로 두 번의 제안을 함으로써 당신은 좋은 관계를 위해 큰 노력을 한 것이다. 당신은 항상 열려 있고 기꺼이 들을 준비가 되어 있을 뿐만 아니라 그들이 누군가를 필요로 할 때 곁에 있을 것이라는 신호를 명확하게 보낸 것이다.

사랑하는 사람이 자기 이야기를 하기로 마음먹었을 때 우리는 그것을 조언해도 된다거나 그들이 문제를 '해결'해 주기를 바란다고 생각해서는 안 된다.

당신이 아는 어떤 사람이 힘겹게 몸부림치거나 고통 속에 있는 것 같다고 걱정될 때 그 사람과 대화를 시작하는 일이 쉽지 않을 수 있다. 그 사람이 대화를 너무 부담스러워하면 문자나 이메일을 보내는 것을 고려해 보자. 정신 건강에 관한 대화를 시작할 '완벽한' 시간은 없지만 시간 압박감을 느끼지 않도록 또 짧게 대화가 끝나지 않도록 한 시간 이상 시간을 미리 비워놓는 것이 좋다.

당신이 무엇 때문에 걱정하게 되었는지를 말할 때 어떻게 말해야 할지 도움을 받고 싶다면 아래의 '5분 테라피'을 참조할 수 있다.

만약 불편함을 느낀다면 걱정하지 않아도 된다. 불편함을 느끼는 것도 그 과정의 일부이다. 내일은 우리가 최선의 의도를 위해 아껴두는 날이기 쉽다. 내일로 미루는 대신에 정신 건강을 위해 오늘 대화를 시작하자.

5분 테라피: 대화를 시작하자

때때로 돕고 싶은데 말이 잘 나오지 않을 때가 있다. 다음은 당신이 사랑하는 사람의 정신 건강에 관한 대화를 시작할 때 도움이 되는 안내 메시지들이다. 한번 읽어보고 자신의 것으로 만들어 보자.

*나는 지난 며칠 동안 당신이 화가 나 있다는(또는 슬픔에 빠져있다는, 산만해져 있다는, 스트레스를 받고 있다는) 것을 알았다.
*최근에 나는 당신이 좋아하던 일에 흥미를 잃었다는 것을(또는 당신이 잠을 자지 못한다는 것을, 끼니를 건너뛴다는 것을, 술을 자주 마신다는 것을) 알았다.
*이런 얘기를 꺼내기가 쑥스럽기도 하지만(또는 바보 같기도 하지만, 불안하기도 하지만, 걱정되기도 하지만)……
*나는 당신이 걱정돼서(또는 두려워서 또는 내가 신경 쓰고 있다는 걸 당신이 알기를 바라서, 나는 무엇을 해야 할지 어떤 말을 해야 할지 몰라서, 나는 당신이 기분을 다른 사람에게 말해 봤는지 알고 싶어서, 그것이 우리 관계에 영향을 미치고 있기 때문에) 이 말을 하는 거예요.
*나는 당신이 지지받고 있다고 느낄 수 있도록 돕고 싶어요. 나는 당신이 그것에 대해 더 많이 이야기하도록 돕고 싶어요. 나는 당신이 의사와 상담할 수 있도록 돕고 싶어요. 나는 당신이 치료사와 상담할 수 있도록 돕고 싶어요. 나는 당신이 지원군을 찾을 수 있도록 돕고 싶어요. 나는 당신이 계획을 세울 수 있도록 돕고 싶어요. 내가 어떻게 하면 도움이 될까요?

사랑하는 사람이 기꺼이 대화에 참여할 경우, 앞서 트라우마에 관한 부분에서 언급했듯이, 상대방이 오해하고 상처받을 수 있는 특정 관용어들이 있다는 것에 주의를 기울여야 한다. 그 관용어들은 우리가 아무리 좋은 의도를 가지고 있더라도 상대방에게 부정적인 영향을 미칠 수 있다.

다음과 같은 말을 되도록 피해야 한다.

*'상황이 그렇게 나쁘진 않은데요'
*'그건 당신 잘못이에요'
*'상황이 더 나빠질 수도 있겠어요'
*'당신이 감당할 수 없다고 신이 생각했으면 당신은 이 일을 겪고 있지 않을 거예요'
*'누구누구가 당신보다 더 상황이 안 좋은 것 같아요'
*'당신은 불안해 보이지(또는 우울해 보이지) 않는데요'
*'인생은 공평하지 않아요, 그렇지 않아요?'
*'당신한테는 아무런 문제가 없어요'
*'그건 단지 당신 생각이죠'
*'당신은 더 말할 필요가 있어요'
*'정신 차려요, 이겨내요, 앞으로 나아가세요.'
*'긍정적으로 생각하세요(또는 그냥 행복하세요!)'
*'좋은 기운만 느끼세요.'
*'최근에 유행하는 정신 건강 기법을 시도해 봤나요?'
*'음...... 셰익스피어는 전염병이 대유행일 때 <리어왕>을 썼데요'

위와 같이 말하는 대신에 아래처럼 친절하게 그리고 확신을 주면서 말해야한다.

*'그렇게 느껴도 괜찮아요.'
*'지금 이 상황에서 어떤 긍정적인 부분을 찾기란 쉽지 않은 일일 거예요.'
*'항상 밝은 희망이 있을 필요는 없죠.'

*'당신은 제게 중요한 사람이에요.'

*'당신을 사랑해요.'

*'당신은 미치지 않았어요. 그리고 혼자도 아니고요. 왜냐하면 제가 여기 있
잖아요.'

*'내가 그것을 이해할 수 없을지도 몰라요. 하지만 이해하고 싶어요.'

*'당신이 너무 큰 고통 속에 있는 것 같아서 무척 안타깝네요.'

*'제가 알아서 할 수 있으니까 당신의 고통이 제게 부담이 된다고 걱정할
필요는 없어요.'

*'당신은 짐이 아니에요.'

고집하지 않는 지원

누군가를 효과적으로 지원한다는 것은 각자의 차이를 인정하고 그런 차이
로 인해 우리가 반드시 하지 않을 선택을 그들은 할 수 있음을 아는 것이다.
비록 돕고 싶어 하는 우리는 어떤 행동을 하고 상황을 다른 방식으로 다룰
수도 있겠지만, 당신이 '도움'을 주고 있든 '고집'을 부리고 있든 '지혜'의 말
을 건네기 전에 우리가 하지 않을 선택을 그들이 할 수 있음을 항상 염두에
두어야 한다.

우리가 가는 길이 반드시 옳은 길이라고는 할 수 없다. 따라서 사랑하는 사
람들이 스스로 결정을 내리고 우리와 다른 경험을 할 수 있도록 존중하는
것이 중요하다.

우리가 아끼는 누군가가 힘들어하거나 고통스러울 때 그들을 고통에서 꺼
내주기 위해 해결책을 제시해 주는 일은 너무 쉽다. 그렇게 함으로써 우리
는 가벼워질 수 있지만 상대방은 소외감을 느낄 수 있다. ('내 문제로 그들
에게 부담을 주고 있어.' '다시는 말하지 않는 게 좋을 것 같아'). 또는 자신
의 부족함을 느낄 수도 있다('그들은 내가 이 문제를 혼자 감당할 수 없을

거라고 생각해'). 그리고 감정적으로 더 큰 고통을 느낄 수도 있다. 좋은 상황에 있지 않을 때 우리에게 필요한 것은 그냥 들어주는 사람이다. 우리는 자신을 '고치기'를 '고집하는' 사람을 원하지 않는다. 우리는 그저 당신이 신경쓰고 있다는 것을 알고 싶을 뿐이다. 바로 이것이 우리를 '도와주는 것'이다.

경청하는 자세로 호기심을 가지고 주의를 기울이는 것은 다른 사람의 문제를 해결해 주는 묘책을 내주는 것보다 효과가 훨씬 더 오래 간다.

다른 사람들을 보살펴 주거나 '돕는' 일은 당신 친구가 했던 말을 그들에게 들려주는 것만큼 간단한 일일 수 있다. 그들이 했던 결정을 뒤흔들려는 의도 없이 그냥 질문을 던지는 것만큼 단순한 일이다. 그것은 거절당할 것을 알고 있음에도 불구하고 영화를 같이 보자고 하거나 산책을 하자거나 커피를 같이 마시자고 초대하는 일일 수 있다. 그 순간에 적당한 일이 어떤 일인지 한번 느껴보라.

만약 조언이 필요하다고 느껴지면 그 사람이 조언을 들을 수 있는 상태인지 먼저 확인하는 것이 좋다. 조언을 들을 수 있는 상태면 어떤 바람이나 목적 없이 부드러운 목소리로 조언을 하는 것이 좋다. 인내심을 가져야 한다. 도움을 주기 위해 전체 스토리를 알 필요는 없다. 그곳에 있는 것만으로도 마음을 열고 싶어 하는 사람에게 도움이 될 것이다.

물론 우리가 건네는 조언이 사랑하는 사람에게 (그리고 어쩌면 다른 사람들에게도) 최선임을 직감으로 알 수 있는 상황들이 있다. 특히 그들의 신체적, 정서적 안정과 관련된 상황일 때는 말이다. 그럴 때는 당신 자신의 직감을 믿고 분별력을 발휘해야 한다.

어떤 사람이 위험에 처해 있거나 학대를 당하거나 스스로 목숨을 끊을 것 같아 걱정된다면 가능한 한 빨리 당신이 신뢰하는 누군가에게, 지역 의사나 정신 건강 전문가에게 연락해야 한다. '사마리아인들Samaritans'[50]과 같은 소중한 정신 건강 전문기관들은 24시간 서비스를 제공하고 있다.

가끔 친구로서 하는 우리의 지원만으로는 충분하지 않을 것이다. 그래서 가까운 누군가가 몇 주 또는 몇 달 후에도 계속 어려움 속에 있을 때, 당신은 정신 건강 전문가에게 직접 도움을 청하도록 두려워하지 말고 권해야 한다. 필요하다면 도움을 제공해 줄 사람을 찾는 것을 도와줄 수도 있다. 그들이 어려운 결정을 내려야 할 때, 그들이 선택할 수 있는 것들을 설명해 줄 수도 있다.

자신의 마음을 돌보기
우리 중 일부는 우리 자신의 행복을 해치는 사람들을 돌보는 것에 익숙할 수 있다. 당신이 이 범주에 속한다면 사랑하는 사람을 지원하는 것에 대해 누군가에게 말하는 것을 사랑하는 사람을 배반하거나 자기 멋대로 행동하는 것으로 생각할지도 모른다. 그러나 '우리 자신의 마음을 돌보는 것'은 그것과는 전혀 다른 것이다! 다른 사람들의 감정을 들어주면서 그들을 지원하는 것처럼 당신 또한 자신의 감정을 누군가에게 말하는 것은 매우 중요하다. 자기 자신과 잘 지내려면 말이다.

심리치료사를 예로 들어보자. 대부분의 치료사들은 개인 및 그룹으로 하는 감독 세션을 받거나 동료들과 함께하는 워크숍에 참여함으로써 도움을 받을 뿐만 아니라 치료 세션을 받기도 한다. 임상가인 우리는 어려움을 겪는 많은 내담자 옆에 계속 있어 주기 위해, 또 그들을 위한 공간을 확보해 주기 위해 우리 자신의 에너지 창고를 가득 채워야 한다.

---

50)https://www.samaritans.org/
   'Samaritans'는 잉글랜드와 웨일즈와 스코틀랜드의 자선 단체이며 자살예방 캠페인을 하는 기관이다.

치료사가 자신이 감당할 수 있는 수준 이상의 돌봄과 관심을 내담자에게 계속 제공하려 애쓴다면 그들은 스스로 무너지거나 건강을 해칠 수 있다.

만약 우리가 불안과 스트레스로 가득 차 있다고 느낀다면 다른 사람의 불안과 스트레스를 위한 공간을 마련할 수 있는 최상의 상태가 아닐 가능성이 높다. 우리에게 부족한 자원을 다른 사람에게 제공할 수는 없다.

자기 발견self-discovery을 통해 우리는 다른 사람들을 위한 건강한 버팀목이 되는 방법을 배우고, 적극적으로 치유 활동을 하는 동안 여기저기서 실수할 수밖에 없을 것이다. 넘어지면 자책하지 말고 스스로 일어서서 자신을 돌봐야 한다. 그것이 바로 치유의 과정이기 때문이다.

5분 테라피: 자신을 규칙적으로 점검하라

정기적으로 자신을 확인하고 자신의 정신 건강을 점검하는 것이 중요하다. 때때로 다음과 같은 질문을 자신에게 하라.

*어떻게 지내고 있는가?
*지금 내게 필요한 것이 있는가?
*내 수면 상태는 어떠한가? 그리고 식욕은 어떠한가?
*더 균형 잡히게 현재 상태를 잘 유지하려면 어떻게 해야 할까?
*오늘 내 감정의 폭은 어떤가?
*나 자신을 더 좋게 느끼기 위해 내 삶의 구조를 어떻게 변화시켜야
  할까?

다른 사람들을 돕느라 당신 자신이 상처받아서는 안 되므로 자신을 위한 시간을 갖는다.

*당신 자신을 지원해 주는 시스템을 찾아야 한다.
*당신만의 경계선을 설정한다.
*자신의 한계를 존중해야 한다.
*자신의 감정을 처리하는 데 시간을 할애한다.
*일기나 명상, 평온함을 가져다주는 것이라면 모든 것을 시도해 본다.
*당신이 좋아하는 일을 하면서 시간을 보낸다.

언제 어느 곳에서나 우리가 무엇을 할 수 있는지를 인식하고 죄책감이나 수치심 없이 그 일을 하는 것이 중요하다. 자기를 발견하기 위한 여정의 일환으로 우리는 자신의 욕구를 끊임없이 알아차려야 하고 그것의 우선순위를 정한 뒤 존중해야 한다. 그렇게 함으로써 다른 사람들이 어려울 때 도움과 지원을 제공할 수 있는 최상의 위치에 있을 수 있다.

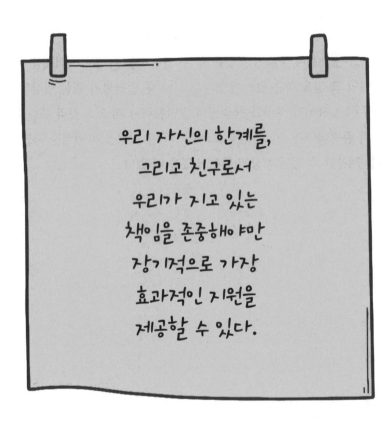

우리 자신의 한계를,
그리고 친구로서
우리가 지고 있는
책임을 존중해야만
장기적으로 가장
효과적인 지원을
제공할 수 있다.

멘탈 노트

한 달 동안 매일 하루를 마무리하며 5분씩 다음 사항을 성찰해 보자.

*오늘 내가 실현했던 건강한 지원은 어떠한 것이 있었으며 건강하지 못한 지원은 어떤 것이 있었는가? 사례를 들어 이야기해 보자 (예: 나는 어떤 친구에게 그가 지금 겪고 있는 문제에 대한 의견을 듣고 싶은지 물었고 그 친구가 '아니오'라고 답했을 때, 나는 그 결정을 존중했다.)
*오늘 누군가가 나를 위해 공간을 확보해 주었는가? 그때 나는 기분이 어땠는가? (예: 퇴근 후 파트너가 내 일과를 듣기 위해 내게 전화했다. 나는 관심과 사랑을 받고 있음을 느꼈다.)
*위의 답변에서 향후 지원을 어떻게 진행할지 안내할 수 있는 사항은 무엇인가? (예: 짧은 통화 같은 사소한 것들. 나는 친구들에게 그 짧은 통화에 대해 더 잘 이해시킬 수 있다.)
*다른 사람들을 지원하면서 자신의 정신 건강에 신경을 쓰려면 무엇이 필요할까? (예: 내가 좋아하는 팟캐스트를 듣는 시간을 내는 게 중요하다. 내일 산책하러 나가는 것이 중요하다.)

한 달이 지나면 당신은 건강한 지원과 그렇지 않은 지원이 어떤 것인지를 알게 될 것이고, 다른 사람을 위해 공간을 확보해 주는 방법과 그들의 정신 건강을 지켜주는 방법에 대한 정보를 많이 얻게 될 것이다.

후기

자, 이제 마무리에 이르렀다. 아니 시작인가? 당신은 자신이 누구인지, 어디에 있고 싶은지를 더 많이 아는 것, 즉 자기 발견의 여정이 시작되는 지점에 있다.

당신이 이 책을 처음부터 끝까지 세세히 읽든, 아니면 대충 훑으면서 읽든 간에 상관없이 당신이 조금이라도 통찰을 경험했기를 바란다.

나는 작별 인사를 잘하지 못한다. 책을 끝내기 위해 서두르는 동안 내가 나누고 싶었던 것들, 즉 감정과 감사와 반성을 붙들곤 한다. 이것은 내가 당신과 반복하고 싶지 않은 패턴이다. 그래서 당신과 나누고 싶은 세 가지 고려 사항을 이야기하고자 한다. 이것을 말하지 않으면 나중에 후회할 것 같다.

1. 무리하지 마라

너무 무리하지 않는 것이 좋다. 당신은 지속 가능한 여행을 할 자격이 있다. 한번에 모든 것을 발견하고, 실행하려고 애쓰느라 지치지 마라. 이 책의 어떤 부분이 지금 당신에게 과하게 느껴질 때 자신을 질책해서는 안 된다. 그냥 준비되면 다시 하면 된다. 나도 때때로 몸부림치고 저항하고 부정하고 회피한다. 나는 '나의 최고 자아my highest self'와 거리가 멀다. 그 이상적인 것을 추구하는 데 별로 관심이 없다. 하지만 길을 가고 있고 그 길을 따라 배운다. 그래서 우리는 상황이 어려워질 때 잘 대처할 수 있는 방법을 함께 찾으면서 참호trenches 속에 있는 것이다. 사랑과 연민을 가지고 배우고 행하면서 말이다.

2. 도움을 청하는 것을 두려워하지 마라

'두 사람이 길을 단축한다'라는 아일랜드 속담이 있다. 나는 이 말을 믿는다. 그러니 자기 계발의 여정을 혼자 간다고 생각해서는 안 된다. 몇 년 전 나는 정신 건강과 관련해 전문적인 지원을 해 주는 곳을 찾아다녔다. 나의 초기 경험은 긍정적이지도 않고 유쾌하지도 않았지만 내가 거기서 멈추지 않은 것에 감사한다. 멈추는 대신 나는 지속적으로 찾아다녔고 놀라운 치료사를 만났다. 그리고 그 치료사와 3년을 함께 했다. 그녀가 없었다면 이 책은 존재하지 않았을 것이라고 말해도 과언이 아니다. 사실 그녀가 없었다면 지금의 나 같은 '나'는 없었을 것이다. 한 번 나쁜 경험을 했다고 '모든 정신 건강 지원은 나쁘다'로 생각하지 않는다. 따라서 사랑하는 사람이나 지원 단체, 공인 치료사 등의 도움을 받을 수 있는 곳을 계속 찾아보기를 바란다. (다음에 나오는 추가 자료를 참조하라). 그리고 힘을 잃었을 때는 정신 건강을 도모할 수 있는 지원 네트워크를 활용하기를 바란다.

3. 자기 발견은 평생의 과정이지만 그 이상의 것 즉, 평생의 기회가 된다

자기 발견 여정에서 특정 나이나 특정 단계에 도달했을 때 당신은 발견이나 변화, 성장을 멈추지 않을 것이며 또 그렇게 해야 할 필요도 없다! 나는 당신이 탐험하면서 살았으면 좋겠다. 감정을 느끼면서 살았으면 좋겠다. 하지만 무엇보다도 당신이 호기심을 가지고 살았으면 좋겠다. 당신은 당신의 인생에서 불완전할 수 있다는 모든 가능성을 포용하는 삶을 살 자격이 있다. 당신은 깊은 희생을 하지 않는 삶을 살 자격이 있다. 당신 앞에 놓인 일생의 기회를 즐길 자격이 있다.

지금이 당신의 순간이다. 당신이 허락한다면 그렇다. 당신이 받아들인다면 그렇다.

같이 가겠는가?

추가 자료

제 작품을 더 보고 싶으시면 인스타그램 @TheMindGeek에서 찾아보실 수 있습니다. 방문해서 인사해 주세요!
다음 자료를 통해 특정 주제에 관한 지식을 쌓고 지원 시스템을 확장할 수 있습니다.

정신 건강 지원 웹 사이트

ALustForLife.com

Aware.ie

BetterHelp.com

MentalHealthIreland.ie

Mind.org.uk

Nhs.uk

Pieta.ie

PsychologyTools.com

TalkSpace.com

앱

Calm Headspace

책

Levine, Dr Amir and Heller, Rachel, Attached, 2019, Bluebird

O' Morain, Padraig, Daily Calm, 2019, Yellow Kite

Perry, Philippa, The Book You Wish Your Parents Had Read (and Your Children Will be Glad That You Did) , 2019, Penguin Life

Stanley, Elizabeth A., Widen the Window, 2019, Yellow Kite Van der Kolk, Bessel, The Body Keeps the Score, 2015, Penguin

그 외

Having said all this, I've found the resources that often work best for me have been:

A therapist I trust

A good friend

A great book to escape into A strong cup of tea

A hug from my partner

A journal or piece of paper to write in/on

So be mindful not to write off these kinds of fundamentals.

감사의 글

이 책은 나 혼자만의 것이 아니다. 내 옆에서 마음을 잡아 준 사람들과 함께 길을 걸어온 사람들 모두의 지혜가 응축된 결과물이다. 그 사람들이 없었다면 이 책은 세상에 나오지 못했을 것이다.

내 약혼자인 클레어 케넬리Claire Kennelly에게 고마움을 전한다. 그는 가장 보이기 싫은 눈물을 보이면서까지 감정적으로 나를 지지해 주었고, 그뿐만 아니라 우리의 좁은 아파트 한구석에 글쓰기 장소를 마련해 주어 내가 어두운 날에 꼬마전등 밑에서 글을 쓸 수 있게 해 주었다. 클레어는 내가 자신감을 잃고 헤맬 때도 변함없이 신뢰를 보내 주었다. 이 대유행병 같은 글쓰기 경험을 함께 할 수 있는 사람으로 클레어 말고는 아무도 생각할 수 없다. 나는 그를 정말 많이 사랑한다.

루이즈 에클스Louise Eccles, 나는 루이즈에게 이 말을 여러 차례 했지만 너무 좋은 말이므로 다시 한번 하고 싶다. 커티스 시튼펠드Curtis Sittenfeld는 자신의 저서 『퍼스트레이디』에서 '그녀는 내가 독자인 이유였고 독자가 되는 것이 나를 가장 나답게 만들었다'라고 썼다. 루이즈 덕분에 나는 처음으로 도서관에서 책을 빌렸고 문자 언어를 사랑하게 되었다. 나는 그 사실을 잊지 못할 것이다. 루이즈는 나의 최초의 집이자 가장 안전한 곳이었다. 그리고 오늘날까지도 그러하다. 루이즈의 끝없는 지지에 감사하고 모든 사람에게 진정한 친구가 되는 것이 무엇인지 보여 준 것에 대해서도 고맙다.

리사 크로스비Lisa Crosby는 이 모든 과정에서 훌륭한 응원단장이었다. 솔직히 어떻게 감사를 표해야 할지 모르겠다. 사람들은 거리낌 없이 보여 주는

리사의 열정과 호기심을 불필요한 것으로 과소평가한다. 내가 불에 탄 커피와 커스터드 페이스트리에 대해 점점 아리송한 생각을 할 때 항상 들어줄 자세를 취하고 있었다. 리사의 통찰력과 더 큰 그림을 상기시켜 준 점에 감사함을 표한다.

내 형제들인 브라이언Brian과 마틴Martin, 패디Paddy에게 고마움을 전한다. 드디어 내가 찻잔을 받칠 만한 것을, 아니 기울어진 식탁의 한쪽을 괼 만한 것을 만들어 냈다! 형제들의 웃음소리와 보살핌과 열정 그리고 '꼬마 여동생'에 대한 자부심이 큰 힘이 되었다.

그리고 부모님에게 감사드린다. '엄마, 라우스 지역에서 내가 책을 썼다는 것을 모르는 계산원은 없는 것 같아요. 출판업자들에게 좋은 평가를 받고 있어요. 아버지, 당신의 한량없는 관대함에 감사합니다. 무엇보다 자식의 행복을 최우선으로 삼는 아버지 덕분에 많은 것들을 성취할 수 있었어요. 그 사실을 당연하게 여기지 않을게요.' 두 분이 베풀어 준 모든 것에 정말 감사드린다.

아담Adam과 벤Ben에게, '이 책에는 포켓몬은 없다. 그렇지만 10년의 세월이 지나면 너희들의 흥미를 끌 만한 무언가가 생길지도 모른다. 만약 생기지 않는다면 삼촌들이 이 책을 어떻게 사용하는지에 관해 몇 가지 예를 책의 본문에서 찾아보아라. 어쨌든 나는 너희들에게 이 책을 선물한다.'

게르 미노그Ger Minogue가 없었다면 지금의 나는 없었을 것이다. 게르 덕분에 내 인생은 완전히 바뀌었다. 게르는 수많은 사람을 바꿔 놓았고 앞으로도 그럴 것으로 생각한다. 게르는 이 책의 중요 부분이다. 진심으로 감사한다.

아이네 모리아티Áine Moriarty는 내가 언젠가 작가가 되고 싶다고 처음으로 말한 사람이다. 아이네는 일곱 살짜리였던 나를 믿어 주었고, 그 후로도 내가 어떤 책에 매달리고 있는지 계속 물어봐 주었다. 그녀의 우정에 감사한다. 그녀가 없었다면 모든 것이 달라졌을 것이다. 우리는 서로 멀리 떨어져 있지만 그녀는 늘 내 가슴속에 있다.

앤 글리슨Ann Gleeson이 그곳에 없었다면 나는 실습 및 그 외의 것을 견뎌낼 수 없었을 것이다. 앤은 모든 연구 불안증에 좋은 치료제다! 안내와 투덜거림과 위스키의 밤들에 대해 감사한다. 그녀가 없었다면 나는 지금 이 자리에 있지 못했을 것이다. 베키 케호Becky Kehoe에게 감사해하는 나의 마음을 표현하자면 책 하나로도 부족하겠지만 짧고 달콤하게 하겠다. '고마워, 자기. 나는 정말로 당신을 사랑해!' 아이슬링 호이Aisling Hoey에게, '여기가 정확히 쥬라기 마트Jurassic Mart는 아니지만 그래도 카바게carbáge라고 생각하길 바란다(그 아름다움이 사라지면 그 헌신은 전적으로 네 것이 될 것을 약속한다).' 윌 라이트Wil Wright에게, '당신의 믿음, 당신의 꾸준함, 당신의 재치, 그리고 무엇보다도 더블린으로 이사해 준 것에 감사해. 그 해는 황량한 해였어. 결코 반복하지 말자.'

마리 커넬리Marie Kennelly와 엘리자 케넬리Eliza Kennelly는 최고의 강장제들이다. 그들의 지원은 세상을 의미한다. 내 인생에 그들 둘이 있어서 그리고 이제 그들을 가족이라고 부를 수 있어서 영원히 감사하다.

내 책의 판매 대리인인 새라 윌리엄스Sarah Williams에게, '어디서부터 시작해야 할까? 당신이 없었다면 이 일은 지금처럼 가까운 곳에서 일어나지 않았을 것이다! 당신은 순수한 마법이다. 당신이 나를 위해 모험을 해 주어서 나는 정말 기쁘다.

제너 콤프턴Zennor Compton의 인내심과 예리한 눈, 지혜, 확신에 대해 감사한다. 그는 내 초고를 싫어하지 않았는데 나는 그것에 대해 감사한다. 이 글의 구석구석을 최대한의 관심과 주의로 다루어 준 코너스톤의 모든 팀원에게 고마움을 표한다.

인스타그램의 @The MindGeek을 팔로워 해 주는 모든 사람에게, '모든 좋아요와 공유, 댓글, 팔로우 모두 감사하다. 늘 눈여겨보고 있다. 당신들도 나와 마찬가지로 이 책의 일부이다. 맞다, 나도 이런 일이 일어났다는 것이 아직도 믿기지 않는다.'

그리고 마지막으로 미시Missy에게, '모든 사람이 자기 개가 가장 위대하다고 믿는다는 것을 알지만 너는 정말 위대하다. 너는 내게 무한히 사랑받는다는 것이 무엇인지를 보여 주었다. 그런 사랑을 느끼는 것이 무엇인지 우리가 모두 알기를 바란다. 나는 네 삶의 맨 앞줄에 있었던 것이 행운이라고 생각한다. 내 생애 모든 중요한 일에는 거의 네가 있었기에 이번 일을 위해 여기 올 때 너를 데려오지 않는 일은 매우 어려운 일이었다. 18년 동안 고마웠다. 매일매일 네가 보고 싶다.'

역자 프로필

오주원

現)국제뇌교육종합대학원대학교 상담심리학과 교수

前)한국뇌과학연구원 뇌기반교육팀장

　　브레인HSP센터 상담실장

김린아

한국융합심리교육센터 대표

아트인 오아시스 교육연구소 원장

연세아이들 아동심리 발달센터 센터장

함께크는 소아청소년과 자문위원

이태림

제주행복상담심리연구소 소장

그림책심리상담연구소 제주2지부장

제주KACE 부모교육 책임강사

제주대학교 제주지역경제교육센터 강사

제주특별자치도 청소년상담복지센터 전문지도자

제주특별자치도교육청 둥지키움멘토

장동현

평화를 만드는 학교 대표

사람들에게 평화를 심리사회지원 교육원 이사

환대의 가치가 이끄는 대로 오늘을 살아갑니다.

김희정

관계치료 전문가Gottman Relationship Therapist

트라우마 심리치료 전문가 SE, SP, SRR, AEDP, BSP, IFS

한국 트라우마 심리치료연구소 소장

소울재 심리상담소 소장

강원대학교, 삼육대학교, 한양여자대학교 외래교수 역임

조윤숙

상담심리전문가로 개인상담, 가족상담, 집단상담을 하고 있으며 대학교에서 학생들을 가르치고 있다. 몸과 마음, 영성에 관심이 많으며 사람들이 자신의 빛깔로 살아가도록 돕고 있다.

나무한상담연구소 소장, 영남대학교 겸임교수, 교육학(상담전공) 박사, 한국상담학회 1급 전문가, 한상담학회 수련감독전문가이다.

신미화

푸드예술치료 마스터

평화가 피어나는 들꽃센터 대표

사람들에게 평화를 심리사회지원 교육원 이사

치유의 밥상으로 살림의 미학을 꽃피우는 삶을 추구합니다.

윤영주

평화와 공감 대표

사람들에게 평화를 심리사회지원 교육원 이사

아동·청소년을 위한 마음놀이 강사

나의 평화, 당신의 평화를 위해 배우고 나누고 실천합니다.